SGIT 国网信通产业集团
STATE GRID INFO & TELECOM GROUP

项目全过程财务管理
操作指引

国网信息通信产业集团有限公司财务资产部　编

中国电力出版社
CHINA ELECTRIC POWER PRESS

内 容 提 要

本书内容涵盖电力企业经营类、科技类和产业工程类三大类项目，对项目全过程各管控环节进行详细分解，重点以业务行为是否影响项目收入、成本、利润、现金流及精益管理为指导，反映各环节中业务行为规范及对其工作要求、财务人员规范及审核重点内容。

本书重点为指导财务管理工作，并供各业务流程中相关人员操作时参考使用。本书有助于提高电力企业项目精益化管理水平，促进业财融合。

图书在版编目（CIP）数据

项目全过程财务管理操作指引 / 国网信息通信产业集团有限公司财务资产部编 . — 北京：中国电力出版社，2021.7

ISBN 978-7-5198-5565-9

Ⅰ . ①项… Ⅱ . ①国… Ⅲ . ①电力工业—项目管理—财务管理—中国 Ⅳ . ① F426.61

中国版本图书馆 CIP 数据核字（2021）第 087974 号

出版发行：中国电力出版社
地　　址：北京市东城区北京站西街 19 号（邮政编码 100005）
网　　址：http：//www.cepp.sgcc.com.cn
责任编辑：杨　扬（010-63412524）
责任校对：黄　蓓　王小鹏
装帧设计：赵丽媛
责任印制：杨晓东

印　　刷：三河市万龙印装有限公司
版　　次：2021 年 7 月第一版
印　　次：2021 年 7 月北京第一次印刷
开　　本：787 毫米 ×1092 毫米　16 开本
印　　张：16.25
字　　数：235 千字
定　　价：78.00 元

编委会

主 任 梅仉和　王远征

副主任 王　伟　华　伟

委 员 崔传建　胡全贵　刘永清　贺成功　孙　辉　赵　晴　历　爽

陈红梅　朱海萍　毕艳冰　倪明伟　李　昱　张晋芳　向　杰

王　明　杨　乐　王丙寅　吕　静

编写组

组 长 杨　乐

成 员 张晋芳　孙赛军　郭晓竹　韩　沫　周　影　陈亚琴　陆海红

栾　天　丛　帆　李颖昕　陈朝霞　王　嬛　周永静　江　离

薛党莲　黄志军　李兆祥　阮涓平　陈立红　邢东燕　田俊丽

侯春晓　王健羽　李冰玉　胡伟娜　董　贺　牛　妍　詹晓辉

杨丰源　陈桂辉　刘丹阳　夏岳红　詹林溪　刘海跃

前　言

为全面贯彻落实国家电网有限公司新时代战略目标、国网信息通信产业集团有限公司（以下简称"集团"）提质增效专项行动工作要求，进一步发挥财务价值引领作用，以财务管理推动项目管理水平、风险防范能力整体提升，实现项目全过程财务管理系统化、标准化、数字化、智能化目标，促进集团高质量可持续发展，集团总结四川岷江水利电力有限公司（以下简称岷江水电）重大资产重组工作经验，紧密围绕集团战略目标及业务发展方向，以"高质量发展"为指导，以"商业模式和项目类型"为切入点，围绕传统及新兴业务，基于《国网信息通信产业集团有限公司项目全过程财务管理工作指南》（信通集团财〔2018〕211号）在执行过程中遇到的问题，依据国家电网有限公司及集团项目管理和财务管理相关规定，结合各单位实际业务情况，特制定《项目全过程财务管理操作指引》。

本书覆盖集团经营、科技和产业工程类项目，作为一套"标准化、规范化"的项目全过程财务管理体系，进一步丰富精益管控手段，实现财务和项目管理的双促进、双提升，为集团实现项目全过程财务管理"数字化、智能化"转型奠定扎实基础。

本书是集团项目财务管理标准化、规范化、书面化的系统文档，体现了集团项目财务管理的标准和要求，适用于集团各部门（中心），所属全资、控股企业及分支机构（以下统称为"各单位"）。为提高本书的可读性和使用性，将全部内容分为经营项目管理、科技项目管理和产业工程项目管理三篇。

上篇　经营项目管理中所称"经营项目"是指集团及各单位在生产经营过程中，与其他公司或组织签订收入合同，并指派专人负责，在特定的一段时间内，为其提供信息通信及相关产品或服务，预期能够产生直接或间接经济价值回报的组织活动。本篇共包括10类项目，分别为系统集成类、硬件生产制造类、软件研发/实施类、咨询/技术服务类、运营类、运维类、经营租赁类、融资租赁类、投资建设及运营服务类和产业链金融类。每类项目全过程财务管理分为8个环节，分别为项目前期财务管理、项目销售财务管理、项目资产构建财务管理、项目采购财务管理、项目实施收入管理、项目实施成本管理、项目实施现金收支管理、项目验收及后评价财务管理。

中篇　科技项目管理中所称"科技项目"是指服务于集团、总部和电网发展而组织实施的研究开发项目，主要包括新产品、新技术、新材料、新工艺、新标准、决策支持技术的研究以及试验能力提升和新技术应用等项目。本篇包括自主研发类项目和受托研发类项目两类。其中自主研发类项目全过程财务管理分为6个环节，分别为项目前期财务管理、项目实施过程财务管理、项目采购财务管理，项目实施成本管理、项目实施现金支出管理、项目验收及后评价财务管理；受托研发类项目全过程财务管理分为7个环节，分别为项目前期财务管理、项目实施过程财务管理、项目采购财务管理、项目实施收入管理、项目实施成本管理、项目实施现金收支管理、项目验收及后评价财务管理。

下篇　产业工程项目管理中所称"产业工程项目"是指集团及各单位因企业发展实施的基本建设、技术改造投资，产业工程项目包括产业基建项目、产业技改项目和产业大修项目。本篇将产业工程项目全过程财务管理分为 8 个环节，分别为项目前期财务管理、项目采购财务管理、项目实施现金支出管理、项目实施过程财务管理、项目设备拆除财务管理（适用于技改大修项目）、项目实施成本管理、项目竣工财务管理、项目后评价财务管理。

本书采用流程总览和分环节阐述相结合的方式，全面展示项目全过程各环节业财执行步骤及关注要点，财务需重点关注直接或间接影响本单位利润或现金流的环节和步骤，规范业务前端，促进项目执行，严控项目成本，进一步提高整体经营效益和项目财务精益化管理水平，以财务管理推动项目管理水平整体提升。

本书以项目全过程为主线，重点为指导财务管理工作，并供各业务流程中相关角色操作时参考使用。因全集团业务范围及管理要求存在差异性，各单位需根据自身管理实际和部门职责划分，匹配使用。

（1）职责分工。各部门在项目全过程管理中的职责在操作步骤中进行概述，部门名称均为代指，各单位根据自身的组织架构及部门职责分工，查找相应职责分工，由本单位匹配的管理部门执行相应的管理内容。

（2）管理内容。

1）各专业方面。本书重点在于指导项目财务管理工作，并对业财融合环节进行优化，各专业部门可提前了解项目财务管控要求，提高风险事前管控能力。执行中，各专业部门需充分发挥主观能动性，将本专业的管理制度与本书内容进行结合，因地制宜，提高业财联动管控能力，提升项目盈利能力。

2）各单位方面。因各单位业务内容和管理成熟度存在差异，落地应用本书时，需根据实际情况进行本地化处理。例如流程步骤、指标管控区间等内容，可在集团总控要求下，对本书内容进行本地化、细化完善，具备条件的单位，可提前通过信息系统实现部分管控要求，提高项目管理效率和精益化水平。

（3）迭代优化。

1）业务侧。随着国家、国家电网有限公司、集团对管理规范、流程的不断修订，各单位经营业务的不断拓展，集团将根据新增完善的业务体系，不定期组织对本书内容进行修订更正，各单位需遵循业务最新管理规范要求进行日常管控。

2）系统侧。本书中各业务流程描述主要依托集团一体化生产经营管理系统（以下简称"一系统"）、ERP 系统、财务管控和部分业务专用系统，未包括各单位自建系统流程描述，各单位可结合自身管理，在本书基础上进行细化，集团将随着各系统的功能迭代更新，不定期对本书进行修订更正。

本书在编写过程中得到了集团各级领导的大力支持、各单位财务专家的悉心指导和广大财务人员的积极反馈，在此表示衷心感谢！

由于各单位业务不断拓展，书中内容难免有疏漏或不妥之处，敬请读者不吝指正！

使 用 说 明

　　各篇"第一章 项目财务管理概述"对该篇所规范的项目类型、项目全过程财务管理环节及财务重点关注或参与事项进行总体描述，读者可轻松查找定位到本单位适用的业务类型并可快速掌握某类项目全部的管理流程及管控要素。

　　各篇从第二章起至最后一章"附则"前，为本篇重点内容。按照项目全过程流程模块进行划分，基于各流程环节，具体描述各类业务的管理流程及管控要点，读者可同时掌握业务侧和财务侧的业务流程及管控重点，并可直接对比获取各类业务在同一环节上的管理异同点，可有效推动业财融合及各单位项目财务管理知识共享。各流程模块由流程总览（含流程图）、操作环节及说明两部分组成，具体使用说明如下。

　　1. 各项主要要素的意义

　　（1）流程总览。以文字形式对各类业务在某一流程环节中涉及的末级流程、关键步骤、财务关注或参与事项进行概述说明，起到提纲挈领、目录指引的作用。

　　（2）流程图。以图像方式对集团项目财务管理的执行程序和过程进行直观展示，由一系列严格限定前后顺序的流程活动组成，各流程活动在各负责部门下归类展示。通过使用流程图，可全局、直观地了解管理过程、各部门管控范围及业财管控融合的关键步骤。

　　（3）操作环节及说明。对流程总览及流程图进行详细说明，按步骤一一说明其管控主体、管控程序、管控表单和管控要点，规范具体控制活动，并提示业财人员日常审核管控要点，加强事前、事中管理，有助于防范风险和提高业财协同效率。

　　针对各业务专业管理内容（如营销策略的制定程序及标准、采购方式的选定程序及标准等），本书不再展开说明，请各单位遵循国家电网有限公司、集团和本单位业务专业部门发布的制度规范及流程要求进行操作。

　　2. 各项主要要素具体讲解

　　对流程图、操作环节及说明中的关键要素定义如下：

　　（1）流程图。

　　职能部门：执行该列各项流程活动的部门；

　　开始/结束：表示该流程的起始点和终结点；

　　活动：某一步骤中应执行的某项或某组行为；

　　判定：根据不同条件，流程在此拆分成不同的延续流程；

　　子流程：某一流程中引用的其他流程，即自此步骤开始执行其他流程中相关步骤；

　　转下页/接上页：某一流程在本页面中未展示完毕，转到下一页继续执行。

职能部门A	职能部门B	职能部门C

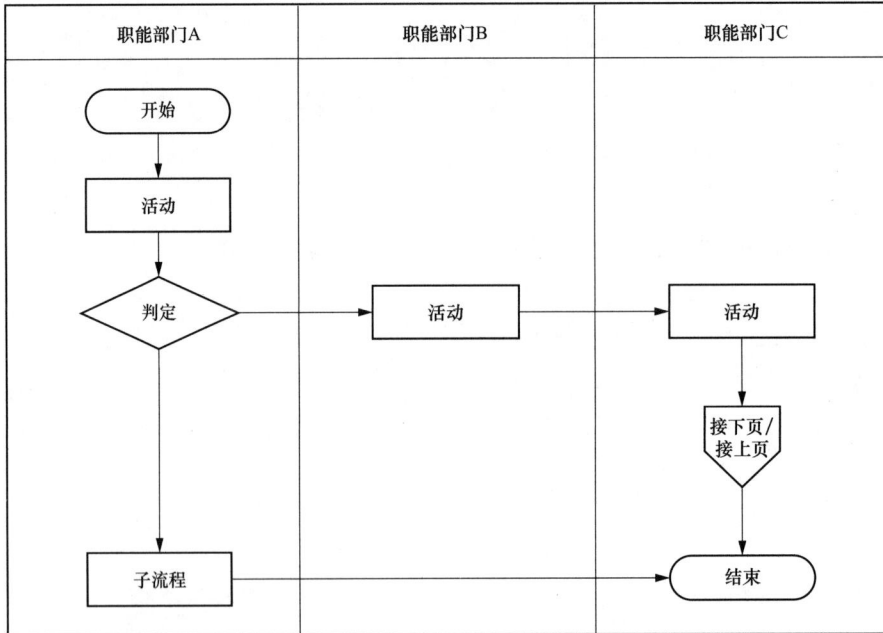

（2）操作环节及说明。

二、操作环节及说明

（一）投标管理 —————————— 流程环节名称

投标管理是项目开展的重要阶段，是后续业务执行的基础，投标管理要适应市场发展需要，规避过程风险，提高中标率，保护集团的合法权益。

1. 投标文件获取 —————————— 操作步骤名称

营销部门持续跟进潜在客户市场招标信息，综合本单位技术实力及人财物状况，对符合本单位经营范围且具有运作能力的项目进行投标的项目进行投标。

确定投标时，营销部门在"一系统"新建项目商机，录入基本信息，预估项目金额及成本，发起投标申请流程并履行系统审批程序。

2. 标书费支付及报销管理 —————————— 操作步骤的条件、职责部门、涉及系统和表单等

若投标项目需支付标书费，营销部门需在"一系统"中填写标书费借款申请单或报销申请单，发起标书费申请流程并履行审批程序。

（1）营销部门提请标书费支付申请时需注意：

  1）履行本单位规定的资金支付审批流程。

  2）提交清晰的招标公告。

  3）申请单中填写的付款金额与招标公告中一致。

  4）申请单中填写的收款信息要与招标文件中约定一致，若不一致，需提供经对方单位盖章及营销部门领导签字确认的书面说明。

（2）财务部门审核标书费支付申请时需注意： —————————— 业财对同一事项，从不同管理角度进行审核的要点，便于统一管理目标

  1）申请附件是否完整、清晰。

  2）申请单中的付款金额是否与招标文件中标书费列示的金额一致。

基于项目财务精益化管控目标，描述项目全过程各环节具体操作步骤、控制措施，说明具体的操作条件、操作部门、操作程序、重点关注事项、涉及系统、表单等操作依据。

目 录

1

中篇　科技项目管理

下篇　产业工程项目管理

上 篇

经营项目管理

第一章

项目财务管理概述

本篇所称"经营项目"是指集团及下属单位在生产经营过程中，与其他公司或组织签订收入合同，并指派专人负责，在特定的一段时间内，为其提供信息通信及相关产品或服务，预期能够产生直接或间接经济价值回报的组织活动。

第一节　系统集成类项目

系统集成类项目是指通过结构化的综合布线系统、信息通信等技术，将各个分离的设备、功能和信息等集成到相互关联、统一和协调的系统的项目。

系统集成类项目全过程财务管理共涵盖 25 个三级流程，33 个财务关注事项，各重点阶段和管理事项具体设置如下。

1. 项目前期财务管理

涵盖 3 个三级流程，分别为商机管理、可行性研究、前期立项管理，其中财务关注或参与事项 3 个，包括参与商机可行性研究、项目前期费用管控及分摊管理、前期立项项目预算维护及执行监督管理。

2. 项目销售财务管理

涵盖 3 个三级流程，分别为投标管理、销售合同管理、立项管理，其中财务关注或参与事项 6 个，包括参与投标报价测算、投标费用管理（标书费、投标保证金及中标服务费）、销售合同审核、立项审核、前期转正式项目管理、项目信息（合同、进度、预算）变更管理。

3. 项目采购财务管理

涵盖 4 个三级流程，分别为采购申请管理、采购合同管理、项目物资管理和项目外包管理，其中财务关注或参与事项 5 个，包括采购申请审核、采购合同审核、项目物资的收货确认及发票校验、物资盘点管理、项目外包的服务确认及发票校验。

4. 项目实施收入管理

涵盖 3 个三级流程，分别为项目进度管理、销售开票管理和应收账款管理，其中财务关注或参与事项 5 个，包括项目进度维护、销售发票开具、收入确认、应收账款管理和坏账管理。

5. 项目实施成本管理

涵盖 7 个三级流程，分别为人工成本管理、物资采购成本管理、服务采购成本管理、项目费用管理、项目成本分摊管理、项目成本结转、项目成本分析，其中财务关注或参与事项 7 个,包括人工成本管理、物资采购成本管理、服务采购成本管理、项目费用管理、项目成本分摊、成本结转和成本分析。

6. 项目实施现金收支管理

涵盖 2 个三级流程,分别为收款管理和付款管理,其中财务关注或参与事项 3 个,包括回款认款质量和效率、付款审核、收付款核算。

7. 项目验收及后评价财务管理

涵盖 3 个三级流程,分别为项目验收、项目关闭和项目后评价,其中财务关注或参与事项 4 个,包括出厂测试费用、项目关闭、项目质保金收回和项目评价。

第二节　硬件生产制造类项目

硬件生产制造类项目是指企业依据相关产品技术标准、生产制造工艺,通过生产设备、生产工具、人力资源、信息化技术等,持续将原材料加工成产品的项目。

硬件生产制造类项目全过程财务管理共涵盖 22 个三级流程,27 个财务关注事项,各重点阶段和管理事项具体设置如下。

1. 项目前期财务管理

涵盖 2 个三级流程,分别为商机管理、新产品开发,其中财务关注或参与事项 2 个,包括参与商机可行性研究提供技术支持服务和新产品开发的可行性研究审核。

2. 项目销售财务管理

涵盖 2 个三级流程,分别为投标管理、销售合同管理,其中财务关注或参与事项 4 个,包括为投标报价测算提供技术支持服务、投标费用管理(标书费、投标保证金及中标服务费)、销售合同审核、合同变更管理。

3. 项目采购财务管理

涵盖 4 个三级流程,分别为采购申请管理、采购合同管理、生产物资管理和生产外包管理,其中财务关注或参与事项 5 个,包括采购申请审核、采购合同审核、项目物资的收货确认及发票校验、物资盘点管理、项目外包的服务确认及发票校验。

4. 项目实施收入管理

涵盖 3 个三级流程,分别为项目进度管理、销售开票管理和应收账款管理,其中财务关注或参与事项 5 个,包括项目进度维护、销售发票开具、收入确认、应收账款管理和坏账管理。

5. 项目实施成本管理

涵盖 6 个三级流程,分别为人工成本管理、物资采购成本管理、服务采购成本管理、项目费用管理、项目成本分摊管理、产品成本核算,其中财务关注或参与事项 5 个,包括人工成本管理、物资采购成本管理、服务采购成本管理、项目费用管理、项目成本分摊。

6. 项目实施现金收支管理

涵盖 2 个三级流程,分别为收款管理和付款管理,其中财务关注或参与事项 3 个,包括回款认款质量和效率、付款审核、收付款核算。

7. 项目验收及后评价财务管理

涵盖 3 个三级流程，分别为项目验收、项目关闭和项目后评价，其中财务关注或参与事项 3 个，包括项目关闭、项目质保金收回和项目评价。

第三节　软件研发 / 实施类项目

软件研发 / 实施类项目是指根据客户需求，利用现有技术与理论进行设计，实现或取得较为确定的软件成果，当信息化系统或软件完成后，项目承建单位将系统或软件部署上线并保证其能正常运转的实施服务项目，软件项目包括基础软件项目和应用软件项目两类。

软件研发 / 实施类项目全过程财务管理共涵盖 25 个三级流程，32 个财务关注事项，各重点阶段和管理事项具体设置如下。

1. 项目前期财务管理

涵盖 3 个三级流程，分别为商机管理、可行性研究、前期立项管理，其中财务关注或参与事项 3 个，包括参与商机可行性研究、项目前期费用管控及分摊管理、前期立项项目预算维护及执行监督管理。

2. 项目销售财务管理

涵盖 3 个三级流程，分别为投标管理、销售合同管理、立项管理，其中财务关注或参与事项 6 个，包括参与投标报价测算、投标费用管理（标书费、投标保证金及中标服务费）、销售合同审核、立项审核、前期转正式项目管理、项目信息（合同、进度、预算）变更管理。

3. 项目采购财务管理

涵盖 4 个三级流程，分别为采购申请管理、采购合同管理、项目物资管理和项目外包管理，其中财务关注或参与事项 4 个，包括采购申请审核、采购合同审核、项目物资的收货确认及发票校验、项目外包的服务确认及发票校验。

4. 项目实施收入管理

涵盖 3 个三级流程，分别为项目进度管理、销售开票管理和应收账款管理，其中财务关注或参与事项 5 个，包括项目进度维护、销售发票开具、收入确认、应收账款管理和坏账管理。

5. 项目实施成本管理

涵盖 7 个三级流程，分别为人工成本管理、物资采购成本管理、服务采购成本管理、项目费用管理、项目成本分摊管理、项目成本结转、项目成本分析，其中财务关注或参与事项 7 个，包括人工成本管理、物资采购成本管理、服务采购成本管理、项目费用管理、项目成本分摊、成本结转和成本分析。

6. 项目实施现金收支管理

涵盖 2 个三级流程，分别为收款管理和付款管理，其中财务关注或参与事项 3 个，包括回款认款质量和效率、付款审核、收付款核算。

7. 项目验收及后评价财务管理

涵盖 3 个三级流程，分别为项目验收、项目关闭和项目后评价，其中财务关注或参与事项 4 个，包括出厂测试费用、项目关闭、项目质保金收回和项目评价。

第四节　咨询／技术服务类项目

咨询／技术服务类项目是指在一定期限内，根据客户的委托，运用科学技术、经济管理、法律等多方面知识，为客户提供决策、实施和管理等智力服务的项目，包括战略咨询、管理咨询和技术咨询等类型。

咨询／技术服务类项目全过程财务管理共涵盖 23 个三级流程，29 个财务关注事项，各重点阶段和管理事项具体设置如下。

1. 项目前期财务管理

涵盖 3 个三级流程，分别为商机管理、可行性研究、前期立项管理，其中财务关注或参与事项 3 个，包括参与商机可行性研究、项目前期费用管控及分摊管理、前期立项项目预算维护及执行监督管理。

2. 项目销售财务管理

涵盖 3 个三级流程，分别为投标管理、销售合同管理、立项管理，其中财务关注或参与事项 6 个，包括参与投标报价测算、投标费用管理（标书费、投标保证金及中标服务费）、销售合同审核、立项审核、前期转正式项目管理、项目信息（合同、进度、预算）变更管理。

3. 项目采购财务管理

涵盖 3 个三级流程，分别为采购申请管理、采购合同管理和项目外包管理，其中财务关注或参与事项 3 个，包括采购申请审核、采购合同审核、项目外包的服务确认及发票校验。

4. 项目实施收入管理

涵盖 3 个三级流程，分别为项目进度管理、销售开票管理和应收账款管理，其中财务关注或参与事项 5 个，包括项目进度维护、销售发票开具、收入确认、应收账款管理和坏账管理。

5. 项目实施成本管理

涵盖 6 个三级流程，分别为人工成本管理、服务采购成本管理、项目费用管理、项目成本分摊管理、项目成本结转、项目成本分析，其中财务关注或参与事项 6 个，包括人工成本管理、服务采购成本管理、项目费用管理、项目成本分摊、成本结转和成本分析。

6. 项目实施现金收支管理

涵盖 2 个三级流程，分别为收款管理和付款管理，其中财务关注或参与事项 3 个，包括回款认款质量和效率、付款审核、收付款核算。

7. 项目验收及后评价财务管理

涵盖 3 个三级流程，分别为项目验收、项目关闭和项目后评价，其中财务关注或参与事项 3 个，包括项目关闭、质保金和项目评价。

第五节　运营类项目

运营类项目是指围绕已建设的基础设施、应用系统等提供运营支撑服务的项目，包含专线带宽业务、互联网出口带宽业务、语音业务、光纤业务等类型。

运营类项目全过程财务管理共涵盖 25 个三级流程，31 个财务关注事项，各重点阶段和管理事项具体设置如下。

1. 项目前期财务管理

涵盖 3 个三级流程，分别为商机管理、可行性研究、前期立项管理，其中财务关注或参与事项 3 个，包括参与商机可行性研究、项目前期费用管控及分摊管理、前期立项项目预算维护及执行监督管理。

2. 项目销售财务管理

涵盖 3 个三级流程，分别为投标管理、销售合同管理、立项管理，其中财务关注或参与事项 6 个，包括参与投标报价测算、投标费用管理（标书费、投标保证金及中标服务费）、销售合同审核、立项审核、前期转正式项目管理、项目信息（合同、进度、预算）变更管理。

3. 项目采购财务管理

涵盖 4 个三级流程，分别为采购申请管理、采购合同管理、项目物资管理和项目外包管理，其中财务关注或参与事项 4 个，包括采购申请审核、采购合同审核、项目物资的收货确认及发票校验、项目外包的服务确认及发票校验。

4. 项目实施收入管理

涵盖 3 个三级流程，分别为项目进度管理、销售开票管理和应收账款管理，其中财务关注或参与事项 5 个，包括项目进度维护、销售发票开具、收入确认、应收账款管理和坏账管理。

5. 项目实施成本管理

涵盖 7 个三级流程，分别为人工成本管理、物资采购成本管理、服务采购成本管理、项目费用管理、项目成本分摊管理、项目成本结转、项目成本分析，其中财务关注或参与事项 7 个，包括人工成本管理、物资采购成本管理、服务采购成本管理、项目费用管理、项目成本分摊、成本结转和成本分析。

6. 项目实施现金收支管理

涵盖 2 个三级流程，分别为收款管理和付款管理，其中财务关注或参与事项 3 个，包括回款认款质量和效率、付款审核、收付款核算。

7. 项目验收及后评价财务管理

涵盖 3 个三级流程，分别为项目结项、项目关闭和项目后评价，其中财务关注或参与事项 3 个，包括项目关闭、项目质保金收回和项目评价。

第六节　运维类项目

运维类项目是指对已建设的基础设施、应用系统等提供的运行维护服务活动，涵盖维保服务和驻场服务等多项内容。

运维类项目全过程财务管理共涵盖 25 个三级流程，31 个财务关注事项，各重点阶段和管理事项具体设置如下。

1. 项目前期财务管理

涵盖 3 个三级流程，分别为商机管理、可行性研究、前期立项管理，其中财务关注或参与事项 3 个，包括参与商机可行性研究、项目前期费用管控及分摊管理、前期立项项目预算维护及执行监督管理。

2. 项目销售财务管理

涵盖 3 个三级流程，分别为投标管理、销售合同管理、立项管理，其中财务关注或参与事项 6 个，包括参与投标报价测算、投标费用管理（标书费、投标保证金及中标服务费）、销售合同审核、立项审核、前期转正式项目管理、项目信息（合同、进度、预算）变更管理。

3. 项目采购财务管理

涵盖 4 个三级流程，分别为采购申请管理、采购合同管理、项目物资管理和项目外包管理，其中财务关注或参与事项 4 个，包括采购申请审核、采购合同审核、项目物资的收货确认及发票校验、项目外包的服务确认及发票校验。

4. 项目实施收入管理

涵盖 3 个三级流程，分别为项目进度管理、销售开票管理和应收账款管理，其中财务关注或参与事项 5 个，包括项目进度维护、销售发票开具、收入确认、应收账款管理和坏账管理。

5. 项目实施成本管理

涵盖 7 个三级流程，分别为人工成本管理、物资采购成本管理、服务采购成本管理、项目费用管理、项目成本分摊管理、项目成本结转、项目成本分析，其中财务关注或参与事项 7 个，包括人工成本管理、物资采购成本管理、服务采购成本管理、项目费用管理、项目成本分摊、成本结转和成本分析。

6. 项目实施现金收支管理

涵盖 2 个三级流程，分别为收款管理和付款管理，其中财务关注或参与事项 3 个，包括回款认款质量和效率、付款审核、收付款核算。

7. 项目验收及后评价财务管理

涵盖 3 个三级流程，分别为项目验收、项目关闭和项目后评价，其中财务关注或参与事项 3 个，包括项目关闭、项目质保金收回和项目评价。

第七节　经营租赁类项目

经营租赁类项目是指出租人向承租人提供设备及使用权的同时，还提供设备的维修、保养等其他专门的服务，并承担设备过时风险的一种中短期融资与融物相结合的经济活动。经营性租赁又称服务性租赁。各单位需高度重视潜在风险，重点关注经营租赁与融资租赁的区别，避免经营性租赁业务在实际操作时成为事实上的融资租赁。

经营租赁类项目全过程财务管理共涵盖 27 个三级流程，35 个财务关注事项，各重点阶段和管理事项具体设置如下。

1. 项目前期财务管理

涵盖 2 个三级流程，分别为商机管理、前期立项管理，其中财务关注或参与事项 3 个，包括参与商机可行性研究、项目前期费用管控及分摊管理、前期立项项目预算维护及执行监督管理。

2. 项目销售财务管理

涵盖 4 个三级流程，分别为投标管理、租赁合同管理、预算管理、立项管理，其中财务关注或参与事项 6 个，包括参与投标报价测算、投标费用管理（标书费、投标保证金及中标服务费）、租赁框架合同审核、预算管理、立项审核、项目信息（合同、进度、预算）变更管理。

3. 项目资产构建财务管理

涵盖 1 个三级流程，为固定资产构建管理，其中财务关注或参与事项 2 个，包括资产构建的成本管理和资产转资。

4. 项目采购财务管理

涵盖 5 个三级流程，分别为采购申请管理、采购合同管理、项目融资管理、项目物资管理和项目外包管理，其中财务关注或参与事项 6 个，包括采购申请审核、采购合同审核、融资申请审批、开展融资活动、项目物资的收货确认及发票校验、项目外包的服务确认及发票校验。

5. 项目实施收入管理

涵盖 2 个三级流程，分别为租金收入管理和应收账款管理，其中财务关注或参与事项 4 个，包括租金收入开票、收入确认、应收账款管理和坏账管理。

6. 项目实施成本管理

涵盖 7 个三级流程，分别为人工成本管理、物资采购成本管理、服务采购成本管理、项目费用管理、项目成本分摊管理、项目成本结转、项目成本分析，其中财务关注或参与事项 7 个，包括人工成本管理、物资采购成本管理、服务采购成本管理、项目费用管理、项目成本分摊、成本结转和成本分析。

7. 项目实施现金收支管理

涵盖 2 个三级流程，分别为收款管理和付款管理，其中财务关注或参与事项 3 个，包括回款认款质量和效率、付款审核、收付款核算。

8. 项目验收及后评价财务管理

涵盖 4 个三级流程，分别为期后资产评估、资产后期使用、项目关闭和项目后评价，其中财务关注或参与事项 4 个，包括资产评估、资产后期使用管理、项目关闭和项目评价。

第八节　融资租赁类项目

融资租赁类项目是指实质上转移与资产所有权有关的全部或绝大部分风险和报酬的租赁，资产的所有权最终可以转移，也可以不转移。融资租赁是出租人根据承租人对租赁物件的特定要求和对供货人的选择，出资向供货人购买租赁物件，并租给承租人使用，承租人分期向出租人支付租金的活动。融资租赁又称设备租赁或现代租赁，开展融资租赁业务时，各单位需注意审查是否满足相关资质要求，详细要求可参考《中国银保监会非银行金融机构行政许可事项实施办法》[中国银行保险监督管理委员会令（2020 年第 6 号）]。

融资租赁类项目全过程财务管理共涵盖 28 个三级流程，35 个财务关注事项，各重点阶段和管理事项具体设置如下。

1. 项目前期财务管理

涵盖 3 个三级流程，分别为商机管理、尽职调查、前期立项管理，其中财务关注或参与事项 3 个，包括商机可行性研究、项目前期费用管控及分摊管理、前期立项项目预算维护及执行监督管理。

2. 项目销售财务管理

涵盖 4 个三级流程，分别为投标管理、租赁合同管理、预算管理、立项管理，其中财务关注或参与事项 6 个，包括参与投标报价测算、投标费用管理（标书费、投标保证金及中标服务费）、租赁框架合同审核、预算管理、立项审核、项目信息（合同、进度、预算）变更管理。

3. 项目资产构建财务管理

涵盖 1 个三级流程，为固定资产构建管理，其中财务关注或参与事项 2 个，包括资产构建的成本管理和资产转资。

4. 项目采购财务管理

涵盖 5 个三级流程，分别为采购申请管理、采购合同管理、项目融资管理、项目物资管理和项目外包管理，其中财务关注或参与事项 6 个，包括采购申请审核、采购合同审核、融资申请审批、开展融资活动、项目物资的收货确认及发票校验、项目外包的服务确认及发票校验。

5. 项目实施收入管理

涵盖 2 个三级流程，分别为租金收入管理和应收账款管理，其中财务关注或参与事项 4 个，包括租金收入开票、收入确认、应收账款管理和坏账管理。

6. 项目实施成本管理

涵盖 7 个三级流程，分别为人工成本管理、物资采购成本管理、服务采购成本管理、项目费用管理、项目成本分摊管理、项目成本结转、项目成本分析，其中财务关注或参与事项 7 个，包括人工成本管理、物资采购成本管理、服务采购成本管理、项目费用管理、项目成本分摊、成本结转和成本分析。

7. 项目实施现金收支管理

涵盖 2 个三级流程，分别为收款管理和付款管理，其中财务关注或参与事项 3 个，包括回款认款质量和效率、付款审核、收付款核算。

8. 项目验收及后评价财务管理

涵盖 4 个三级流程，分别为期后资产评估、资产后期使用、项目关闭和项目后评价，其中财务关注或参与事项 4 个，包括资产评估、资产后期使用管理、项目关闭和项目评价。

第九节　投资建设及运营服务类项目

投资建设及运营服务类项目是指因企业经营发展，前期开展基本建设投资，后期围绕已建设的基础设施提供运营支撑服务的项目。

投资建设及运营服务类项目全过程财务管理共涵盖 28 个三级流程，34 个财务关注事项，各重点阶段和管理事项具体设置如下。

1. 项目前期财务管理

涵盖 3 个三级流程，分别为商机管理、可行性研究、前期立项管理，其中财务关注或参与事项 3 个，包括参与商机可行性研究、项目前期费用管控及分摊管理、前期立项项目预算维护及执行监督管理。

2. 项目销售财务管理

涵盖 5 个三级流程，分别为投标管理、框架合同管理、销售合同管理、预算管理和立项管理，其中财务关注或参与事项 6 个，包括参与投标报价测算、投标费用管理（标书费、投标保证金及中标服务费）、合同审核、预算管理、立项审核、项目信息（合同、进度、预算）变更管理。

3. 项目资产构建财务管理

涵盖 1 个三级流程，为固定资产构建管理，其中财务关注或参与事项 2 个，包括资产构建的成本管理和资产转资。

4. 项目采购财务管理

涵盖 5 个三级流程，分别为采购申请管理、采购合同管理、项目融资管理、项目物资管理和项目外包管理，其中财务关注或参与事项 6 个，包括采购申请审核、采购合同审核、融资申请审批、开展融资活动、项目物资的收货确认及发票校验、项目外包的服务确认及发票校验。

5. 项目实施收入管理

涵盖 2 个三级流程，分别为收入管理和应收账款管理，其中财务关注或参与事项 4 个，包括收入开票、收入确认、应收账款管理和坏账管理。

6. 项目实施成本管理

涵盖 7 个三级流程，分别为人工成本管理、物资采购成本管理、服务采购成本管理、项目费用管理、项目成本分摊管理、项目成本结转、成本预算控制与分析，其中财务关注或参与事项 7 个，包括人工成本管理、物资采购成本管理、服务采购成本管理、项目费用、项目成本分摊、成本结转和成本分析。

7. 项目实施现金收支管理

涵盖 2 个三级流程，分别为收款管理和付款管理，其中财务关注或参与事项 3 个，包括回款认款质量和效率、付款审核、收付款核算。

8. 项目验收及后评价财务管理

涵盖 3 个三级流程，分别为项目结项、项目关闭和项目后评价，其中财务关注或参与事项 3 个，包括项目关闭、项目质保金收回和项目评价。

第十节　产业链金融类项目

产业链金融类项目是指通过金融机构（如商业银行、互联网金融平台），实现对信息、资金等资源的整合，有针对性地为产业链的某个环节或全链条提供定制化的金融服务。

各单位在开展产业链金融业务时需重点关注是否具备相关资质，如应收类产品需商业保理牌照、存货类融资需小额贷款牌照、融物类需融资租赁牌照、线上支付需第三方支付牌照等，请各单位根据实际业务明确资质要求，并进行资质申请或与具备相关资质的外部单位合作。

产业链金融类项目全过程财务管理共涵盖 24 个三级流程，26 个财务关注事项，各重点阶段和管理事项具体设置如下。

1. 项目前期财务管理

涵盖 3 个三级流程，分别为可行性研究、平台建设、前期费用管理，其中财务关注或参与事项 3 个，包括可行性研究、前期费用管控和结转。

2. 项目销售财务管理

涵盖 3 个三级流程，分别为营销费用管理、销售合同管理和立项管理，其中财务关注或参与事项 3 个，包括营销费用管理、销售合同管理、立项审批。

3. 项目采购财务管理

涵盖 4 个三级流程，分别为采购申请管理、采购合同管理、项目物资管理和项目外包管理，其中财务关注或参与事项 4 个，包括采购申请审核、采购合同审核、项目物资的收货确认及发票校验、项目外包的服务确认及发票校验。

4. 项目实施收入管理

涵盖 2 个三级流程，分别为收入管理和应收账款管理，其中财务关注或参与事项 4 个，包括收入开票、收入确认、应收账款管理和坏账管理。

5. 项目实施成本管理

涵盖 7 个三级流程，分别为人工成本管理、物资采购成本管理、服务采购成本管理、项目费用管理、项目成本分摊管理、项目成本结转、成本预算控制与分析，其中财务关注或参与事项 7 个，包括人工成本管理、物资采购成本管理、服务采购成本管理、项目费用、项目成本分摊、成本结转和成本分析。

6. 项目实施现金收支管理

涵盖 2 个三级流程，分别为收款管理和付款管理，其中财务关注或参与事项 3 个，包括回款认款质量和效率、付款审核、收付款核算。

7. 项目验收及后评价财务管理

涵盖 3 个三级流程，分别为项目结项、项目关闭和项目后评价，其中财务关注或参与事项 2 个，包括项目关闭和项目评价。

第二章

项目前期财务管理

本章内容适用于项目前期阶段财务管理，涵盖商机管理、可行性研究、前期立项管理、尽职调查等流程，财务关注或参与事项主要包括参与商机可行性研究、项目前期费用管控及分摊管理、前期立项项目预算维护及执行监督管理。

第一节　系统集成类项目

一、流程总览

系统集成类项目前期财务管理涵盖 3 个三级流程，9 个关键流程步骤，其中财务关注或参与事项 3 个，分别是商机可行性研究、项目前期费用管控及分摊管理、前期立项项目预算维护及执行监督管理。系统集成类项目前期财务管理总览图如图 1-2-1 所示。

二、操作环节及说明

（一）商机管理

1. 商机新增

当营销部门在开展市场营销及品牌宣传过程中获取到新商机时，应在"一系统"创建商机。营销人员重点关注是否需新增客户信息，若需新增客户信息则按客户主数据新增流程操作，以保证后续商机转化合同时相关信息的完整性。

2. 商机推进

营销部门持续跟进商机，推动商机转化落地为合同，营销人员根据进度及时更新"一系统"商机信息。

各单位营销部门、项目管理部门和财务部门，结合实际管理精益化情况，适时制定商机阶段费用分摊机制，明确商机转化为正式项目时，商机阶段已发生费用分摊原则及分摊确认流程，保证项目成本的完整性，提升项目全生命周期管理精细度，同时明确商机未完成转化时，相关费用的分摊归集机制。财务部门根据分摊机制规定，进行项目成本核算。

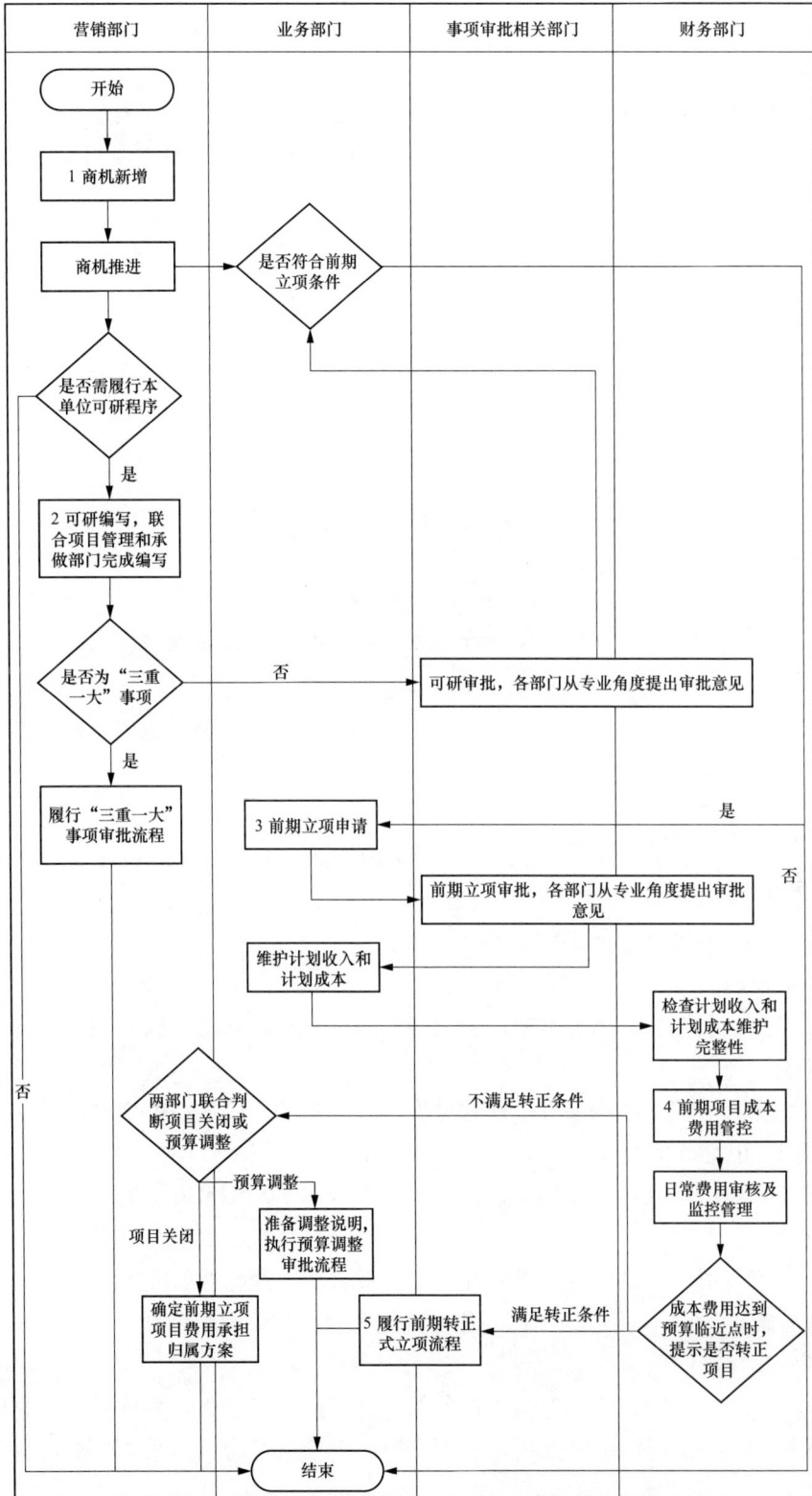

图 1-2-1　系统集成类项目前期财务管理总览图

（二）可行性研究

1. 可研编写

营销部门联合项目管理部门、业务部门、财务部门对商机进行可行性研究，形成可行性研究报告（简称可研报告），报告中应包括项目实施条件及必要性、项目实施方案、项目成本估算、投入产出分析等。

财务部门应配合编写项目投入产出分析部分，为商机决策提供参考依据，并控制项目前期风险。

2. 可研审批

营销部门提交可行性研究报告，履行本单位规定的审批流程，如符合"三重一大"标准，则需履行"三重一大"事项决策流程。

（三）前期立项管理

前期立项是指将来签订销售合同可能性较大且需要开展前期工作，或客户可以提供委托书、开工确认书等相关材料的项目。

各单位项目管理部门需根据项目类型，结合项目特点制定该项目成本费用上限标准，明确利润率要求，履行单位内部审批或执行上会决策程序。项目执行过程中，当成本费用率达到上限 60% 时，财务部门需提示预警，当达到 80% 时，应禁止继续发生，需业务部门提交情况说明，包括项目基本情况、成本费用明细、未转正式项目原因及预计转正式项目时间等信息，执行内部审批程序。

1. 前期立项申请

业务部门依据客户委托书、开工确认书等相关材料，在"一系统"中创建项目，填写项目预算、进度计划等基本信息。

业务部门在执行前期立项时需注意：

（1）项目预期能为本单位带来收益，并有前期投入需求的，可前期立项。

（2）参照历史数据、集团及本单位项目经营指标管理要求等，保证项目中各项预算与项目规模匹配。

（3）按照客户需求，评估项目里程碑进度及投入资源，以提高前期立项预估项目预算和相关经营指标的准确性。

（4）保证立项项目的独立性和完整性，不应包含非本类项目以外的项目，也严禁将一个独立的项目分拆立项。

（5）保证填写项目基础信息的准确性，如产业板块、产品线、成本大类等，提高后续业财数据的准确性。

2. 前期立项审批

提交立项申请后，项目管理部门、财务部门、营销部门等从职责范围及专业角度提出审核意见，并在"一系统"中审批项目立项申请，审批通过后"一系统"将相关信息同步至 ERP 系统，ERP 系统回传项目编号。

（1）业务部门在前期立项时应注意：

1）项目前期立项的材料完整、合理。

2）项目预算编制的规范性、合理性和预算数据在 ERP 系统和"一系统"间的一致性，以便指导后续项目预算的执行。

3）项目成本预算合理、可行，项目差旅费、会议费、专家费等各项预算应与项目规模匹配，项目外包 / 外委成本占比低于 60%（集团与子公司转签合同除外）。

4）项目毛利率、利润率等经济性指标符合本单位管理要求，使其与年度目标合理衔接。

5）产业板块、产品线、成本大类等维度信息符合本单位的经营范围。

6）前期立项执行风险和执行必要性。

（2）财务部门在审核立项时需关注：

1）项目预算编制的规范性、合理性，预算数据在 ERP 系统和"一系统"间的一致性，以便指导后续项目预算的执行。

2）项目成本预算是否合理、可行，项目差旅费、会议费、专家费等各项预算是否与项目规模匹配，项目外包 / 外委成本占比是否低于 60%（集团与子公司转签合同除外）。

3）项目毛利率、利润率等经济性指标是否符合本单位管理要求，使其与年度目标合理衔接。

3. 维护计划收入和计划成本

当立项信息从"一系统"同步到 ERP 系统中，业务部门在 ERP 系统中维护计划收入和计划成本，对于通过 ERP 系统自动取数的数据需检查其是否准确。

业务部门在维护计划值时需注意：

（1）计划收入和成本将影响后续项目成本结转，需根据项目预算情况，准确、合理维护计划收入和计划成本。

（2）计划收入和计划成本为不含税金额。

（3）每月自查在执行项目，禁止出现计划值为空的情况，及时完善相应信息。

财务部门每月在结账前 5 天检查在执行项目，列示计划值为空和特别异常的项目清单，反馈项目管理部门进行统一规范管理，对于连续 3 个月出现计划值为空的项目或当年出现 3 次以上的部门，反馈项目管理部门对其进行考核处理。

4. 前期项目成本费用管控

财务部门需重点关注前期立项成本费用发生情况，除关注正常费用审批流程中的审核事项外，当项目成本费用临近预算执行阈值时，需提示业务部门及营销部门关注该项目是否具备转正式项目条件。

（1）项目不满足转正条件时，需营销部门和业务部门联合判断该项目是否关闭或进行预算调整。如进行项目关闭，需项目管理部门、营销部门和业务部门商议确定前期立项项目费用承担归属方案，由财务部门进行账务处理；如进行预算调整，需业务部门提出明确、合理、规范的调整说明，履行预算调整审批流程。

（2）项目满足转正条件时，业务部门及时准备正式立项材料，履行规定流程，详见下一步骤。

5. 前期项目转正

当前期立项的项目获取到销售合同时，业务部门应在"一系统"中及时发起前期转正式立项流程，根据合同规定内容，重新评估项目进度、预算等信息，在系统中准确维护相关信息，正式项目需关注事项详见"第三章 项目销售财务管理"中"立项管理"相关内容。

第二节　硬件生产制造类项目

一、流程总览

硬件生产制造类项目前期财务管理涵盖 2 个三级流程，3 个关键流程步骤，其中财务关注或参与事项 2 个，分别是参与商机可行性研究提供技术支持服务、新产品开发的可行性研究审核。硬件生产制造类项目前期财务管理总览图如图 1-2-2 所示。

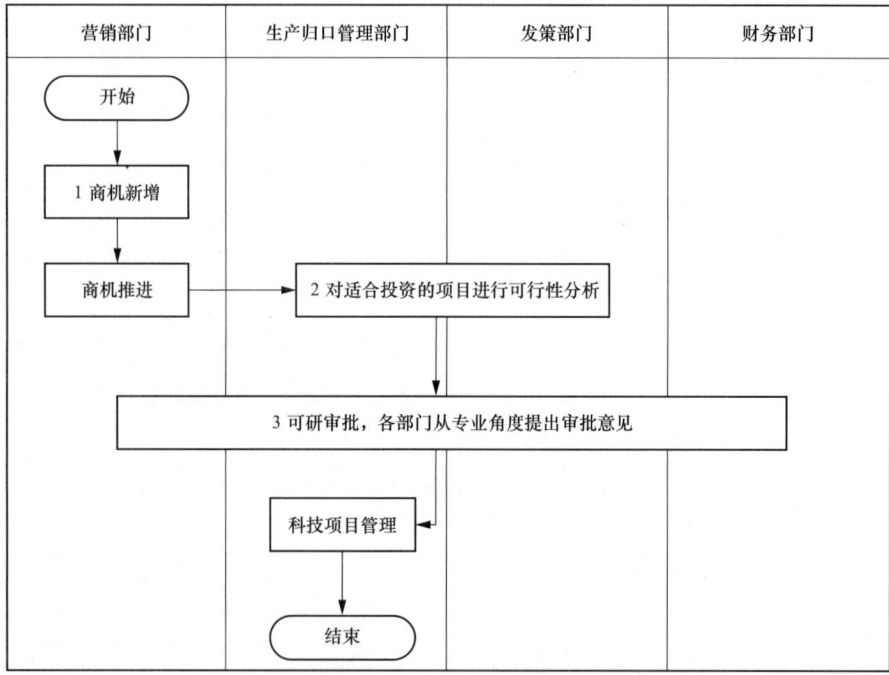

图 1-2-2　硬件生产制造类项目前期财务管理总览图

二、操作环节及说明

（一）商机管理

商机管理包括 2 个步骤，分别为商机新增、商机推进。具体操作步骤及说明详见本章

"第一节　系统集成类项目"中"商机管理"相关内容。

（二）新产品开发

发策部门和生产归口管理部门根据调查分析市场和主要竞争对手产品的质量、价格、市场、使用情况和用户改进要求，进行分析研究，对适合投资的项目进行可行性研究并形成可研报告。

各相关部门对新项目建议或对提高产品质量和性能、降低产品制造成本、满足市场需要、提高经济效益等建议，履行审批程序。具体审批程序及后续研发过程管理详见本书中篇　科技项目管理。

第三节　软件研发 / 实施类项目

一、流程总览

软件研发 / 实施类项目前期财务管理涵盖 3 个三级流程，9 个关键流程步骤，其中财务关注或参与事项 3 个，分别是参与商机可行性研究、项目前期费用管控及分摊管理、前期立项项目预算维护及执行监督管理。软件研发 / 实施类项目前期财务管理总览图如图 1-2-3 所示。

二、操作环节及说明

（一）商机管理

商机管理包括 2 个步骤，分别为商机新增、商机推进。具体操作步骤及详细说明详见本章"第一节　系统集成类项目"中"商机管理"相关内容。

（二）可行性研究

可行性研究包括 2 个步骤，分别为可研编写、可研审批。具体操作步骤及详细说明详见本章"第一节　系统集成类项目"中"可行性研究"相关内容。

（三）前期立项管理

前期立项管理包括 5 个步骤，分别为前期立项申请、前期立项审批、维护计划收入和计划成本、前期项目成本费用管控、前期项目转正。具体操作步骤及详细说明详见本章"第一节　系统集成类项目"中"前期立项管理"相关内容。

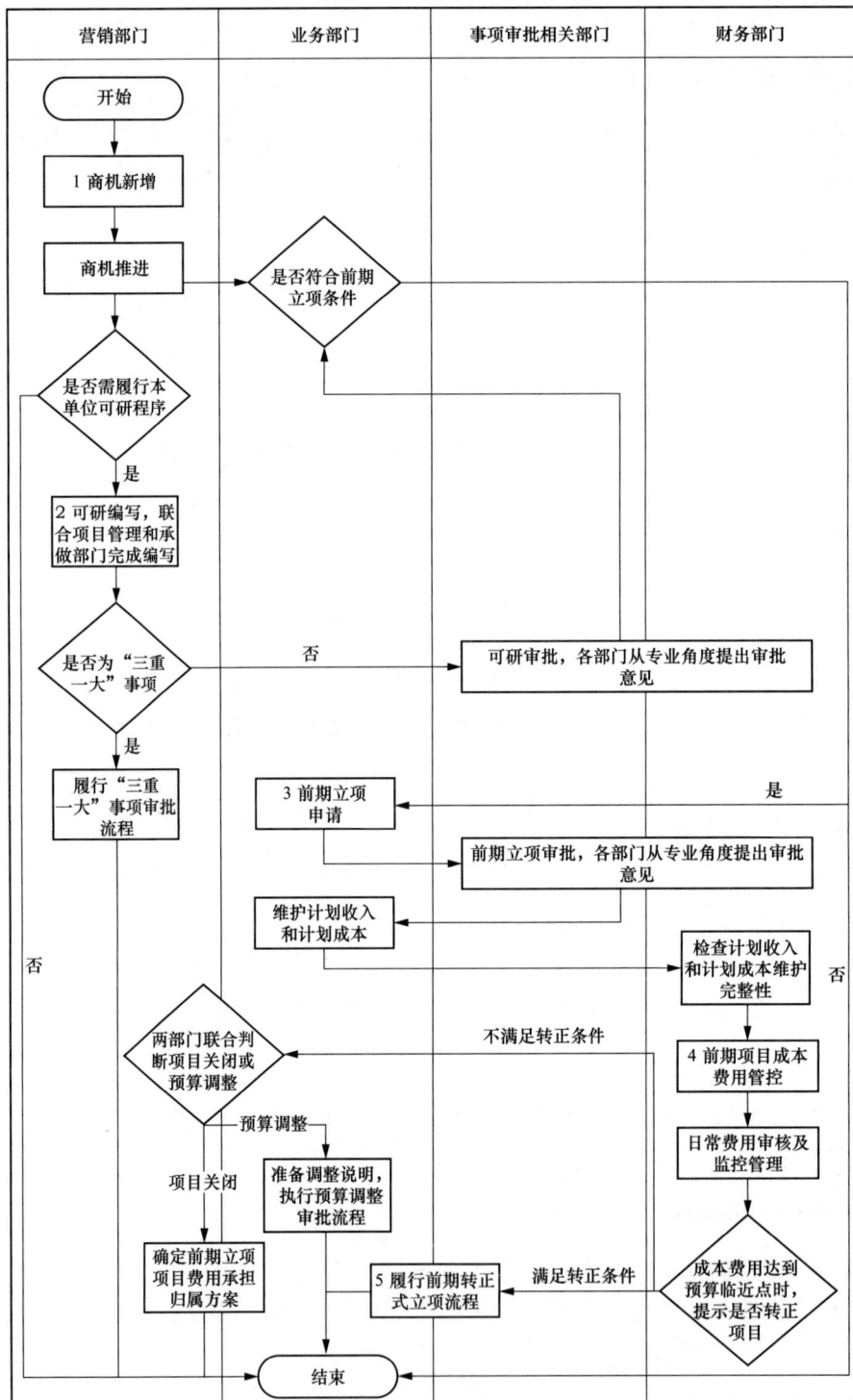

图 1-2-3 软件研发／实施类项目前期财务管理总览图

第四节　咨询/技术服务类项目

一、流程总览

咨询/技术服务类项目前期财务管理涵盖3个三级流程，9个关键流程步骤，其中财务关注或参与事项3个，分别是参与商机可行性研究、项目前期费用管控及分摊管理、前期立项项目预算维护及执行监督管理。咨询/技术服务类项目前期财务管理总览图如图1-2-4所示。

二、操作环节及说明

（一）商机管理

商机管理包括2个步骤，分别为商机新增、商机推进。具体操作步骤及详细说明详见本章"第一节　系统集成类项目"中"商机管理"相关内容。

（二）可行性研究

可行性研究包括2个步骤，分别为可研编写、可研审批。具体操作步骤及详细说明详见本章"第一节　系统集成类项目"中"可行性研究"相关内容。

（三）前期立项管理

前期立项管理包括5个步骤，分别为前期立项申请、前期立项审批、维护计划收入和计划成本、前期项目成本费用管控、前期项目转正。具体操作步骤及详细说明详见本章"第一节　系统集成类项目"中"前期立项管理"相关内容。

第五节　运营类项目

一、流程总览

运营类项目前期财务管理涵盖3个三级流程，8个关键流程步骤，其中财务关注或参与事项3个，分别是参与商机可行性研究、项目前期费用管控及分摊管理、前期立项项目预算维护及执行监督管理。运营类项目前期财务管理总览图如图1-2-5所示。

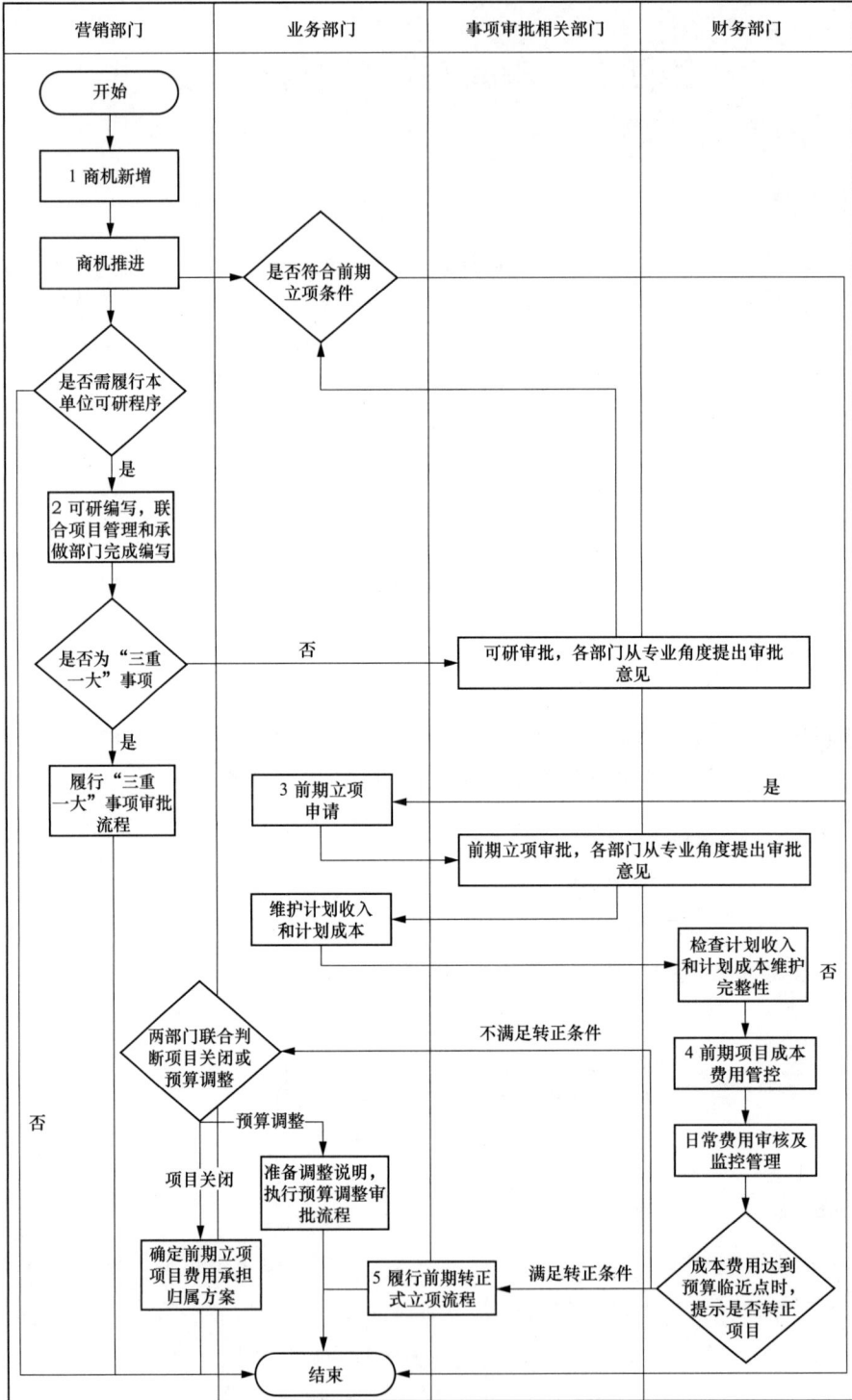

图 1-2-4　咨询／技术服务类项目前期财务管理总览图

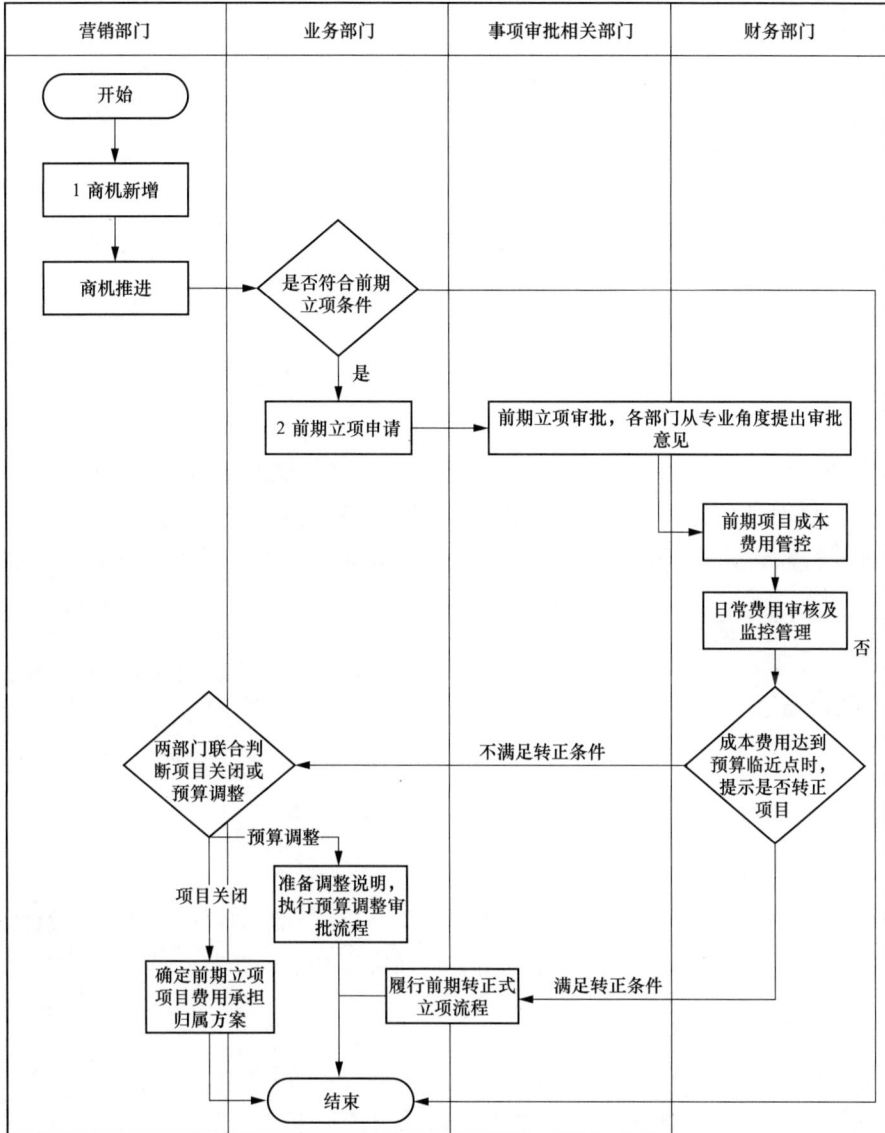

图 1-2-5 运营类项目前期财务管理总览图

二、操作环节及说明

（一）商机管理

商机管理包括 2 个步骤，分别为商机新增、商机推进。具体操作步骤及详细说明详见本章"第一节 系统集成类项目"中"商机管理"相关内容。

（二）可行性研究

可行性研究包括 2 个步骤，分别为可研编写、可研审批。具体操作步骤及详细说明详见本章"第一节 系统集成类项目"中"可行性研究"相关内容。

（三）前期立项管理

前期立项管理包括4个步骤，分别为前期立项申请、前期立项审批、前期项目成本费用管控、前期项目转正。具体操作步骤及详细说明详见本章"第一节　系统集成类项目"中"前期立项管理"相关内容。

第六节　运维类项目

一、流程总览

运维类项目前期财务管理涵盖3个三级流程，8个关键流程步骤，其中财务关注或参与事项3个，分别是参与商机可行性研究、项目前期费用管控及分摊管理、前期立项项目预算维护及执行监督管理。运维类项目前期财务管理总览图如图1-2-6所示。

二、操作环节及说明

（一）商机管理

商机管理包括2个步骤，分别为商机新增、商机推进。具体操作步骤及详细说明详见本章"第一节　系统集成类项目"中"商机管理"相关内容。

（二）可行性研究

可行性研究包括2个步骤，分别为可研编写、可研审批。具体操作步骤及详细说明详见本章"第一节　系统集成类项目"中"可行性研究"相关内容。

（三）前期立项管理

前期立项管理包括4个步骤，分别为前期立项申请、前期立项审批、前期项目成本费用管控、前期项目转正。具体操作步骤及详细说明详见本章"第一节　系统集成类项目"中"前期立项管理"相关内容。

第七节　经营租赁类项目

一、流程总览

经营租赁类项目前期财务管理涵盖2个三级流程，6个关键流程步骤，其中财务关注或参与事项3个，分别是参与商机可行性研究、项目前期费用管控及分摊管理、前期立项项目预算维护及执行监督管理。经营租赁类项目前期财务管理总览图如图1-2-7所示。

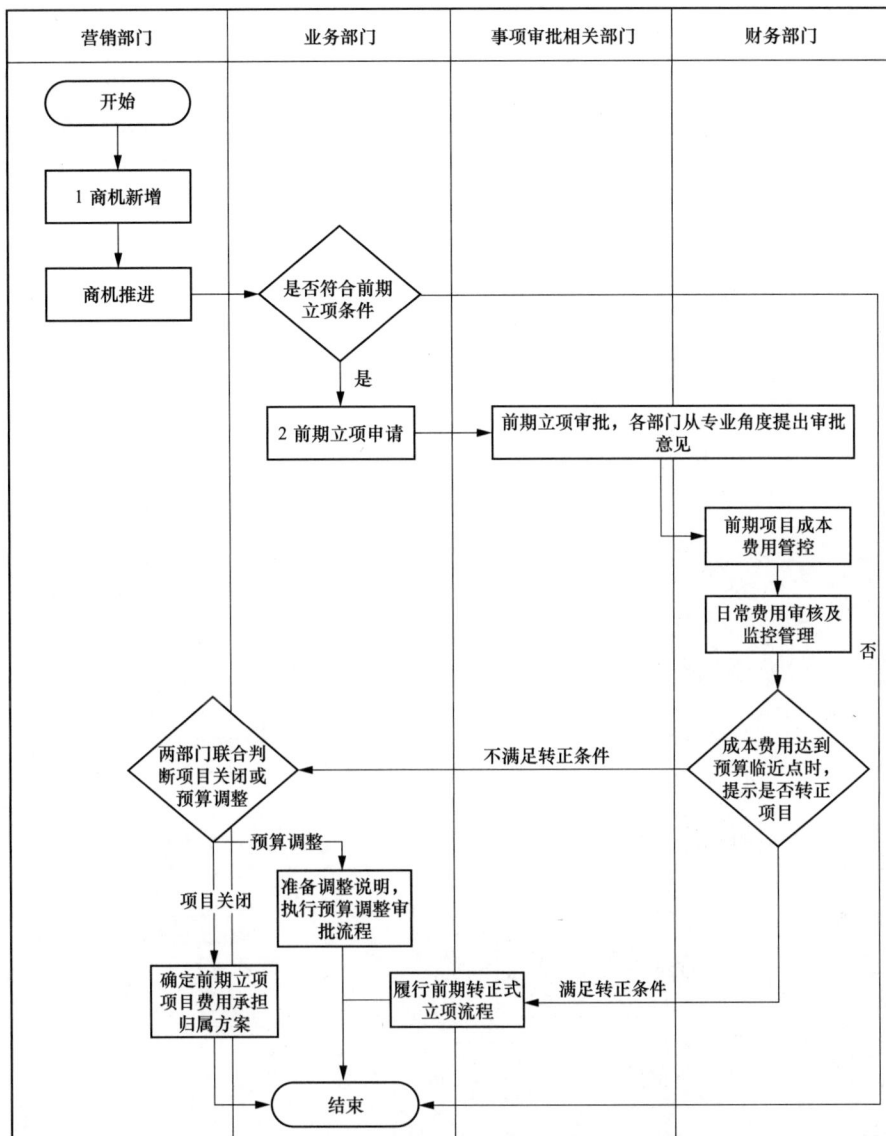

图 1-2-6 运维类项目前期财务管理总览图

二、操作环节及说明

（一）商机管理

商机管理包括 2 个步骤，分别为商机新增、商机推进。具体操作步骤及详细说明详见本章"第一节 系统集成类项目"中"商机管理"相关内容。

（二）前期立项管理

前期立项管理包括 4 个步骤，分别为前期立项申请、前期立项审批、前期项目成本费用管控、前期项目转正。具体操作步骤及详细说明详见本章"第一节 系统集成类项目"

中"前期立项管理"相关内容。

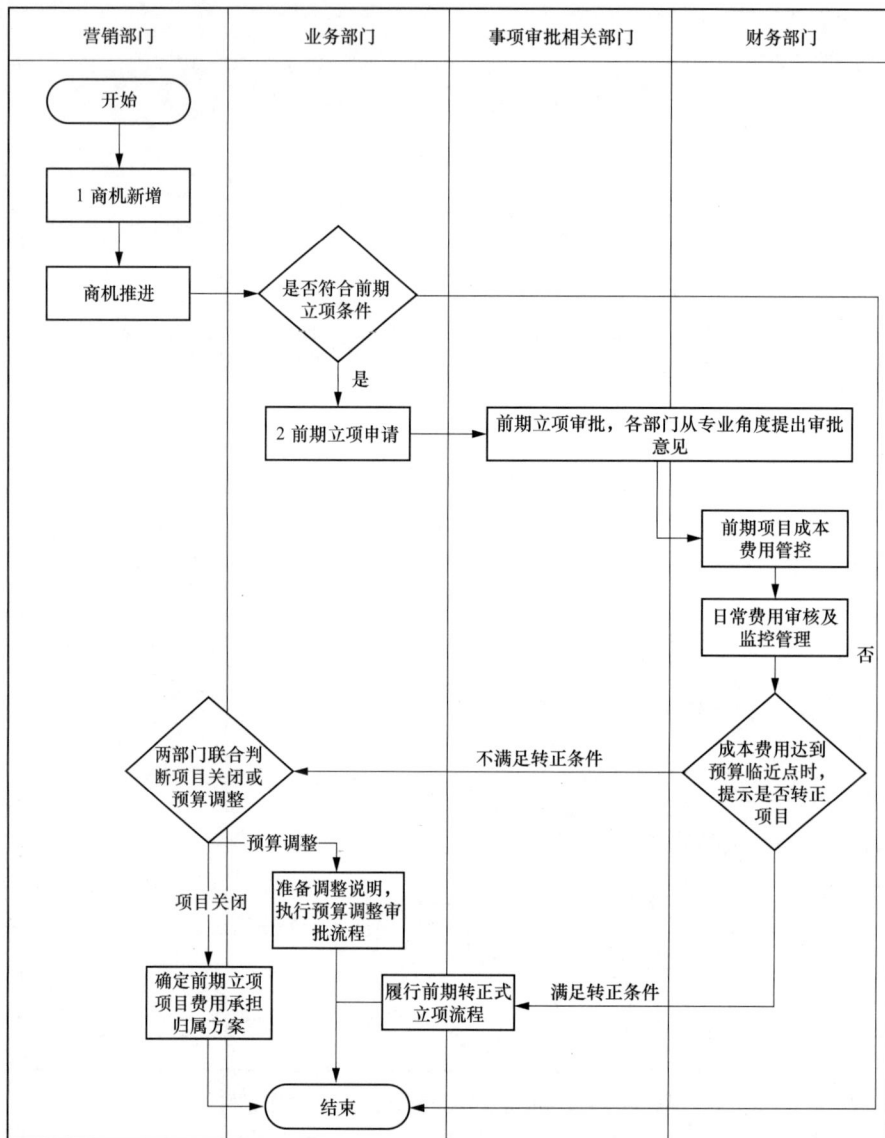

图 1-2-7　经营租赁类项目前期财务管理总览图

第八节　融资租赁类项目

一、流程总览

融资租赁类项目前期财务管理涵盖 3 个三级流程，8 个关键流程步骤，其中财务关注或参与事项 3 个，分别是参与商机可行性研究、项目前期费用管控及分摊管理、前期立项项目预算维护及执行监督管理。融资租赁类项目前期财务管理总览图如图 1-2-8 所示。

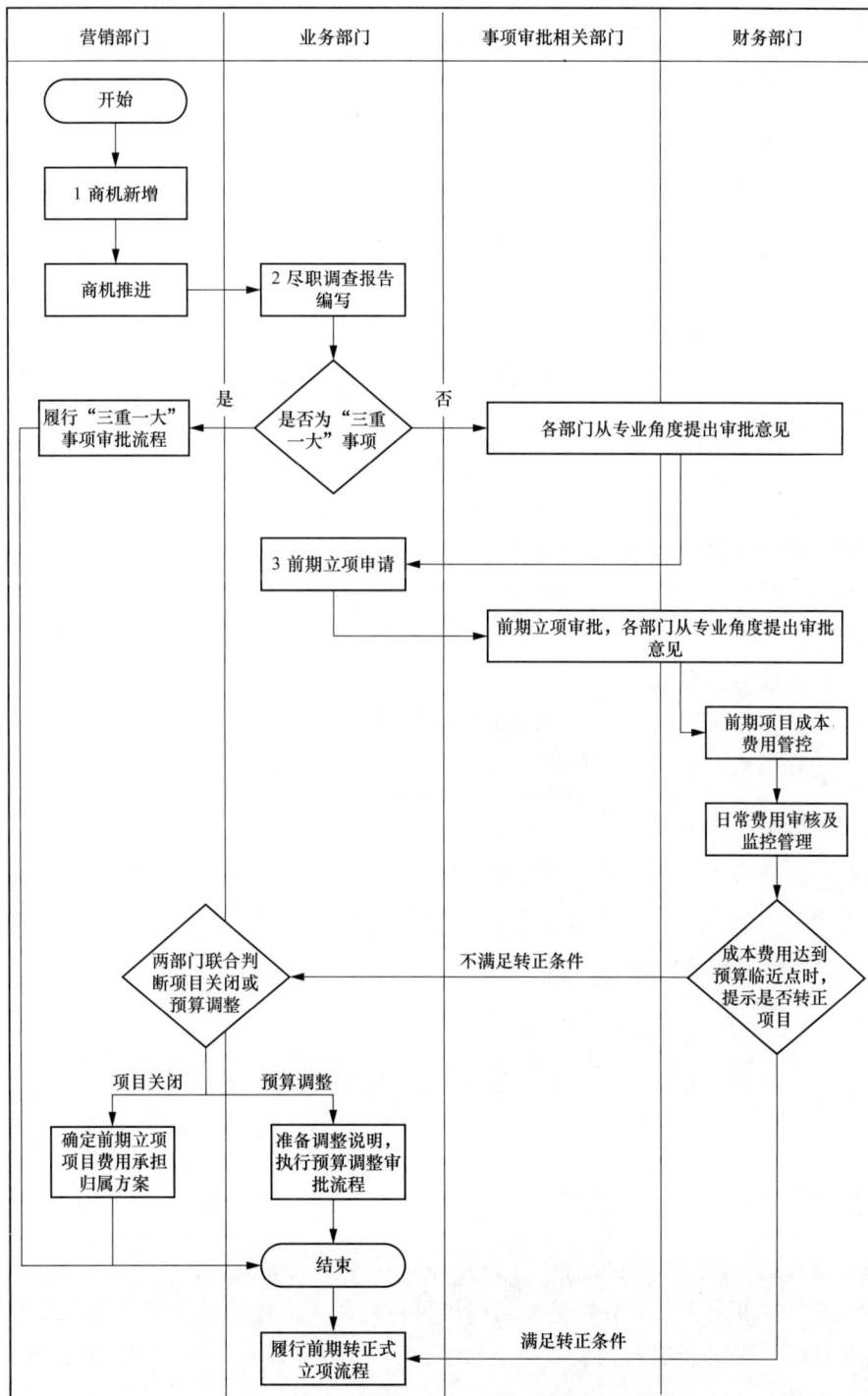

图 1-2-8　融资租赁类项目前期财务管理总览图

二、操作环节及说明

（一）商机管理

商机管理包括2个步骤，分别为商机新增、商机推进。具体操作步骤及详细说明详见本章"第一节　系统集成类项目"中"商机管理"相关内容。

（二）尽职调查

融资租赁项目的尽职调查是指业务部门按照职业标准和职业操守，对承租企业和相关方进行全面、详细的调查、分析。尽职调查结论是本单位进行融资项目审查、审批的重要依据。

1.尽职调查报告编写

业务部门对潜在承租人进行尽职调查，并撰写尽职调查报告。

尽职调查包含但不限于以下内容：

（1）承租人基本评价。

（2）承租人信用评价。

（3）担保措施评价。

（4）风险分析及应对措施。

（5）调查结论。

2.尽职调查报告的审批

业务部门提交尽职调查报告，履行本单位规定的审批流程，如符合"三重一大"标准，则需履行"三重一大"事项决策流程。

（三）前期立项管理

前期立项管理包括4个步骤，分别为前期立项申请、前期立项审批、前期项目成本费用管控、前期项目转正。具体操作步骤及详细说明详见本章"第一节　系统集成类项目"中"前期立项管理"相关内容。

第九节　投资建设及运营服务类项目

一、流程总览

投资建设及运营服务类项目前期财务管理涵盖3个三级流程，9个关键流程步骤，其中财务关注或参与事项3个，分别是参与商机可行性研究、项目前期费用管控及分摊管理、前期立项项目预算维护及执行监督管理。投资建设及运营服务类项目前期财务管理总览图如图1-2-9所示。

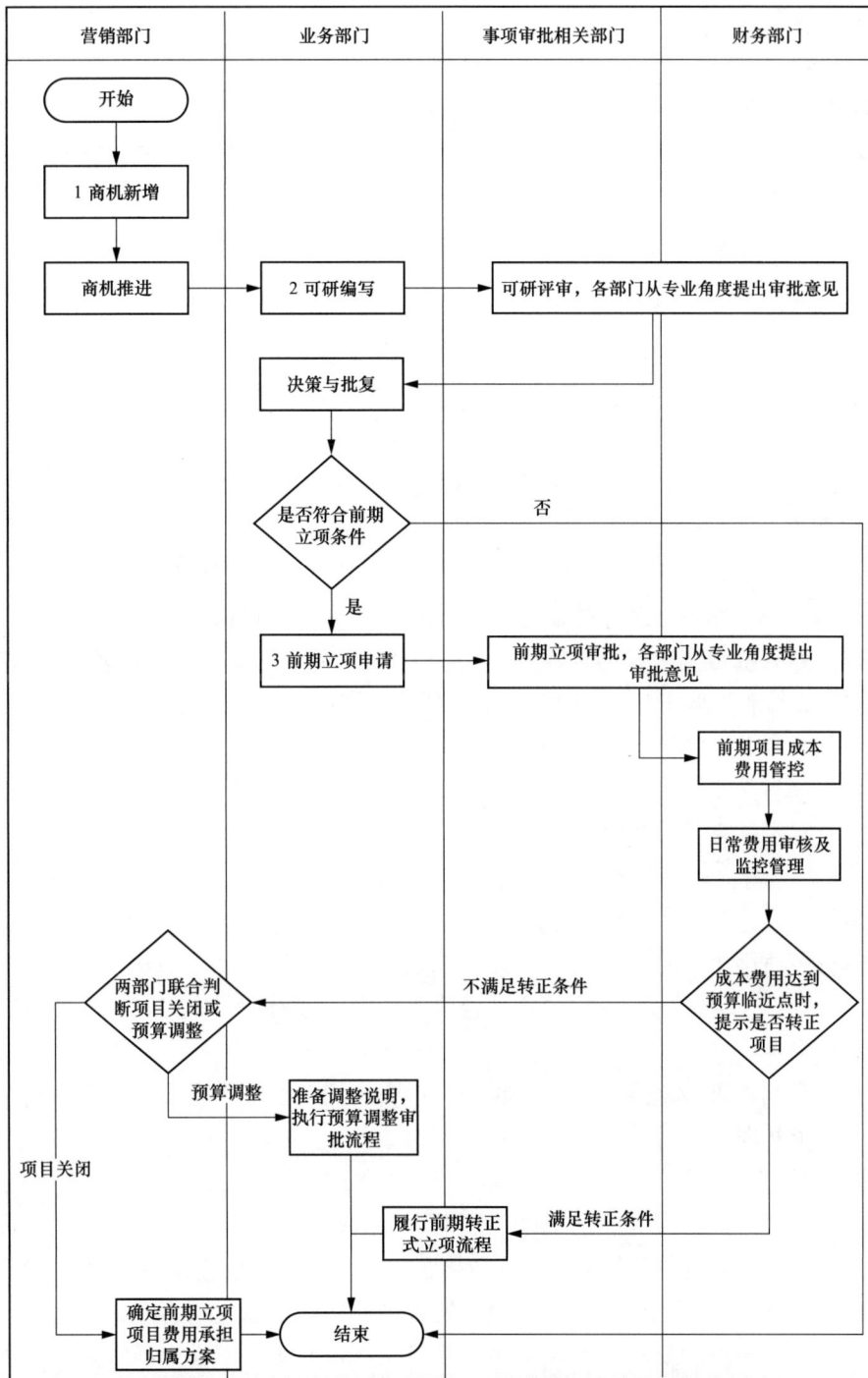

图 1-2-9 投资建设及运营服务类项目前期财务管理总览图

二、操作环节及说明

（一）商机管理

商机管理包括 2 个步骤，分别为商机新增、商机推进。具体操作步骤及详细说明详见本章"第一节　系统集成类项目"中"商机管理"相关内容。

（二）可行性研究

1. 可研编写

业务部门负责开展可行性研究工作，编制可研报告。可研报告正文原则上应包括项目概况、建设必要性和可行性、建设方案和规模、投资估算、资金来源和效益分析、风险分析等内容。

财务部门为项目投资估算、指标测算提供支撑。

2. 可研评审

本单位发展策划部门组织可研评审，履行决策程序后上报集团发展策划部门。集团发展策划部门组织集团本部及各单位上报内审工作，内审合格后组织开展正式评审。正式评审可组织外部专家或委托有资质的第三方专业机构审查。业务部门应按专家意见完成修改，形成收口可研，5 个工作日内报集团发展策划部门备案。

财务部门配合可研阶段的工程估算、概算审查，需注意：

（1）审核项目必要性阐述是否清晰完整。

（2）审核投资估算是否漏项。

（3）判断资金来源是否支撑项目运行。

（4）审核项目建设规模是否超计划。

（5）审核可研报告中的"其他费用"列支范围是否规范。

（6）审核投资估算中的设备购置费是否依据国家政策对项目中可以抵扣的进项税进行估算，并单独列示。

（7）审核项目内部收益率、投资回收期、投资利润率及资本金净利润率、财务净现值是否与集团要求相匹配。

3. 决策与批复

经集团评审通过后，项目投资 1000 万元以下的基建技改项目履行集团决策程序后，由集团发展策划部门进行批复并报国家电网有限公司备案；项目投资额 1000 万元及以上的基建技改项目履行集团决策程序后，由集团发展策划部门报国家电网有限公司批复。涉及新兴产业或拓展新业务的投资项目，在集团决策前须将可研报告书面上报国家电网有限公司产业部，经国家电网有限公司产业部审核通过后，再由集团履行决策程序。如符合"三重一大"标准，则需履行"三重一大"事项决策流程。

（三）前期立项管理

前期立项管理包括 4 个步骤，分别为前期立项申请、前期立项审批、前期项目成本费用管控、前期项目转正。具体操作步骤及详细说明详见本章"第一节 系统集成类项目"中"前期立项管理"相关内容。

第十节 产业链金融类项目

一、流程总览

产业链金融类项目前期财务管理涵盖 3 个三级流程，7 个关键流程步骤，其中财务关注或参与事项 3 个，分别是参与可行性研究、前期费用管控和结转。产业链金融类项目前期财务管理总览图如图 1-2-10 所示。

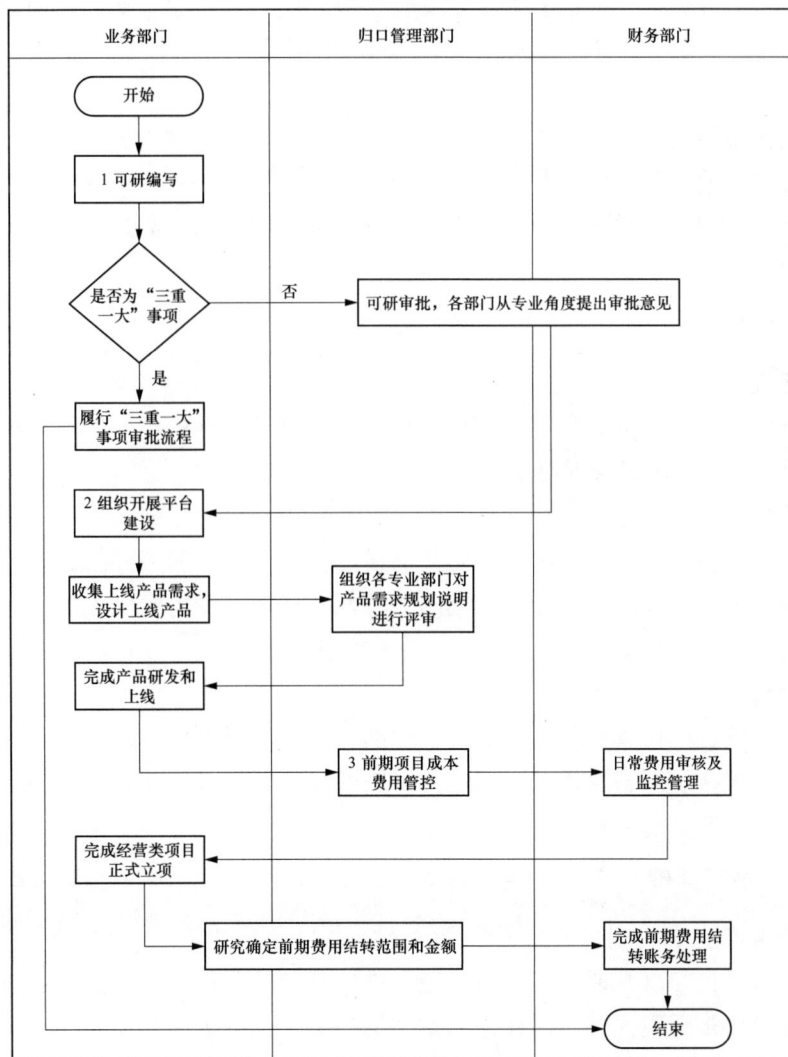

图 1-2-10　产业链金融类项目前期财务管理总览图

二、操作环节及说明

（一）可行性研究

1. 可研编写

业务部门联合项目管理部门、产业链金融项目归口管理部门、财务部门等相关部门对平台建设进行可行性研究，形成可研报告。

项目管理部门和产业链金融归口管理部门需分析：

（1）项目实施条件（是否具备金融牌照资质）及必要性。

（2）项目实施方案。

（3）项目成本估算。

（4）投入产出分析。

财务部门根据业务需求提供专业技术支持服务，配合做好成本估算、项目投入产出分析等工作，为需求决策提供参考依据，并控制项目前期风险。

2. 可研审批

业务部门提交可行性研究报告，履行本单位规定的审批流程，如符合"三重一大"标准，则需履行"三重一大"事项决策流程。

对于尚无经营牌照且根据经营发展需求拟开展该类项目的，需先获取相关经营牌照再开展后续建设及运营工作。

（二）平台建设

1. 平台建设

可研批复通过后，业务部门完成项目创建，组织完成平台建设工作，具体建设过程遵照集团及本单位信息化项目管理要求。

2. 需求分析

平台建设完成后，业务部门组织开展产品设计上线工作。业务部门根据需求获取中得到的需求文档，创建开发原型、分析产品的可行性、确定产品需求优先级、为产品需求建立模型，分析系统实现方案，最终形成产品需求规格说明书。

3. 需求确认

产业链金融项目归口管理部门组织各专业部门对产品需求规格说明书履行本单位规定的评审，对需求规格说明书及相关模型进行仔细的检查。需求确认完成之后，业务部门开始产品研发及上线工作。

（三）前期费用管理

1. 前期费用管控

产业链金融项目归口管理部门对前期费用进行管控，财务部门负责日常费用审核及监控管理，具体操作步骤及详细说明详见本章"第一节 系统集成类项目"中"前期项目成本费用管控"相关内容。

2. 前期费用结转

当完成平台建设并有产品上线运营后，业务部门在系统中完成经营类项目立项，正式项目需关注事项详见"第三章 项目销售财务管理"中"第一节 系统集成类项目"中"立项管理"相关内容。

完成立项后，业务部门和归口管理部门共同研究确认需结转的前期费用，财务部门提供技术支持，并完成前期费用计入相应项目成本的账务处理。

第三章

项目销售财务管理

本章内容适用于项目销售阶段财务管理，涵盖投标管理、销售合同管理、立项管理等流程，财务关注或参与事项主要包括参与投标报价测算、投标费用管理（标书费、投标保证金及中标服务费）、销售合同审核、立项审核、前期转正式项目管理、项目信息（合同、进度、预算）变更管理。

第一节　系统集成类项目

一、流程总览

系统集成类项目销售财务管理涵盖 3 个三级流程，18 个关键流程步骤，其中财务关注或参与事项 6 个，分别是参与投标报价测算、投标费用管理（标书费、投标保证金及中标服务费）、销售合同审核、立项审核、前期转正式项目管理、项目信息（合同、进度、预算）变更管理。系统集成类项目销售财务管理总览图如图 1-3-1 所示。

二、操作环节及说明

（一）投标管理

1. 投标文件获取

营销部门持续跟进潜在客户市场招标信息，综合本单位技术实力及人、财、物状况，对符合本单位经营范围且具有运作能力的项目进行投标。确定投标时，营销部门在"一系统"新建项目商机，录入基本信息，预估项目金额及成本，发起投标申请流程并履行系统审批程序。

2. 标书费支付及报销管理

若投标项目需支付标书费，营销部门需在"一系统"中填写标书费借款申请单或报销申请单，发起标书费申请流程并履行审批程序。

（1）营销部门提请标书费支付申请时需注意：

1）履行本单位规定的资金支付审批流程。

2）提交清晰的招标公告。

3）申请单中填写的付款金额与招标公告中一致。

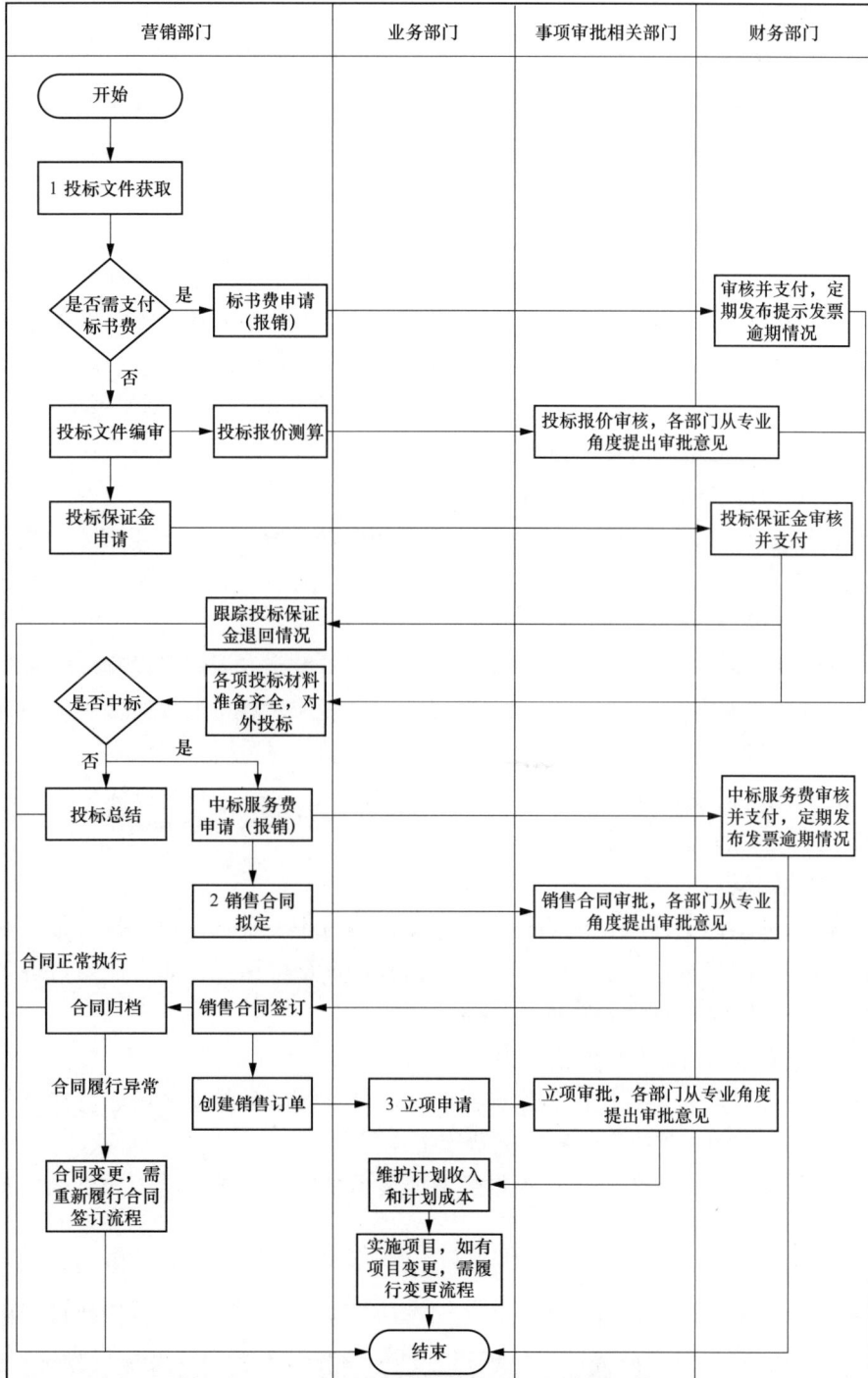

图 1-3-1 系统集成类项目销售财务管理总览图

4）申请单中填写的收款信息要与招标文件中约定一致，若不一致，需提供经对方单位盖章及营销部门领导签字确认的书面说明。

（2）财务部门审核标书费支付申请时需注意：

1）申请附件是否完整、清晰。

2）申请单中的付款金额是否与招标文件中标书费列示的金额一致。

营销部门收到标书费发票后，在"一系统"填写费用报销单，发起报销流程，财务部门根据审批结果进行账务处理。

（3）营销部门报销标书费时需注意：

1）履行本单位规定的报销审批流程。

2）提供齐全的附件，包括审批通过的费用报销单、标书费发票、招标文件等。

3）费用报销单报销金额、费用类型、报销人、收款人等基本信息填写准确、齐全。

4）标书费发票真实、合法，已加盖发票专用章且没有任何涂改痕迹。

5）标书费发票大小写金额一致；系统中填报税率和税额与实际发票税率和税额一致；时间、开票单位名称、地点与费用报销单、招标文件一致。

（4）财务部门审核标书费报销时需注意：

1）费用报销单填写是否准确、完整，包括报销金额、费用类型、报销人、收款人等基本信息填报是否准确、齐全，费用报销单金额与标书费发票、招标文件是否一致，费用报销单是否经相关负责人审批。

2）标书费发票是否合理、真实、合法，是否已加盖发票专用章且没有任何涂改痕迹。

3）标书费发票大小写金额是否一致；系统中填报税率和税额与实际发票税率和税额是否一致；时间、开票单位名称、地点与费用报销单、招标文件是否一致。

4）财务部门定期发布标书费发票未及时收回情况，营销部门在投标后需及时获取发票，提交财务冲抵账面往来挂账。

3. 投标文件编审

营销部门获取招标文件后，统筹完成投标文件编写相关事宜，包括投标报价测算、投标文件内容编审、履行本单位签章手续、安排投标保证金申请等，如有需要可咨询相关专家或聘请相关中介机构辅助编制标书。

营销部门组织编制投标文件时需注意：

（1）聘请外部专业人士对投标项目提供咨询、评估等服务所发生的、直接支付给专家本人的一次性劳务费用，需执行专家咨询费审批流程。

（2）聘请第三方中介机构对投标提供服务所发生的、直接支付给中介机构的费用，需执行中介费审批流程。

4. 投标报价测算及审核

营销部门基于历史同类项目成本、行业同类项目毛利率指标等信息构建报价模型，开展投标项目报价测算。组织业务部门、项目管理部门和财务部门开展项目投标报价审核，营销部门经内部商定及报批后，通过投标报价文件正式对外报价。

财务部门审核投标报价时需注意：

（1）报价测算明细涵盖内容是否全面，是否符合本单位净利润、毛利率等重要指标要求，是否与历史同类项目差异较大。

（2）报价计算是否正确，明细与总价勾稽是否无误。

5. 投标保证金管理

根据招标文件要求支付投标保证金的投标项目，营销部门在"一系统"中填写保证金借款申请单，发起投标保证金支付申请流程。审批通过后，财务部门及时支付投标保证金，为减少本单位资金占用情况，尽可能选取保证金保险方式进行支付。

（1）营销部门申请投标保证金时需注意：

1）履行本单位规定的资金支付审批流程。

2）提交清晰的招标文件。

3）招标文件中未明确投标保证金缴纳金额的，还需提供规定的费用缴纳标准及计算过程。

4）付款申请单填写的收款信息要与招标文件要求一致，若不一致，需提供经对方单位确认及营销部门领导签字确认的书面说明。

5）付款申请单需注明投标保证金预计退回时间。

（2）财务部门审核投标保证金时需注意：

1）保证金申请金额依据是否充分。招标文件中是否有明确金额列示，付款申请单申请金额是否与招标文件中列示金额一致；招标文件中无明确列示，是否有明确的保证金缴纳条例及缴纳标准，营销部门是否提供相应计算过程，计算过程是否准确。

2）付款申请单是否注明投标保证金预计退回时间。

3）付款申请单填写的收款信息是否与招标文件要求一致，若不一致，是否提供经对方确认以及营销部门领导签字确认的书面说明。

6. 中标服务费支付及报销管理

项目中标后，营销部门在"一系统"提交中标服务费借款申请单并履行审批程序。审批通过后，财务及时支付中标服务费。

（1）营销部门申请支付中标服务费时需注意：

1）履行本单位规定的资金支付审批流程。

2）提交完整、真实的附件，包括经审批的付款申请单、中标通知书、招标文件。

3）付款申请单申请付款金额与招标代理服务费结算单金额一致；若服务费结算单中无中标服务费缴纳金额的，还需提供规定的费用缴纳标准及计算过程。

4）付款申请单中填写的收款信息需要与服务费结算单中约定一致，若不一致，则需提供经对方盖章以及营销部门领导签字确认的书面说明。

（2）财务部门审核中标服务费支付申请时需注意：

1）中标服务费申请金额依据是否充分。招标代理服务费结算单是否有明确金额列示，付款申请单申请金额是否与招标文件中列示的金额一致；中标通知书中无明确列示，是否提供有明确的中标服务费条例及缴纳标准的材料，营销部门是否提供相应计算过程，计算过程是否准确。

2）付款申请单中填写的收款信息是否与服务费结算单约定一致，若不一致，则需提供经对方确认以及营销部门领导签字确认的书面说明。

营销部门获取中标服务费发票后，在"一系统"中提交报销申请及审批流程。审批通过后，财务部门关联相关付款订单，冲减账面往来款项。

（3）营销部门报销中标服务费时需注意：

1）履行本单位规定的报销审批流程。

2）提供齐全的附件，包括经审批的费用报销单、中标通知书、招标代理服务费结算单、中标服务费发票。

3）费用报销单报销金额、费用类型、报销人、收款人等基本信息填写准确、齐全。

4）中标服务费发票真实、合法，已加盖发票专用章且没有任何涂改痕迹。

5）中标服务费发票大小写金额一致；系统中填报税率和税额与实际发票税率和税额一致；时间、开票单位名称、地点与费用报销单一致。

（4）财务部门审核中标服务费报销时需注意：

1）费用报销单报销金额、费用类型、报销人、收款人等基本信息填写是否准确、齐全。费用报销单金额与招标代理服务费结算单、发票是否一致。费用报销单是否经相关负责人审批。

2）中标服务费发票是否真实、合法，是否已加盖发票专用章且没有任何涂改痕迹。

3）中标服务费发票大小写金额是否一致；系统中填报的税率和税额与实际发票税率和税额是否一致；时间、开票单位名称、地点与费用报销单是否一致。

4）财务部门定期发布中标服务费发票逾期情况，营销部门在中标后及时获取发票，提交财务冲抵账面往来挂账。

7. 保证金退回

项目投标结束后，营销部门需及时联系招标代理机构退回保证金，避免资金占用。财务部门依据收取的银行账款及时发布到款信息，营销部门按照对应的招标编号提交到款确认单，认领退回的投标保证金。财务部门依据营销部门提交的到款确认单冲抵账面往来款项。

如保证金被扣减或按招标公告约定保证金不退回，营销部门需向招标代理机构催要相关发票，并在"一系统"中提交保证金费用报销及审批流程，财务部门冲减账面往来款项。

（1）营销部门在开展投标保证金管理时需注意：

1）持续跟进投标保证金收回情况，对于按约定不退回的保证金，需及时执行报销流程并向财务提交发票；对于按约定应退回的保证金，应及时跟进保证金退回进度，及时关注财务部门发布的保证金退回情况；对于异常情况及时制定应对方案并向部门领导反馈，与财务部门保持及时沟通。

2）原则上从保证金付款日期起，3个月内应将保证金退回，若到期未退回，则需向财务提交情况说明并注明退回时间。

3）及时认领财务发布的保证金退回款项，准确统计投标保证金相关信息，及时发现未及时退回情况。

4）营销部门支持财务部门按照保险提供方要求办理投标保证金保险相应手续。

（2）财务部门在投标保证金管理时需注意：

1）及时在"一系统"中导入银行流水单，形成银行进账单信息，供营销部门认款并关联借款单。

2）定期发布投标保证金到期未退回情况，提示营销部门催回，对于支付日期起，3个月及以上未退回的情况，将反馈相关信息至营销部门负责人统筹协调。

8. 投标总结

针对未中标项目，营销部门组织开展原因分析、经验总结，确定投标相关费用归属确认方案，财务部门进行前期费用归集处理。

9. 营销费用管理

营销部门制定营销费用使用标准，组织营销费用投入产出分析，按月分析营销费用预算执行情况，为营销费用管理提供参考依据；财务部门负责审核营销费用报销是否符合报销规范要求。

（二）销售合同管理

1. 销售合同拟定及审批

项目中标后，营销部门按照业务内容选用适用的合同模板拟定合同。合同拟定完成后，在"一系统"发起合同审批，待"一系统"审批结束后，提交至经法系统审批，物资部门、财务部门、法务部门等相关部门从部门职责范围及专业角度对合同提出审批意见。

（1）营销部门拟定销售合同时需注意：

1）销售合同约定的货物或服务内容应符合各单位营业执照规定的经营范围。

2）使用正确的销售合同模板，合同条款完备，约定明确的收款时间、收款条件、收款比例、收款方式等，在合法合规基础上最大限度维护我方利益，降低资金垫付风险。

3）销售标的物清晰明确、简洁直观，便于理解，避免抽象笼统，如货物的种类、规格型号、等级等描述应详细、准确，服务的内容应列明功能及完工验收标准，维保服务应列明服务起止日期，规避因工作及成果不明确，导致项目延期或造成法律风险。

4）如有明细清单，分项合计与总额保持一致，大小写保持一致，不含税金额计算正确。

5）双方银行和联系人信息填写正确。

6）税率与合同内容相符，规避涉税风险。

7）拟开具不同税率发票时，在合同中明确货物（服务）名称、金额和税率，并在ERP系统开票计划中分行列示。

8）规避不合理的担保、保函等条款。

9）大额合同存在保证金或尾期质保金的，尽可能在合同中约定采用保函的形式，减少资金占用。

10）对系统外客户的履约风险进行评估，评价客户的信用等级、有无坏账风险等。

（2）财务部门审核销售合同时需注意：

1）复核销售合同约定的货物或服务内容是否符合各单位营业执照规定的经营范围，如有异议，及时与营销部门沟通了解确认。

2）合同条款是否完备，是否约定明确的收款时间、收款条件、收款比例、收款方式等，其中收款时间和收款条件是否对我方有利，是否存在垫资风险。

3）如有明细清单，检查分项合计与总额是否一致，大小写是否正确，不含税金额计算是否正确。

4）检查单位信息是否正确，特别是收款银行信息。

5）检查税率是否与合同内容相符，有无涉税风险。

6）拟开具不同税率发票时，是否在合同中予以明确货物（服务）名称、金额和税率，并在 ERP 系统开票计划中分行列示。

7）是否有不合理的担保、保函等条款。

8）如大额合同存在保证金或尾期质保金的，是否可以在合同中约定采用保函的形式，进而减少资金占用。

9）支撑营销部门对系统外客户的履约风险进行评估，评价客户的信用等级、有无坏账风险等。

2. 销售合同签订

合同通过审批后，营销部门经办人与客户商定签订流程，履行双方合同盖章手续。

3. 创建销售订单

营销部门在 ERP 系统查询销售合同，据此创建销售订单，销售订单创建成功后回传至"一系统"。"一系统"合同状态更新为已生成 ERP 订单号。在创建销售订单时，需根据业务完成形式，提前考虑合同、销售订单与项目间的挂接关系，以保证在满足收入成本核算清晰准确的前提下，减少重复立项，提高业务效率。

创建销售订单需考虑的情况包括：

（1）标准项目。标准项目即一个项目挂接一个合同／销售订单。此场景下，必须是挂接该销售订单的全部行项目；如挂接销售订单的部分行项目，只能选择任务类项目。

（2）任务类项目。任务类项目可实现一个合同挂接多个项目，即一个项目挂接一个合同／销售订单里的其中一条行项目，且只能选其一条行项目。此场景下，选择的合同必须有多个行项目，任务类项目只挂接其中一条，且只能是一条。该合同／销售订单剩余未挂接项目的行项目，可以继续创建新的任务类项目。如果选定的合同只有一个行项目，则不能创建任务类项目，只能创建标准项目。

（3）项目集类项目。项目集类项目即一个项目挂接多个合同／销售订单。此场景下，必须是挂接选定的多个销售订单的全部行项目，如挂接销售订单的部分行项目，只能选择任务类项目。

4. 合同归档

当"一系统"中合同状态为已生成 ERP 订单号，即可执行合同归档。营销部门需及时完成电子合同档案归档，并将纸质版合同备案至财务部门和合同归口管理部门，如未及时归档，可能影响销售开票时效。财务部门、合同归口管理部门接收归档纸质版合同。

（1）营销部门归档销售合同时需注意：

1）及时完成线上合同归档操作，并按照系统功能指引独立标注收款关键页。

2）上传完整的电子合同，系统中合同与纸质归档合同应当一致，合同编码、合同名称应填写完整，便于后续线上线下查找。

（2）合同归口管理部门归档销售合同时需注意：

1）复核系统中与纸质归档合同的一致性及完整性。

2）应指定合同归档负责人员，负责合同收集、整理和归档，保证合同归档登记信息完整，以及合同文件完整安全。

3）各单位根据实际管理要求，明确合同归档时间，在营销部门提供合同归档时，关注是否超出归档时间，如有超时进行提示，如超时次数累计超过 5 次，反馈至营销部门负责人，降低因合同丢失、损毁等问题损害集团经济利益的风险，维护集团经济文件的完整性。

5. 合同变更

营销部门在"一系统"提报合同变更申请，编辑合同变更信息并提交审批，审批通过后，"一系统"将变更信息更新至 ERP 系统，通过补充协议进行变更的，应履行补充协议审批程序。

营销部门会同项目管理部门评估合同变更对经营的影响，判断是否合同变更或终止合同合作，以降低本单位经营损失；在提交变更申请时说明变更原因并提供相应材料。

财务部门在审核时，除关注销售合同审核要点，需重点关注变更原因、变更对项目或单位的经营指标影响。

（三）立项管理

1. 立项申请

业务部门依据销售合同，在"一系统"中创建项目，填写项目预算、进度计划等基本信息。

业务部门在项目立项时需注意：

（1）正式项目立项需要已签订项目销售合同且已经在 ERP 系统创建销售订单。

（2）是否存在重复立项，是否有前期立项需要转正。

（3）项目与订单（合同）的对应关系：每个销售合同（销售机会）应单独立项，在客户要求多个项目合并签订一个合同，且每项项目收入和成本可以单独辨认时，可建立多个销售订单（对应一个纸质合同编号），据此建立多个项目。

（4）一组合同无论对应单个客户还是多个客户，如该组合同密切相关，所有合同实际上已构成一项综合工程，并且具有共同的里程碑节点，应该合并立项。

（5）其他金额较小，年度内多次发生，全年收入成本稳定，并能较准确预测，可按照业务类型每年分别立项，逐年清算。

（6）追加销售合同时，若该追加合同内容在设计、技术或功能上与原合同存在重大差异（不论实际情况如何），应该单独立项。

（7）基于合同规定，参照历史数据、集团及本单位项目经营指标管理要求等，合理评估项目里程碑进度及投入资源，保证各项预算填报情况与项目规模匹配，降低项目变更发生频率，推动项目管理精益及执行精准管理。

（8）保证项目基础信息填写的准确性，如产业板块、产品线、成本大类等，提高后续业财数据的准确性。

2. 立项审批

提交立项申请后，项目管理部门、财务部门、营销部门等从职责范围及专业角度提出审核意见，并在"一系统"中审批项目立项申请，审批通过后"一系统"将相关信息同步至 ERP 系统，ERP 系统回传项目编号。项目立项检查主要关注项目预算编制的规范性、合理性和主数据在系统间的一致性，以便指导后续项目预算的执行。

财务部门在审核立项时需关注：

（1）项目立项的材料是否完整、合理。

（2）是否存在重复立项。

（3）项目预算编制的规范性、合理性和预算数据在系统间（ERP 和"一系统"）的一致性，以便指导后续项目预算的执行。

（4）项目成本预算和项目现金流预算是否合理、可行，项目差旅费、会议费、专家费等各项预算是否与项目规模匹配，项目外包/外委成本占比是否低于 60%（集团与子公司转签合同除外）。

（5）项目毛利率、利润率等经济性指标是否符合本单位管理要求，是否与年度目标合理衔接。

（6）项目执行周期、时间安排是否存在冲突或异常情况，在前期降低进度变更的可能性，降低其对预算影响。

（7）产业板块、产品线、成本大类等维度信息是否符合本单位的经营范围。

（8）一个项目对应多个销售订单和追加销售订单等情况的合理性。

（9）ERP 中销售订单是否维护正确的纸质合同编号。

（10）项目预算科目与成本核算科目的一致性。

（11）年底检查当年新增项目的自有人工成本预算与部门年度人工成本总支出是否匹配（防止在保证项目毛利率不变的情况下，通过压缩自有人员成本、增加外包成本，而忽略累计人工成本预算与实际人工成本间的匹配性）。

3. 维护计划收入和计划成本

当立项信息从"一系统"同步到 ERP 系统中，业务部门在 ERP 系统中维护计划收入和计划成本，对于通过 ERP 系统自动生成的数据需检查是否准确。

业务部门在维护计划值时需注意：

（1）计划收入和成本将影响后续项目成本结转，需根据项目预算情况，准确、合理维护计划收入和计划成本。

（2）计划收入和计划成本是否为不含税金额。

（3）每月自查在执行项目，禁止出现计划值为空。

财务部门每月在结账前 5 天检查在执行项目，列示计划值为空和特别异常的项目清单，反馈项目管理部门进行统一规范管理，对于连续 3 个月出现计划值为空的项目或当年出现 3 次以上的部门，反馈项目管理部门将对其进行考核处理。

4. 进度、预算变更

业务部门项目负责人在"一系统"通过项目变更程序提报项目变更申请，执行审批流程。

业务部门会同项目管理部门评估项目变更对项目毛利率及单位综合经营影响，在提交变更申请时说明变更原因并提供相应材料，包括项目基本情况、变更事项、变更原因、变更前后项目基本指标表、变更影响等。

变更申请审批流程同立项审批，对因项目变更导致毛利率降低的情况，各单位需制定相应更高层级的审批程序，严肃变更程序，推动项目立项的严谨性，降低变更对企业盈利的负面影响。相应审批材料需同附件上传至"一系统"。

财务部门在审核时，除关注立项正常审核要点，还需重点关注变更原因、变更对项目或单位的经营指标影响。

（1）变更原因是否合理、清晰，变更内容明细是否与变更原因相匹配，且标示清晰。

（2）变更事项对项目经济性指标是否有影响（如进度变更是否会增加成本，预算变更是否影响项目毛利率等指标，预算变更是否影响原计划收入和计划成本，进度变更和预算变更是否影响已确认收入和成本，是否需要账务调整等）。

（3）按照本单位的审批授权，如项目变更后毛利率降低，是否附相应的审批材料。

第二节　硬件生产制造类项目

一、流程总览

硬件生产制造类项目销售财务管理涵盖 2 个三级流程，13 个关键流程步骤，其中财务关注或参与事项 4 个，分别是为投标报价测算提供技术支持服务、投标费用管理（标书费、投标保证金及中标服务费）、销售合同审核、合同变更管理。硬件生产制造类项目销售财务管理总览图如图 1-3-2 所示。

二、操作环节及说明

（一）投标管理

投标管理包括 9 个步骤，分别为投标文件获取、标书费支付及报销管理、投标文件编审、投标报价测算及审核、投标保证金管理、中标服务费支付及报销管理、保证金退回、投标总结、营销费用管理。具体操作步骤及详细说明详见本章"第一节　系统集成类项目"中"投标管理"相关内容。

（二）销售合同管理

销售合同管理包括 4 个步骤，分别为销售合同拟定及审批、销售合同签订、合同归档、合同变更。具体操作步骤及详细说明详见本章"第一节　系统集成类项目"中"销售合同管理"相关内容。

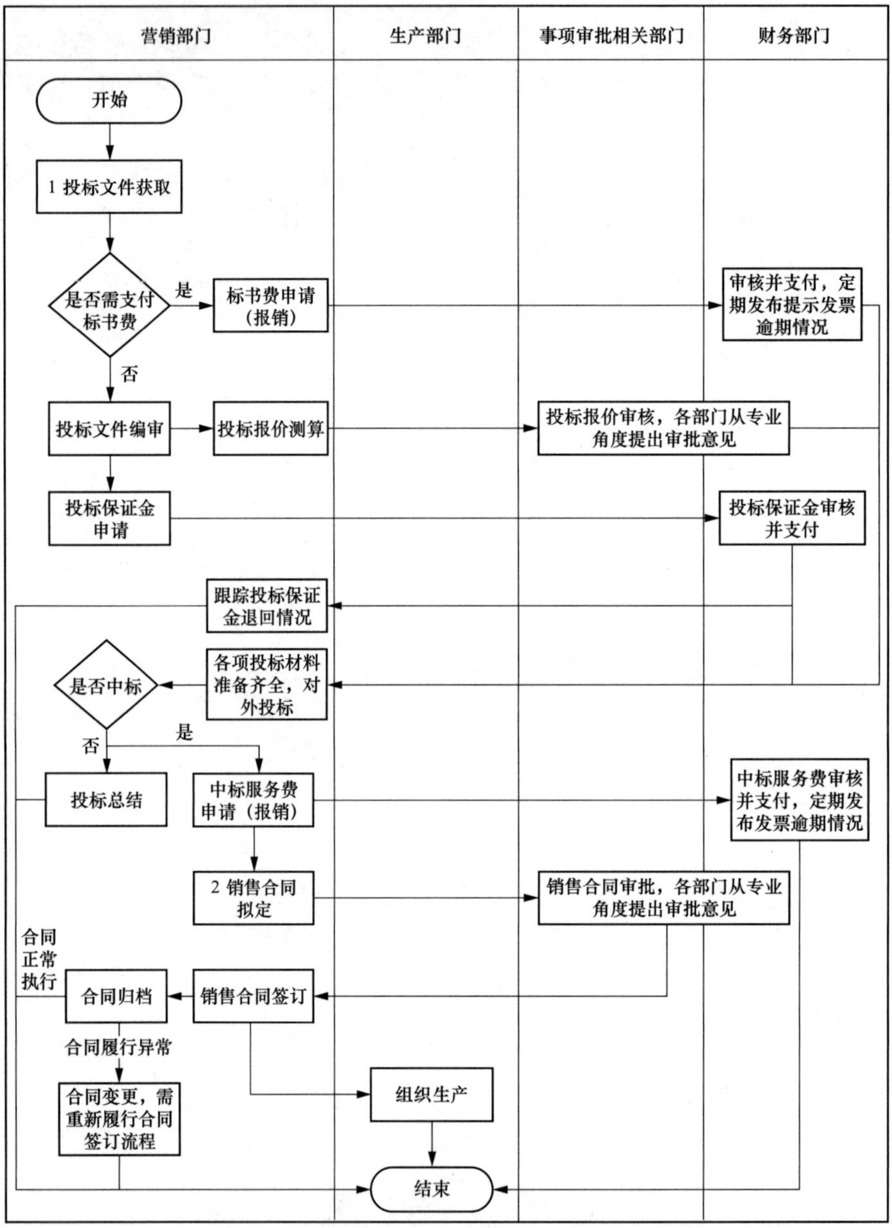

图 1-3-2　硬件生产制造类项目销售财务管理总览图

第三节　软件研发 / 实施类项目

一、流程总览

　　软件研发 / 实施类项目销售财务管理涵盖 3 个三级流程，18 个关键流程步骤，其中财务关注或参与事项 6 个，分别是参与投标报价测算、投标费用管理（标书费、投标保证金及中标服务费）、销售合同审核、立项审核、前期转正式项目管理、项目信息（合同、进度、预算）变更管理。软件研发 / 实施类项目销售财务管理总览图如图 1-3-3 所示。

二、操作环节及说明

（一）投标管理

　　投标管理包括 9 个步骤，分别为投标文件获取、标书费支付及报销管理、投标文件编审、投标报价测算及审核、投标保证金管理、中标服务费支付及报销管理、保证金退回、投标总结、营销费用管理。具体操作步骤及详细说明详见本章"第一节　系统集成类项目"中"投标管理"相关内容。

（二）销售合同管理

　　销售合同管理包括 5 个步骤，分别为销售合同拟定及审批、销售合同签订、创建销售订单、合同归档、合同变更。具体操作步骤及详细说明详见本章"第一节　系统集成类项目"中"销售合同管理"相关内容。

（三）立项管理

　　立项管理包括 4 个步骤，分别为立项申请、立项审批、维护计划收入和计划成本、进度预算变更。具体操作步骤及详细说明详见本章"第一节　系统集成类项目"中"立项管理"相关内容。

第四节　咨询 / 技术服务类项目

一、流程总览

　　咨询 / 技术服务类项目销售财务管理涵盖 3 个三级流程，18 个关键流程步骤，其中财务关注或参与事项 6 个，分别是参与投标报价测算、投标费用管理（标书费、投标保证金及中标服务费）、销售合同审核、立项审核、前期转正式项目管理、项目信息（合同、进度、预算）变更管理。咨询 / 技术服务类项目销售财务管理总览图如图 1-3-4 所示。

营销部门	业务部门	事项审批相关部门	财务部门

```
                    开始
                     │
                     ▼
              1 投标文件获取
                     │
                     ▼
              是否需支付 ──是──▶ 标书费申请 ─────────────────────────▶ 审核并支付，定
                标书费              (报销)                              期发布提示发票
                     │                                                 逾期情况
                     否
                     ▼
              投标文件编审 ──────▶ 投标报价测算 ──────▶ 投标报价审核，各部门从专业
                     │                                 角度提出审批意见
                     ▼
              投标保证金 ────────────────────────────▶ 投标保证金审核
                申请                                     并支付
                     │
                     ▼
              跟踪投标保证 ◀──────
              金退回情况
                     │
                     ▼
              是否中标 ◀────────── 各项投标材料
                     │             准备齐全，对
               否    是            外投标
              ◀──   │
              ▼     ▼
         投标总结  中标服务费 ────────────────────────▶ 中标服务费审核
                  申请(报销)                              并支付，定期发
                     │                                    布发票逾期情况
                     ▼
              2 销售合同拟定 ──────▶ 销售合同审批，各部门从专业
                     │               角度提出审批意见
合同正常执行          │
              ▼      ▼
         合同归档  销售合同签订 ◀──────
                     │
合同履行异常          ▼
              ▼   创建销售订单 ──────▶ 3 立项申请 ──────▶ 立项审批，各部门从专业角度
         合同变更，需                       │              提出审批意见
         重新履行合同                       ▼
           签订流程                    维护计划收入
                                      和计划成本
                                         │
                                         ▼
                                    实施项目，如有
                                    项目变更，需履
                                    行变更流程
                                         │
                                         ▼
                                        结束
```

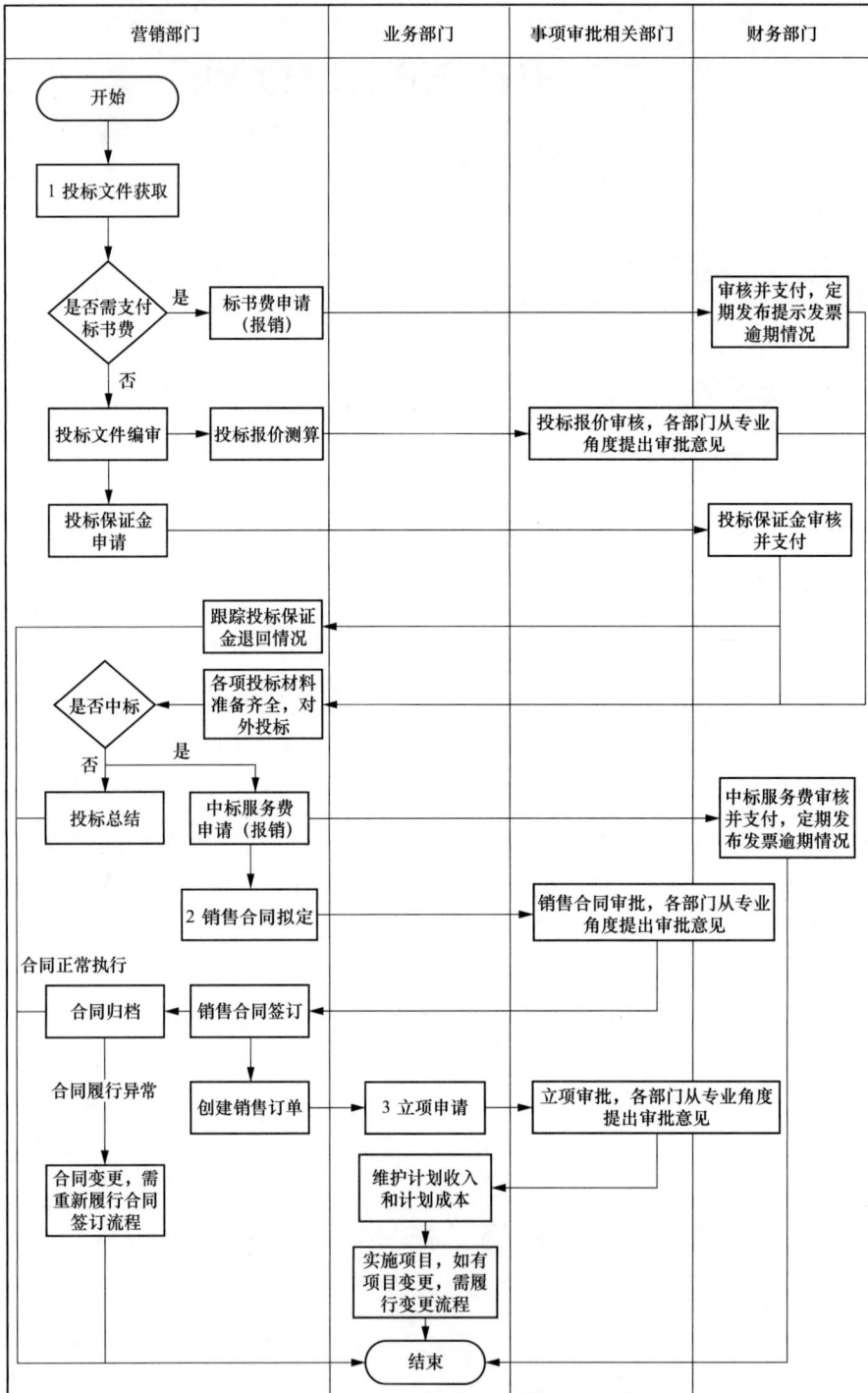

图 1-3-3 软件研发 / 实施类项目销售财务管理总览图

46

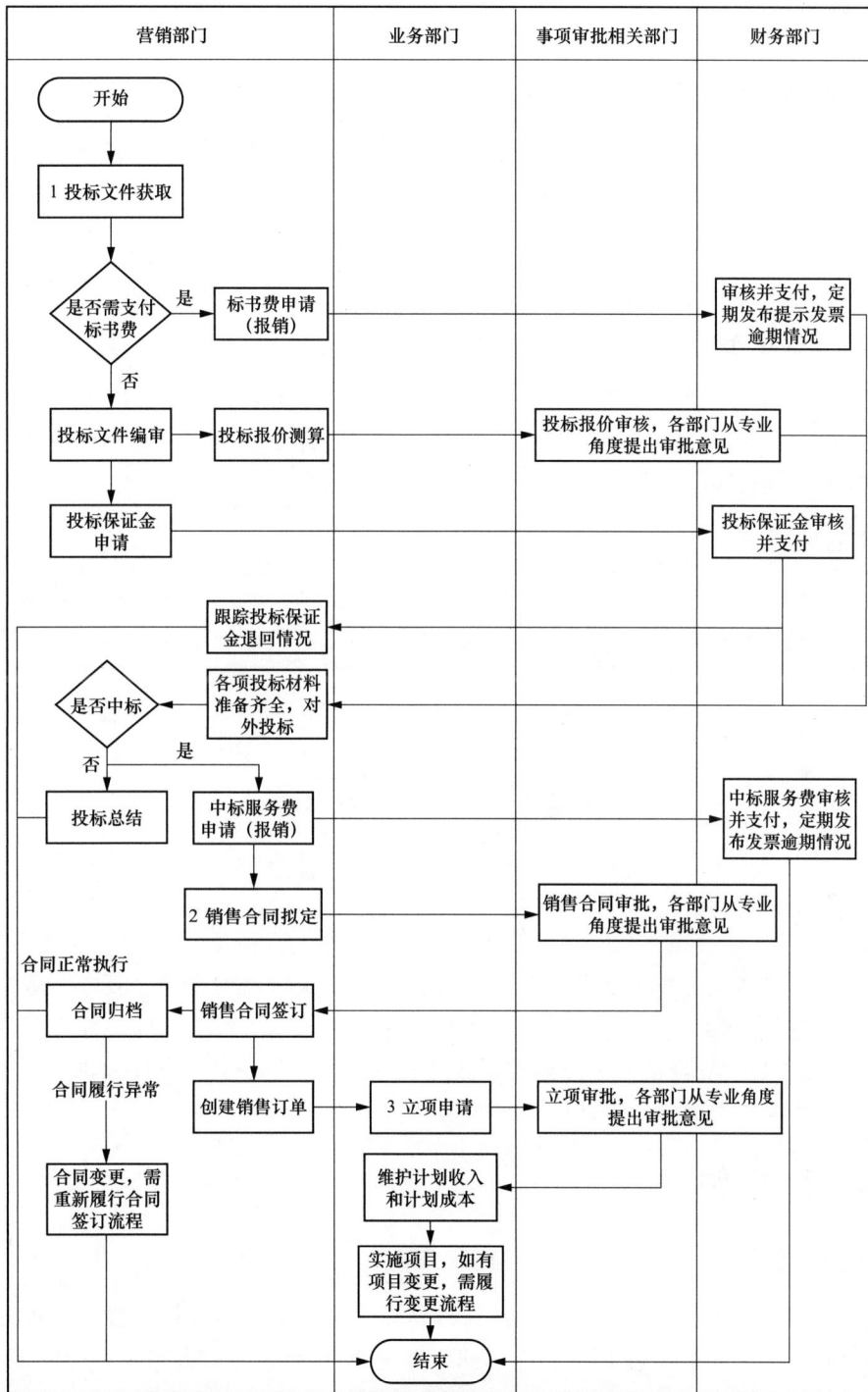

图 1-3-4 咨询 / 技术服务类项目销售财务管理总览图

二、操作环节及说明

（一）投标管理

投标管理包括 9 个步骤，分别为投标文件获取、标书费支付及报销管理、投标文件编审、投标报价测算及审核、投标保证金管理、中标服务费支付及报销管理、保证金退回、投标总结、营销费用管理。具体操作步骤及详细说明详见本章"第一节　系统集成类项目"中"投标管理"相关内容。

（二）销售合同管理

销售合同管理包括 5 个步骤，分别为销售合同拟定及审批、销售合同签订、创建销售订单、合同归档、合同变更。具体操作步骤及详细说明详见本章"第一节　系统集成类项目"中"销售合同管理"相关内容。

（三）立项管理

立项管理包括 4 个步骤，分别为立项申请、立项审批、维护计划收入和计划成本、进度预算变更。具体操作步骤及详细说明详见本章"第一节　系统集成类项目"中"立项管理"相关内容。

第五节　运营类项目

一、流程总览

运营类项目销售财务管理涵盖 3 个三级流程，17 个关键流程步骤，其中财务关注或参与事项 6 个，分别是参与投标报价测算、投标费用管理（标书费、投标保证金及中标服务费）、销售合同审核、立项审核、前期转正式项目管理、项目信息（合同、进度、预算）变更管理。运营类项目销售财务管理总览图如图 1-3-5 所示。

二、操作环节及说明

（一）投标管理

投标管理包括 9 个步骤，分别为投标文件获取、标书费支付及报销管理、投标文件编审、投标报价测算及审核、投标保证金管理、中标服务费支付及报销管理、保证金退回、投标总结、营销费用管理。具体操作步骤及详细说明详见本章"第一节　系统集成类项目"中"投标管理"相关内容。

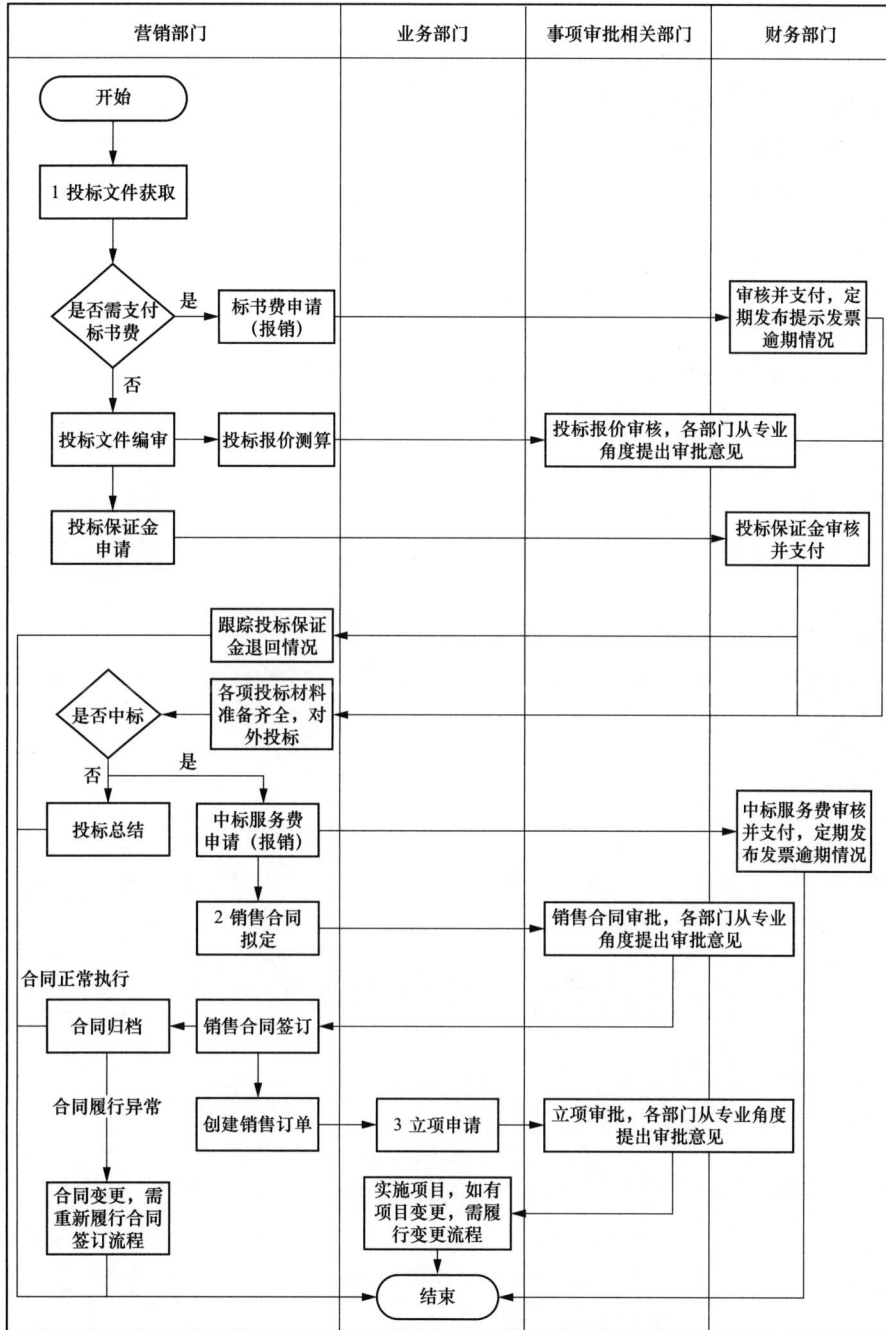

图 1-3-5 运营类项目销售财务管理总览图

（二）销售合同管理

1. 销售合同拟定及审批

具体操作步骤及详细说明详见本章"第一节 系统集成类项目"中"销售合同管理"中"销售合同拟定及审批"相关内容。

2. 销售合同签订

具体操作步骤及详细说明详见本章"第一节 系统集成类项目"中"销售合同管理"中"销售合同签订"相关内容。

3. 创建销售订单

营销部门在 ERP 系统查询销售合同，据此创建销售订单，销售订单创建成功后回传至"一系统"。"一系统"合同状态更新为已生成 ERP 订单号。在创建销售订单时，需根据业务完成形式，提前考虑合同、销售订单与项目间的挂接关系，以保证在满足收入成本核算清晰准确的前提下，减少重复立项，提高业务效率。

若运营类项目为项目集类项目，项目集类项目即一个项目挂接多个合同 / 销售订单。此场景下，必须是挂接选定的多个销售订单的全部行项目；如挂接销售订单的部分行项目，只能选择任务类项目。

4. 合同归档

具体操作步骤及详细说明详见本章"第一节 系统集成类项目"中"销售合同管理"中"合同归档"相关内容。

5. 合同变更

具体操作步骤及详细说明详见本章"第一节 系统集成类项目"中"销售合同管理"中"合同变更"相关内容。

（三）立项管理

立项管理包括 3 个步骤，分别为立项申请、立项审批、进度预算变更。具体操作步骤及详细说明详见本章"第一节 系统集成类项目"中"立项管理"相关内容。

第六节 运维类项目

一、流程总览

运维类项目销售财务管理涵盖 3 个三级流程，18 个关键流程步骤，其中财务关注或参与事项 6 个，分别是参与投标报价测算、投标费用管理（标书费、投标保证金及中标服务费）、销售合同审核、立项审核、前期转正式项目管理、项目信息（合同、进度、预算）变更管理。运维类项目销售财务管理总览图如图 1-3-6 所示。

二、操作环节及说明

（一）投标管理

投标管理包括 9 个步骤，分别为投标文件获取、标书费支付及报销管理、投标文件编审、投标报价测算及审核、投标保证金管理、中标服务费支付及报销管理、保证金退回、投标总结、营销费用管理。具体操作步骤及详细说明详见本章"第一节 系统集成类项目"中"投标管理"相关内容。

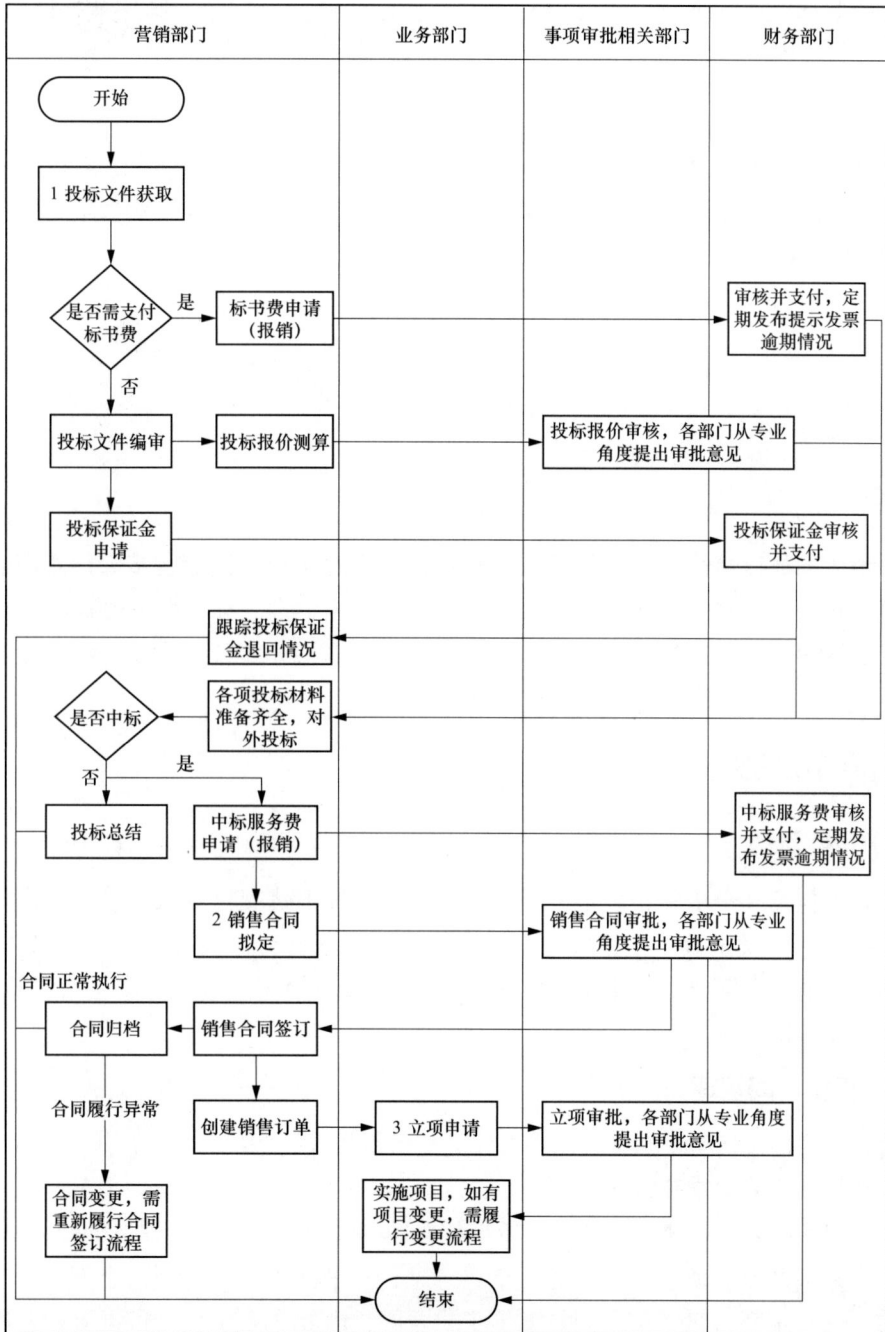

图 1-3-6 运维类项目销售财务管理总览图

（二）销售合同管理

销售合同管理包括 5 个步骤，分别为销售合同拟定及审批、销售合同签订、创建销售订单、合同归档、合同变更。具体操作步骤及详细说明详见本章"第五节　运营类项目"中"销售合同管理"相关内容。

（三）立项管理

立项管理包括 4 个步骤，分别为立项申请、立项审批、维护计划收入和计划成本和进度、预算变更。具体操作步骤及详细说明详见本章"第一节　系统集成类项目"中"立项管理"相关内容。

第七节　经营租赁类项目

一、流程总览

经营租赁类项目销售财务管理涵盖 4 个三级流程，21 个关键流程步骤，其中财务关注或参与事项 6 个，分别是参与投标报价测算、投标费用管理（标书费、投标保证金及中标服务费）、租赁框架合同审核、预算管理、立项审核、项目信息（合同、进度、预算）变更管理。经营租赁类项目销售财务管理总览图如图 1-3-7 所示。

二、操作环节及说明

（一）投标管理

投标管理包括 9 个步骤，分别为投标文件获取、标书费支付及报销管理、投标文件编审、投标报价测算及审核、投标保证金管理、中标服务费支付及报销管理、保证金退回、投标总结、营销费用管理。具体操作步骤及详细说明详见本章"第一节　系统集成类项目"中"投标管理"相关内容。

（二）租赁合同管理

租赁合同管理包括租赁框架合同和具体的经营租赁合同 2 部分。

1. 租赁框架合同拟定及审批

营销部门按照租赁具体内容拟定租赁框架合同，项目管理部门、财务部门、法务部门，从部门职责范围及专业角度对合同提出审核意见，营销部门根据各部门意见修订完善。营销部门在"一系统"新建销售合同，上传正式合同，由经法系统执行审批流程，填写好相关信息后发起经营租赁框架合同审批流程。

营销部门在租赁框架合同拟定需要注意事项：

（1）租赁框架合同中的标的物应当清晰，资产的名称、价值、种类、规格型号及等级等描述应当详实。

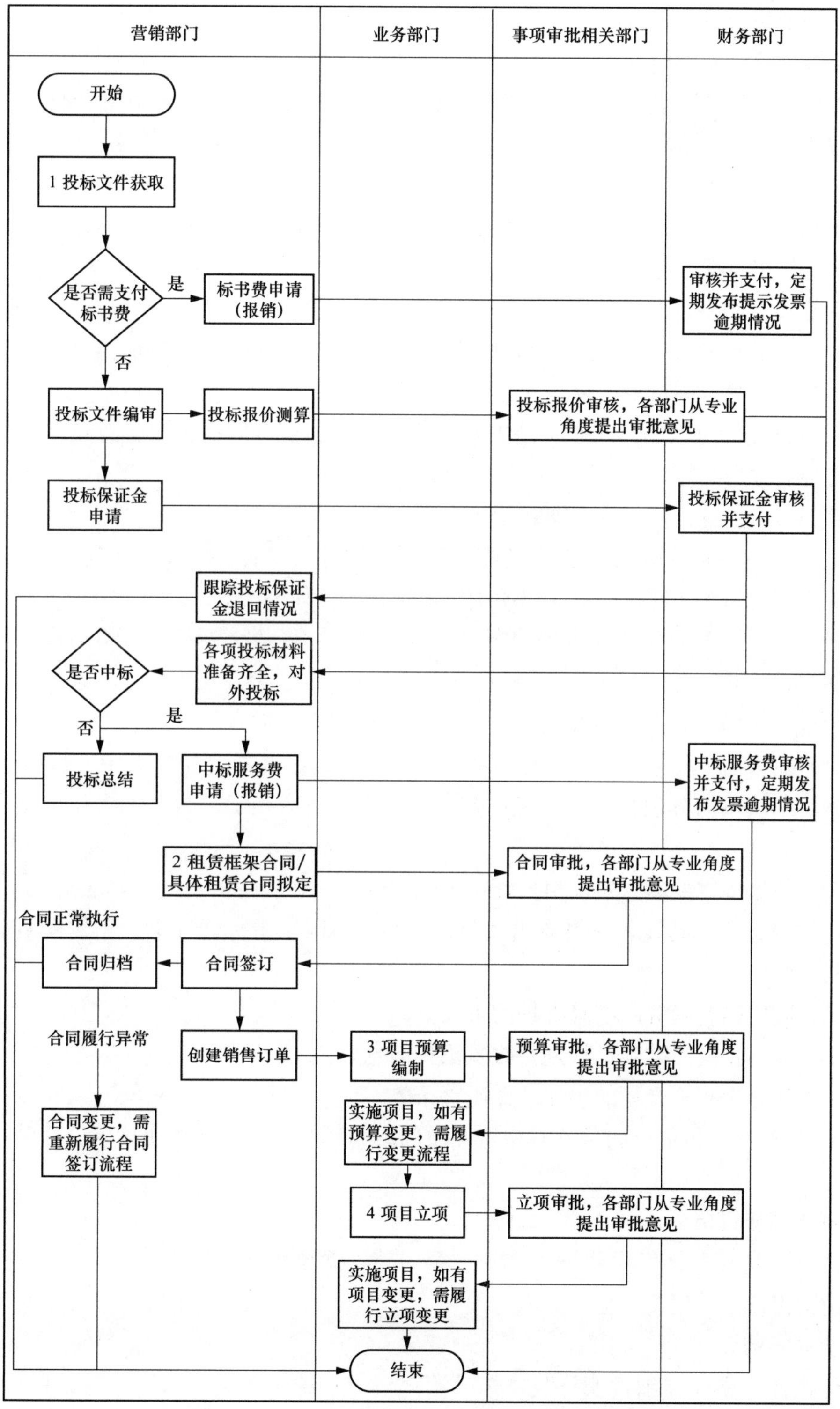

图 1-3-7 经营租赁类项目销售财务管理总览图

（2）合同条款应当完备。

（3）框架协议签署材料应当齐全，包括但不限于中标通知书、内部决策材料等。

（4）准确填写我方信息。

（5）合同标的物租赁期、租赁系数、建设期、权利义务、资产权属、担保及保函、争议解决方式等条款完整准确。

2. 租赁框架合同签订

营销部门与客户商定签订甲乙方签订顺序后，在经法系统中履行合同盖章审批签订手续，完成签订租赁框架合同。

3. 签订经营租赁合同

资产验收后，营销部门按照业务内容选用适用的合同模板拟定合同。合同拟定完成后，在"一系统"发起合同审批，待"一系统"审批结束后，提交至经法系统审批，物资部门、财务部门、法务部门，从部门职责范围及专业角度对销售合同提出审批意见。合同通过审批后，履行双方合同盖章手续。

营销部门在签订经营租赁合同时需要注意：

（1）租赁协议条款应当完备，应当约定收款时间、收款条件、租赁利率、租赁系统、租赁年限，到期如何处理资产；应当明确维修服务的责任方。

（2）租赁协议中的标的物应当清晰，资产的名称、价值、种类、规格型号、等级等描述应当详实。

（3）税率应当与合同内容相符，合理规避涉税风险；拟开具不同税率发票时，应在合同中予以明确货物（服务）名称、金额和税率，并在 ERP 系统开票计划中分行列示。

（4）明细清单的分项合计与总额应当一致，大小写应正确一致，不含税金额计算应当正确。

（5）最低租赁付款额、融资租入资产入账价值、未确认融资费用计算准确。

（6）经营租赁合同签署材料应当齐全，包括但不限于中标通知书、租赁框架合同内部决策材料等。

（7）合同应当明确资产维修维护的责任方。

（8）我方信息应当准确，特别是收款银行信息。

（9）关注是否有不合理的担保、保函等条款。

（10）关注经营租赁合同条款对租赁性质判断的影响，应当能够明确区分经营租赁与融资租赁。

4. 创建销售订单

具体操作步骤及详细说明详见本章"第一节 系统集成类项目"中"销售合同管理"中"创建销售订单"相关内容。

5. 合同归档

具体操作步骤及详细说明详见本章"第一节 系统集成类项目"中"销售合同管理"中"合同归档"相关内容。

6. 合同变更

具体操作步骤及详细说明详见本章"第一节 系统集成类项目"中"销售合同管理"

中"合同变更"相关内容。

（三）预算管理

年度预算依据综合计划编制并受综合计划制约。年度预算按管理属性分为综合预算、业务预算和财务预算 3 类。

1. 项目预算编制

集团下属各单位在总控目标的约束下，财务部门组织各部门对中标项目编写专项投资规模预算。

业务部门在专项投资规模预算编制时需关注：

（1）统筹平衡财务能力与投入需求。

（2）费用计算过程是否清晰，费用项目和产生费用的工作量是否对应清楚。

（3）以同类项目历史数据为基础，充分考量风险，务必"无漏项、无少项"。

（4）了解项目承担的管理成本、税务、物价等信息，避免预算遗漏机构管理成本。

（5）保证立项项目的独立性和完整性，不应包含非本类项目以外的项目，也严禁将一个独立的项目分拆立项。

2. 预算审批

项目预算经过横向跨部门，纵向跨层级审核，集团财务部门确认后，将预算发送至 ERP 系统立项。

如新建项目工期紧迫，需要提前编制、下达预算的，各单位业务部门在项目管理平台中录入项目预算预安排信息，经过横向跨部门，纵向跨层级审核，由财务部门将预算发送至 ERP 系统立项。

3. 预算变更

具体操作步骤及详细说明详见本章"第一节　系统集成类项目"中"立项管理"中"进度、预算变更"相关内容。

（四）立项管理

立项管理包括 3 个步骤，分别为立项申请、立项审批、进度变更。具体操作步骤及详细说明详见本章"第一节　系统集成类项目"中"立项管理"相关内容。

第八节　融资租赁类项目

一、流程总览

融资租赁类项目销售财务管理涵盖 4 个三级流程，21 个关键流程步骤，其中财务关注或参与事项 6 个，分别是参与投标报价测算、投标费用管理（标书费、投标保证金及中标服务费）、租赁框架合同审核、预算管理、立项审核、项目信息（合同、进度、预算）变更管理。融资租赁类项目销售财务管理总览图如图 1-3-8 所示。

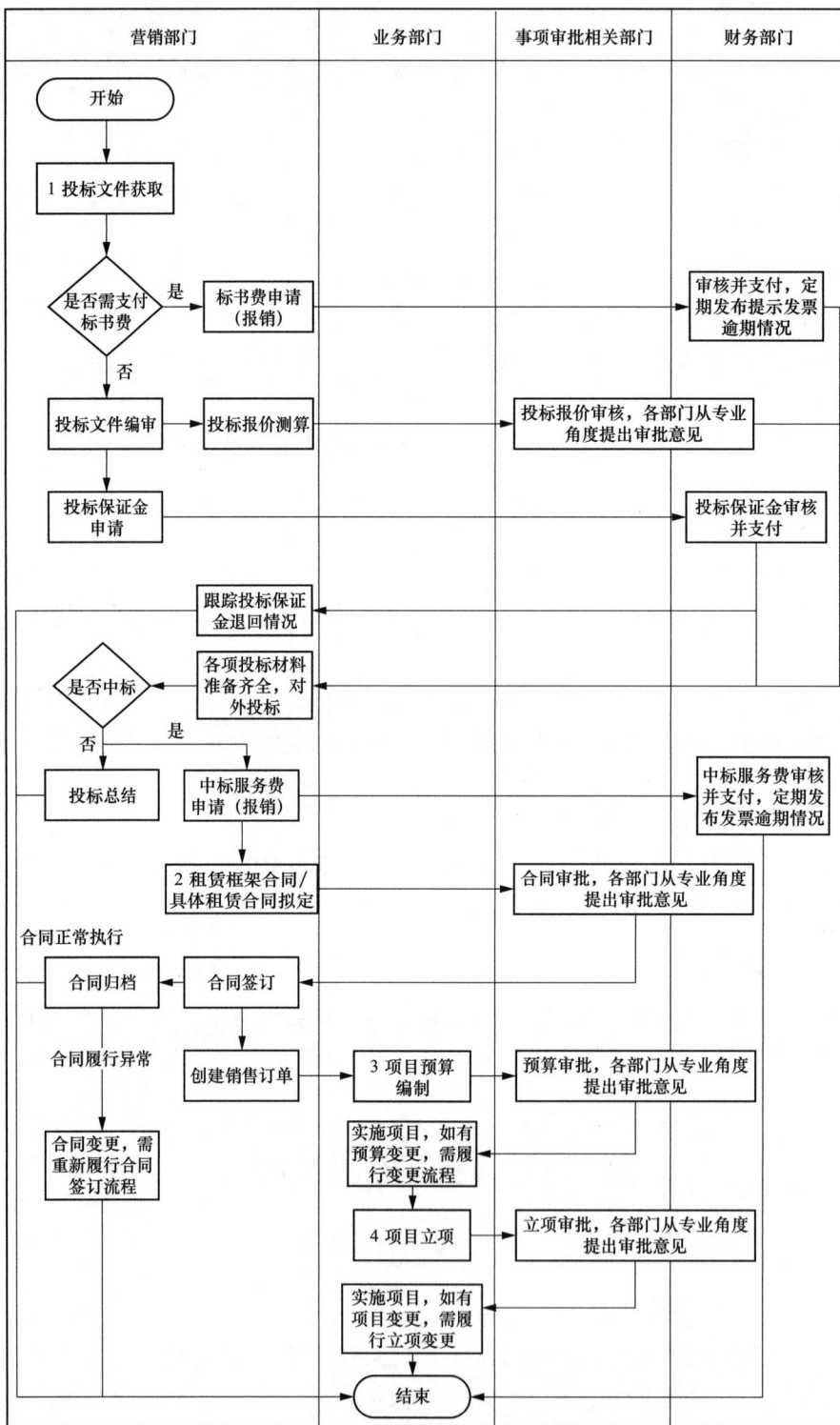

图 1-3-8　融资租赁类项目销售财务管理总览图

二、操作环节及说明

（一）投标管理

投标管理包括 9 个步骤，分别为投标文件获取、标书费支付及报销管理、投标文件编审、投标报价测算及审核、投标保证金管理、中标服务费支付及报销管理、保证金退回、投标总结、营销费用管理。具体操作步骤及详细说明详见本章"第一节 系统集成类项目"中"投标管理"相关内容。

（二）租赁合同管理

租赁业务合同管理包括框架合同和具体的融资租赁合同 2 部分。租赁合同管理中包括 6 个步骤，分别为租赁框架合同拟定及审批、租赁框架合同签订、签订融资租赁合同、创建销售订单、合同归档、合同变更。具体操作步骤及详细说明详见本章"第七节 经营租赁类项目"中"预算管理"相关内容。

（三）预算管理

预算管理包括 3 个步骤，分别为项目预算编制、预算审批、预算变更。具体操作步骤及详细说明详见本章"第七节 经营租赁类项目"中"预算管理"相关内容。

（四）立项管理

立项管理包括 3 个步骤，分别为立项申请、立项审批、进度变更。具体操作步骤及详细说明详见本章"第一节 系统集成类项目"中"立项管理"相关内容。

第九节　投资建设及运营服务类项目

一、流程总览

投资建设及运营服务类项目销售财务管理涵盖 5 个三级流程，22 个关键流程步骤，其中财务关注或参与事项 6 个，分别是参与投标报价测算、投标费用管理（标书费、投标保证金及中标服务费）、合同审核、预算管理、立项审核、项目信息（合同、进度、预算）变更管理。投资建设及运营服务类项目销售财务管理总览图如图 1-3-9 所示。

二、操作环节及说明

（一）投标管理

投标管理包括 9 个步骤，分别为投标文件获取、标书费支付及报销管理、投标文件编审、投标报价测算及审核、投标保证金管理、中标服务费支付及报销管理、保证金退回、投标总结、营销费用管理。具体操作步骤及详细说明详见本章"第一节 系统集成类项目"

中"投标管理"相关内容。

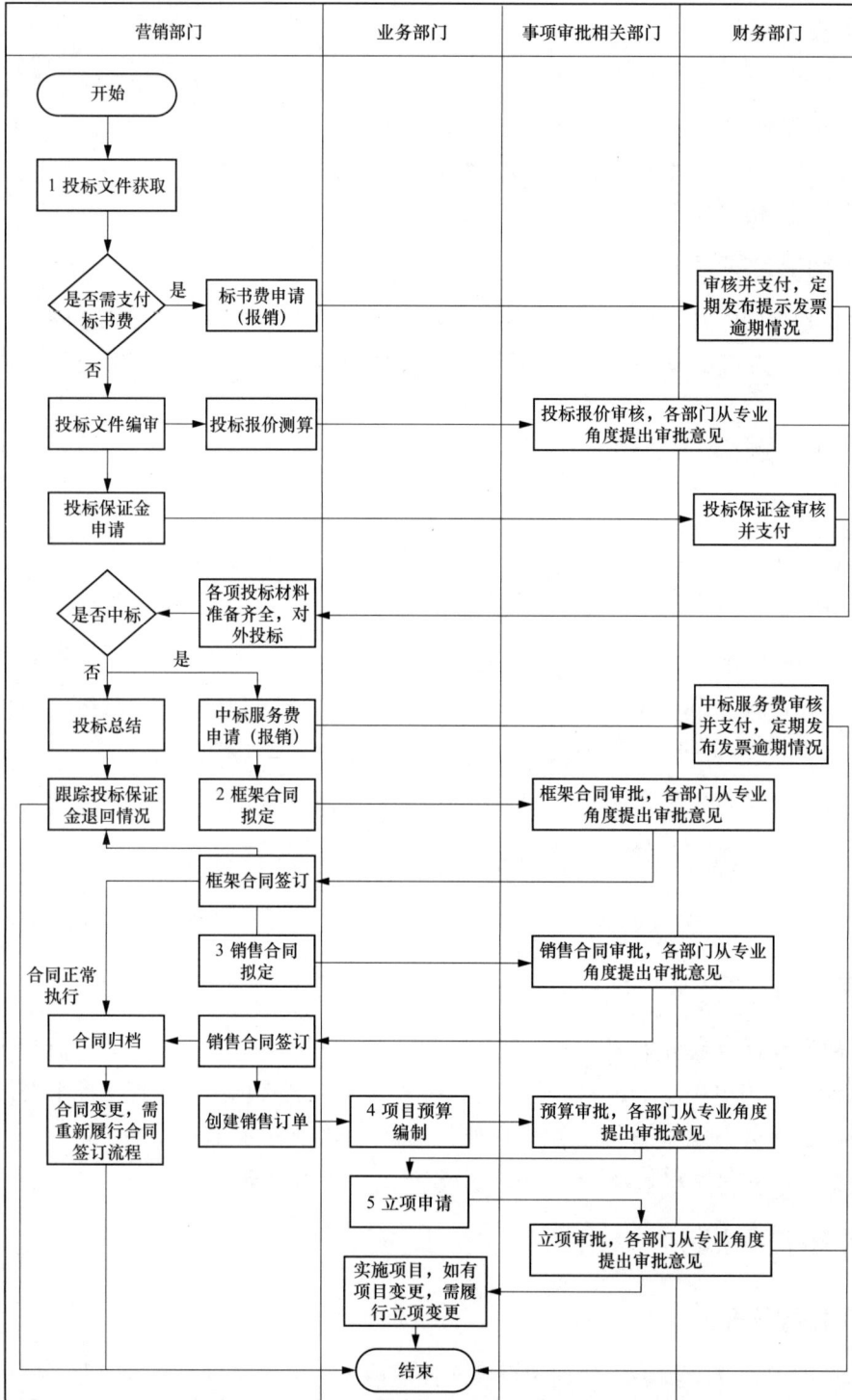

营销部门	业务部门	事项审批相关部门	财务部门

```
                    开始
                      │
                      ▼
              1 投标文件获取
                      │
                      ▼
          ┌─────────────┐    是    ┌───────────┐        ┌─────────────────┐
          │ 是否需支付  ├────────→│ 标书费申请 ├───────→│ 审核并支付,定期 │
          │   标书费    │         │ (报销)    │        │ 发布提示发票     │
          └──────┬──────┘         └───────────┘        │ 逾期情况         │
                 │ 否                                    └─────────────────┘
                 ▼
          投标文件编审 ──────→ 投标报价测算 ──────→ 投标报价审核,各部门从专业
                                                      角度提出审批意见
                 │
                 ▼
          投标保证金 ────────────────────────────→ 投标保证金审核
            申请                                      并支付
                 │
                 ▼
          ┌──────────┐         各项投标材料
          │ 是否中标 │←─────── 准备齐全,对
          └──┬────┬──┘         外投标
          否 │    │ 是
             │    ▼
             │  中标服务费 ──────────────────────→ 中标服务费审核
             │  申请(报销)                          并支付,定期发
             ▼                                      布发票逾期情况
          投标总结
             │         2 框架合同 ──────────────→ 框架合同审批,各部门从专业
             ▼           拟定                        角度提出审批意见
          跟踪投标保证
          金退回情况  ←── 框架合同签订 ←──────────────────┘
             │
             │         3 销售合同 ──────────────→ 销售合同审批,各部门从专业
             │           拟定                        角度提出审批意见
       合同正常
       执行       ←── 销售合同签订 ←──────────────────┘
             │
          合同归档 ←────┘
             │
             │         创建销售订单 ──→ 4 项目预算 ──→ 预算审批,各部门从专业角度
             ▼                          编制              提出审批意见
          合同变更,需
          重新履行合同             5 立项申请
          签订流程                     │
                                       ▼
                                  立项审批,各部门从专业角度
                                    提出审批意见
                              实施项目,如有
                              项目变更,需履
                              行立项变更
                                   │
                                   ▼
                                  结束
```

图 1-3-9 投资建设及运营服务类项目销售财务管理总览图

（二）框架合同管理

1. 框架合同拟定及审批

营销部门按照具体内容拟定框架合同，在"一系统"发起合同审批，待"一系统"审批结束后，提交至经法系统审批，物资部门、财务部门、法务部门等相关部门，从部门职责范围及专业角度对合同提出审批意见。

营销部门在框架合同拟定时需注意：

（1）合同条款应当完备。

（2）框架协议签署材料应当齐全，包括但不限于中标通知书、内部决策材料等。

（3）准确填写我方信息。

2. 框架合同签订

营销部门与客户商定签订甲、乙方签订顺序后，在经法系统中履行合同盖章审批签订手续，完成框架合同签订。

（三）销售合同管理

销售合同管理包括5个步骤，分别为销售合同拟定及审批、销售合同签订、创建销售订单、合同归档、合同变更。具体操作步骤及详细说明详见本章"第一节　系统集成类项目"中"销售合同管理"相关内容。

（四）预算管理

预算管理包括3个步骤，分别为项目预算编制、预算审批、预算变更。具体操作步骤及详细说明详见本章"第七节　经营租赁类项目"中"预算管理"相关内容。

（五）立项管理

立项管理包括3个步骤，分别为立项申请、立项审批、进度变更。具体操作步骤及详细说明详见本章"第一节　系统集成类项目"中"立项管理"相关内容。

第十节　产业链金融类项目

一、流程总览

产业链金融类项目销售财务管理涵盖3个三级流程，8个关键流程步骤，其中财务关注或参与事项3个，分别是营销费用管理、销售合同管理、立项审批。产业链金融类项目销售财务管理总览图如图1-3-10所示。

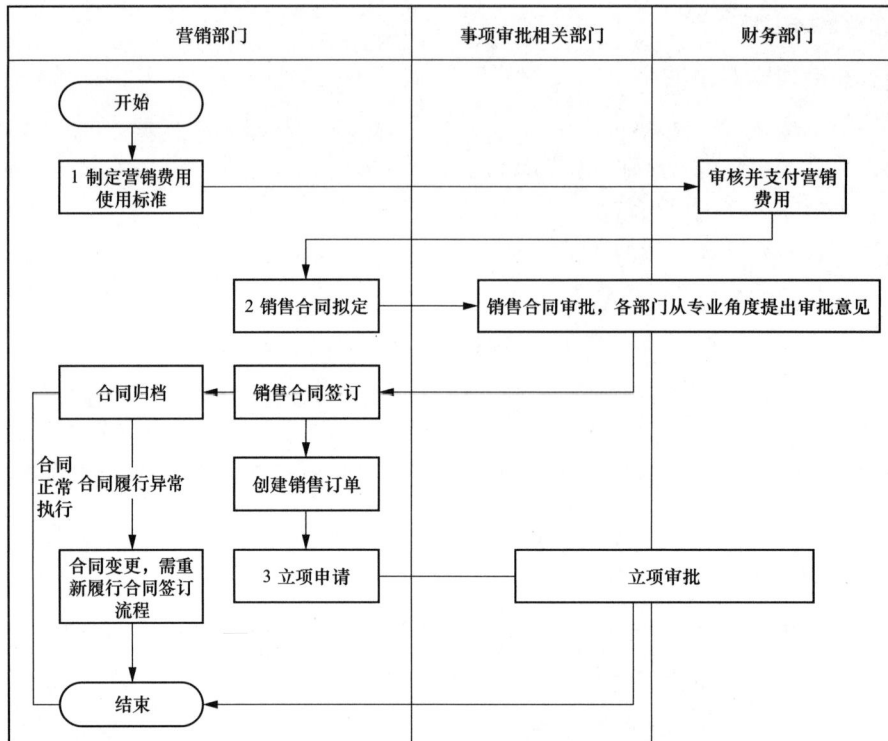

图 1-3-10 产业链金融类项目销售财务管理总览图

二、操作环节及说明

（一）营销费用管理

营销部门制定营销费用使用标准，负责组织营销费用投入产出分析，并按月分析营销费用预算执行情况，为营销费用管理提供参考依据；财务部门负责审核营销费用报销是否符合报销规范要求，费用报销审核要点详见"第七章 项目实施成本管理""第一节 系统集成类项目"的"（四）项目费用管理"中"费用报销审核"相关内容。

（二）销售合同管理

产业链金融类项目销售合同是指在客户确定选择金融产品后签订的合同，可分为线上制式合同和线下合同 2 种，具体管理包括 5 个步骤，分别为销售合同拟定及审批、销售合同签订、创建销售订单、合同归档、合同变更。具体操作步骤及详细说明详见本章"第一节 系统集成类项目"中"销售合同管理"相关内容。

（三）立项管理

立项管理包括 2 个步骤，分别为立项申请、立项审批。具体操作步骤及详细说明详见本章"第一节 系统集成类项目"中"立项管理"相关内容。

第四章

项目资产构建财务管理

本章内容适用于经营租赁、融资租赁、投资建设及运营服务类项目的资产构建阶段财务管理，涵盖资产建设、资产验收和资产形成等流程，财务关注或参与事项主要为资产转资管理。

第一节　系统集成类项目

项目资产构建管理适用于经营租赁、融资租赁、投资建设及运营服务类项目，系统集成类项目不涉及。

第二节　硬件生产制造类项目

项目资产构建管理适用于经营租赁、融资租赁、投资建设及运营服务类项目，硬件生产制造类项目不涉及。

第三节　软件研发 / 实施类项目

项目资产构建管理适用于经营租赁、融资租赁、投资建设及运营服务类项目，软件研发 / 实施类项目不涉及。

第四节　咨询 / 技术服务类项目

项目资产构建管理适用于经营租赁、融资租赁、投资建设及运营服务类项目，咨询 / 技术服务类项目不涉及。

第五节　运营类项目

项目资产构建管理适用于经营租赁、融资租赁、投资建设及运营服务类项目，运营类项目不涉及。

第六节　运维类项目

项目资产构建管理适用于经营租赁、融资租赁、投资建设及运营服务类项目，运维类项目不涉及。

第七节　经营租赁类项目

一、流程总览

经营租赁类项目资产构建管理涵盖 1 个三级流程，3 个关键流程步骤，其中财务关注或参与事项 2 个，为资产构建的成本管理和资产转资。经营租赁类项目资产构建管理总览图如图 1-4-1 所示。

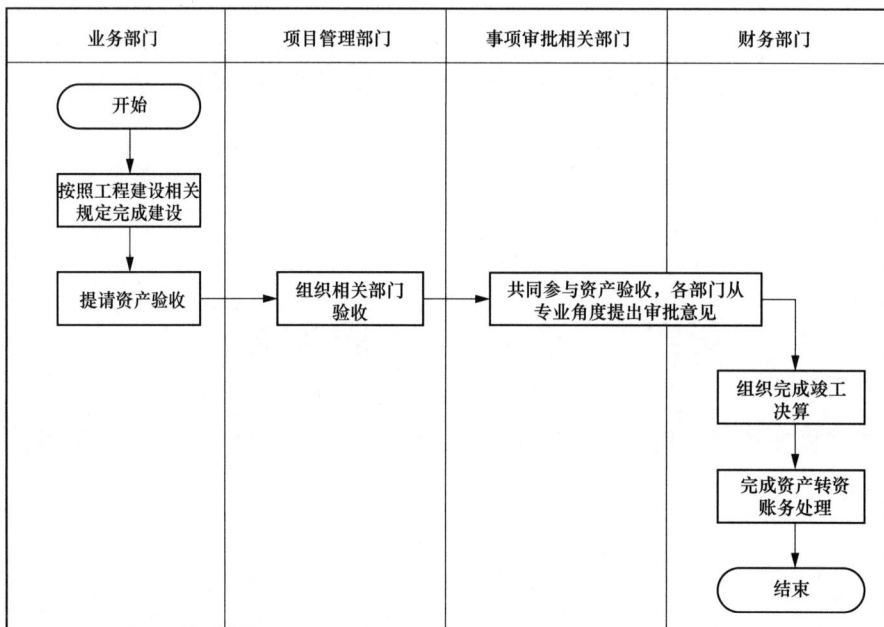

图 1-4-1　经营租赁类项目资产构建管理总览图

二、操作环节及说明

1. 资产建设

业务部门根据租赁框架合同要求，组织开展工程建设工作，具体建设程序可参照下篇　产业工程项目管理，建设工作需严格遵照国家电网有限公司和集团的产业工程的相关管理规定。

项目管理部门需关注工程建设过程中的成本、进度、安全和质量管理，财务需关注成本和进度情况，具体审核要求详见下篇　产业工程项目管理。

2. 资产验收

项目完工后，业务部门提请项目管理部门验收。业务部门准备各项验收资料，由项目管理部门、安全质量部门、财务部门及承租方等共同参与，对该项目是否符合合同及工程要求进行全面检验，检验合格后方可取得竣工合格资料、数据和凭证。

业务部门在资产验收时须注意的事项：

（1）资产验收应由项目管理部门、安全质量部门、财务部门及承租方共同参与。

（2）需取得参与验收各方代表在验收记录和验收报告上的签字确认。

3. 资产转资

资产竣工验收后，财务部门组织完成工程竣工决算审计，依据工程竣工决算审计报告，转增固定资产。

财务部门在转资时须注意的事项：

（1）审核工程项目汇总表是否经业务部门、项目管理部门签字确认。

（2）对照固定资产目录，审核资产归类是否正确。

（3）查询工程支出表，核对工程项目暂估转资明细表、固定资产卡片，审核是否存在差异并调整相符。

第八节　融资租赁类项目

一、流程总览

融资租赁类项目资产构建管理涵盖 1 个三级流程，3 个关键流程步骤，其中财务关注或参与事项 2 个，为资产构建的成本管理和资产转资。融资租赁类项目资产构建管理总览图如图 1-4-2 所示。

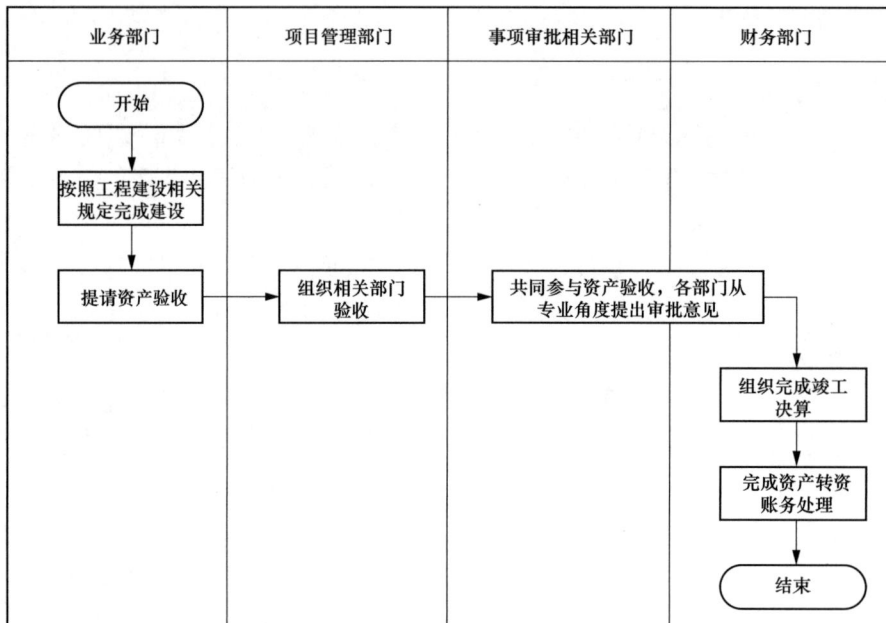

图 1-4-2　融资租赁类项目资产构建管理总览图

二、操作环节及说明

项目资产构建管理中包括 3 个步骤，分别为资产建设、资产验收和资产转资，具体操作步骤及详细说明详见本章"第七节　经营租赁类项目"中"操作环节及说明"相关内容。

第九节　投资建设及运营服务类项目

一、流程总览

投资建设及运营服务类项目资产构建管理涵盖 1 个三级流程，3 个关键流程步骤，其中财务关注或参与事项 2 个，为资产构建的成本管理和资产转资。投资建设及运营服务类项目资产构建管理总览图如图 1-4-3 所示。

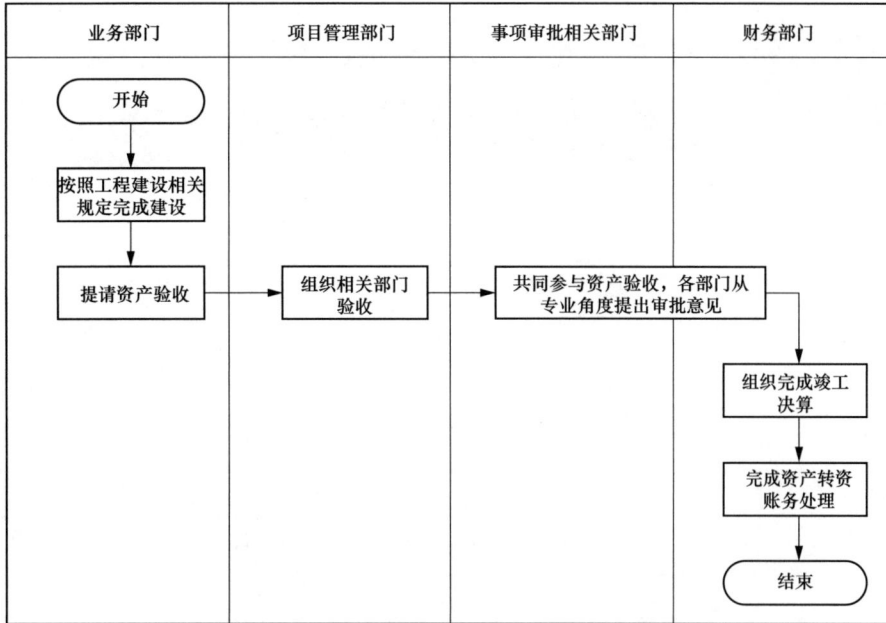

图 1-4-3　投资建设及运营服务类项目资产构建管理

二、操作环节及说明

　　项目资产构建管理包括 3 个步骤，分别为资产建设、资产验收和资产转资，具体操作步骤及详细说明详见本章"第七节　经营租赁类项目"中"操作环节及说明"相关内容。

第十节　产业链金融类项目

　　项目资产构建管理适用于经营租赁、融资租赁、投资建设及运营服务类项目，产业链金融类项目不涉及。

第五章

项目采购财务管理

本章内容适用于项目采购阶段财务管理，涵盖采购申请管理、采购合同管理、项目融资管理、项目物资管理和项目外包管理等流程，财务关注或参与事项主要包括采购申请审核、采购合同审核、融资申请审批、开展融资活动、项目物资的收货确认及发票校验、物资盘点管理、项目外包的服务确认及发票校验。

第一节 系统集成类项目

一、流程总览

系统集成类项目采购财务管理涵盖 4 个三级流程，17 个关键流程步骤，其中财务关注或参与事项 5 个，分别是采购申请审核、采购合同审核、项目物资的收货确认及发票校验、物资盘点管理、项目外包的服务确认及发票校验。系统集成类项目采购财务管理总览图如图 1-5-1 所示。

二、操作环节及说明

（一）采购申请管理

采购包括物资采购和服务采购 2 种，其中服务采购包括专业分包和劳务分包 2 种。

1. 提交采购申请

项目开始执行后，业务部门根据项目需要，在"一系统"发起采购申请。

2. 采购申请审批

业务部门提交采购申请后，项目管理部门、物资部门和财务部门，从部门职责范围及专业角度提出审核意见，审批通过后信息传递至 ERP 系统。

项目管理部门审核应注意事项：

（1）采购申请是否符合项目需求。

（2）项目外包/外委的预计采购成本占比是否低于60%（集团与子公司转签合同除外）。

（3）采购申请对应项目是否已正式立项，采购申请是否已在预算内。

财务部门审核采购是否在预算内。

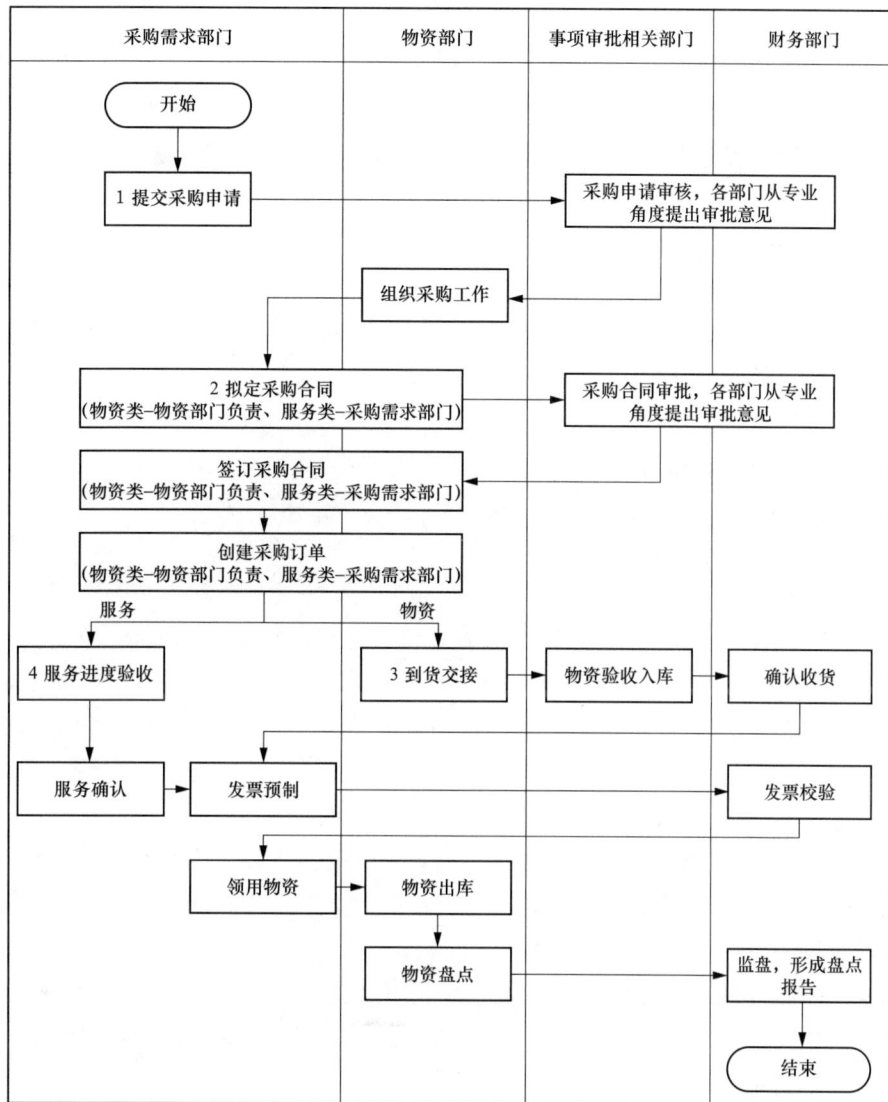

图 1-5-1 系统集成类项目采购财务管理

3.组织采购工作

物资部门根据集团物资管理要求组织采购，确定供应商、采购价格、付款方式等内容。

（二）采购合同管理

1.采购合同拟定及审批

采购结果确定后，物资类采购合同由物资部门负责起草，并在经法系统发起合同会签流程。服务类采购合同由采购需求部门负责起草并发起合同会签流程。

（1）合同拟定部门在拟定采购合同时需注意：

1）根据采购环节确定的合同范本和条款内容起草采购合同，采购合同的条款应完备，且应明确约定付款时间、付款条件、付款比例、付款方式等，在合法合规的基础上最大限度维护我方利益。

2）采购内容描述清晰准确、简洁直观、便于理解，避免抽象笼统，如货物的种类、规格型号、等级等描述应详细、准确，服务的内容应列明功能及完工验收标准，维保服务应列明服务起止日期，规避因工作及成果不明确，导致项目延期或造成法律风险。

3）采购商品或服务的种类、规格型号、等级等与项目对应的销售合同约定一致。

4）如有明细清单，分项合计与总额保持一致，大小写保持一致，不含税金额计算正确。

5）双方银行和联系人信息填写正确，税率与合同约定的采购商品或服务相符，涉及不同货物时，应在合同或分项价格表中明确列示金额和税率。

（2）法务部门审核采购合同时需注意：

1）合同条款是否完备，合同付款条件、项目验收规定等关键条款是否清晰、明确。

2）合同签订是否合规、合法，同时保障集团及供应商双方利益。

（3）财务部门审核采购合同时需注意：

1）检查合同付款时间、付款条件、付款比例和付款方式，对我方是否有利且可执行。

2）如有明细清单，检查分项合计与总额是否一致，大小写是否正确，不含税金额计算是否正确。

3）我方信息是否正确，特别是发票信息是否无误，税率是否与合同约定的采购商品或服务相符，有无涉税风险，涉及不同货物时，是否在合同或分项价格表中明确列示金额和税率。

4）检查是否约定发票类型，约定在符合付款条件时，应提供等额发票入账。

5）如果为多个项目采购，应把采购成本分摊到每个项目，并逐个校验项目预算。

2. 采购合同签订

采购合同审批完成后，物资类的采购，由物资部门与供应商签订采购合同，在"一系统"中将采购合同与项目关联。服务类的采购，由采购需求部门执行相关程序。

3. 创建采购订单

基于采购结果，物资类采购订单由物资部门在"一系统"和 ERP 系统中创建；服务类采购订单由采购需求部门执行相关程序。

（三）项目物资管理

1. 到货交接

项目管理部门负责组织供应商、物资管理部门对物资进行到货交接。到货交接过程应注意事项：

（1）检查装箱单、合格证和出厂报告是否齐全。

（2）检查产品外观，清点数量，核对实物与装箱单是否一致，实物与物资合同供货单是否一致。

（3）核对型号、规格、技术参数等是否符合合同有关内容等。

（4）如果为多个项目合并收货，则需分别注明每个项目金额。

2. 验收入库

物资收到后，由物资部门根据物资交接单、到货验收单和物资到货验收有关要求，与供应商办理交接和验收，验收合格后办理入库手续，物资部门整理入库单与到货验收单并归档保存。

物资验收入库需要注意事项：

（1）审核物料入库单中入库材料名称、规格、金额等信息是否与系统中入库信息一致。

（2）入库单上登记的仓库收货管理员、仓库记账人员是否为不同人员。

（3）检查物资质量、规格型号等是否符合标准要求，若因物资质量、型号等问题导致无法进行验收入库，则需与对方及时沟通，进行物资退换，并保留相应沟通记录。

3. 确认收货

物资部门依据相关单据核对、完成物资验收后，履行收货确认程序，并在 ERP 系统中收货确认。

收货确认应注意事项：

（1）检查"项目收货确认单"中供应商名称、项目名称、项目编号、采购订单号、材料名称、收货确认金额等信息是否与 ERP 系统中收货信息一致；是否经业务部门、项目管理部门及供应商共同签字盖章确认。

（2）检查"入库单"是否经仓库管理员签字确认；"入库单"物料名称、数量、金额等信息是否与 ERP 系统中收货信息一致。

（3）入库单上登记的仓库收货管理员、仓库记账人员是否不为同一人。

（4）检查生成的会计凭证金额、辅助核算内容是否与"项目收货（服务）确认单"信息一致。

（5）如果为多个项目合并收货，则需分别注明每个项目金额。

4. 发票预制

物资部门完成收货确认后，在 ERP 系统进行发票预制，生成预制凭证。

物资部门在发票预制时需注意：

（1）重视采购物资类型及会计科目的选择，选择与业务事实相符的类型及科目。

（2）在系统中记账应当及时、准确、完整，供应商名称、项目名称、项目编号、采购订单号、发票号、发票入账金额、税率、税额、发票预制号等信息填写完整，并与发票、ERP 系统"工厂入库单"及合同信息一致。

（3）保证发票的真实性、准确性，增值税普通发票入账需验证发票真伪，打印验证记录并签字。

（4）发票中的销货单位、货物名称、规格型号、数量、单价、金额、税率及税额应与ERP 系统"工厂入库单"及合同信息相符。

（5）采购发票必须对应已生效的采购合同，并注明合同编号；采购发票入账金额符合纸质合同的采购进度约定。

（6）如开票对方与合同对方不一致，需提供经对方确认及我方经办人部门领导签字确认的书面说明。

5. 发票校验

发票预制完成后,财务部门在 ERP 系统中完成发票校验,生成会计凭证。财务部门至少每半年组织一次按照账龄、系统内外、供应商等维度的应付账款数据分析。

(1)业务部门在收取发票时需注意:

1)检查发票的真实性,进行发票真伪验证。

2)检查发票信息的准确性,收取的采购发票必须对应已生效的采购合同,并注明合同编号。

3)检查开票对方与合同对方一致性。

4)累计收取采购发票金额不大于合同金额、成本预算金额及收货确认金额。

5)发票字迹清晰无污损,发票密码在密码区内,加盖销售方发票专用章;购买方、销售方信息完整、无误;收款人、开票人、复核人均为人名,不是"管理员",开票人与复核人不是同一人。

6)税率符合纸质合同的约定,增值税专用发票在抵扣期,有足够时间完成抵扣。

7)发票对应的商品类型与合同约定一致,如发票内容超过 8 行,需附带税控系统清单并加盖发票专用章;发票内容有商品数量的,关注计量单位,不得出现"一批"等字样。

(2)财务部门校验发票时需注意:

1)"发票入账申请单"中供应商名称、项目名称、项目编号、采购订单号、发票号、发票入账金额、税率、税额、发票预制号等信息是否填写完整;是否与发票、ERP 系统"工厂入库单"及合同信息一致。

2)发票中的销货单位、货物名称、规格型号、数量、单价、金额、税率及税额是否与 ERP 系统"工厂入库单"及合同信息相符。

3)收取的采购发票必须对应已生效的采购合同,并注明合同编号(零星采购除外);检查采购发票入账金额和采购进度是否符合纸质合同的约定。

4)开票对方应与合同对方一致,若不一致,则应提供经对方确认及我方经办人部门领导签字确认的书面说明。

5)累计收取采购发票金额是否小于等于合同金额、成本预算金额及收货确认金额。

6)发票字迹是否清晰无污损,发票密码是否在密码区内;是否加盖销售方发票专用章;购买方、销售方信息是否完整、无误;收款人、开票人、复核人是否为人名,不可为"管理员",开票人与复核人不应为同一人。

7)税率是否符合纸质合同的约定,增值税专用发票是否在抵扣期,是否有足够时间完成抵扣。

8)发票对应的商品类型是否与合同约定一致,如发票内容超过 8 行,需附带税控系统清单并加盖发票专用章;发票内容有商品数量的,应有正确的计量单位,不得出现"一批"等字样。

9)增值税普通发票入账,是否有交票人验证真伪的验证记录和签字。

10)材料入库凭证编制是否正确,成本计入科目及项目是否与合同一致,暂估金额与发票金额是否合理一致,如存在较大差异,落实差异产生原因是否正常。

6. 物资领用出库

需求部门创建及打印领料单，关联项目收货确认单、入库单，履行审批程序，办理实物领用出库，物资部门在系统中出库记账。物资部门整理出库单与领用单并及时转交财务部门，保证采购成本确认的及时性；财务部门应及时入账处理。

物资部门在办理物资出库时需注意：

（1）项目物资领用，需有明确的项目名称及 WBS 编码。

（2）领用部门、领用人和数量等信息是否匹配。

（3）领取人必须同发放物资人员办理交接手续，当面点交清楚，双方均在出库单上签字。

财务部门物资采购成本管理需关注事项详见"第七章 项目实施成本管理""第一节 系统集成类项目"中"物资采购成本管理"相关内容。

7. 物资盘点

物资部门组织实施盘点工作，财务部门同时监盘，形成盘点表；财务部门编制盘点报告并根据本单位流程履行审批程序。如有盘盈、盘亏情况，根据审批意见进行相关账务处理。

财务部门在进行物资盘点管理时需注意：

（1）按照类型、库龄、系统内外等维度检查存货。

（2）检查 ERP 系统中库龄超过 1 年的存货，分析存货库龄过长的原因，如存在对本单位经营不利影响，需及时与负责人反馈沟通。

（3）检查以备销售的存货，重点检查超 1 年未确认收入和已确认收入仍有超 1 年存货余额，分析其原因。

（4）检查存货余额排名前 10% 的项目，每月重点分析其合理性，及时跟进清理进展。

（5）检查是否存在实际成本因成本科目错位，导致存货和暂估金额虚增情况。

（6）物资管理人员对存货进行盘点，财务人员监盘，并在盘点表上签字。

（7）本单位是否有盘盈、盘亏处理审批规范要求。

（8）盘盈、盘亏账务处理是否履行相关审批手续。

（四）项目外包管理

涉及分包的项目，业务部门需及时更新服务进度，对外包服务进行考核及评价，完成项目验收，根据验收的服务进度确认服务人工成本。

1. 服务进度验收

业务部门根据分包项目执行情况和里程碑计划，对供应商提交的成果进行阶段验收，对外包人员管理和服务工作质量进行评价。对于通过成果验收的，出具相应阶段的工作量确认单或服务确认单，并在 ERP 系统中填报项目进度及相关单据，由项目管理部门进行审批。

（1）业务部门在服务验收时需注意：

1）供应商提交的支撑材料应真实、完整，包括完整的技术及过程资料，成果资料符合采购合同业务要求。

2）服务进度应符合合同要求，不存在延期情况，否则，应提供双方确认的说明材料。

3）实时关注供应商交付进度和质量，保证项目顺利如约进行。

（2）项目管理部门在服务进度验收审批时需注意：

1）供应商提交的支撑材料应真实、完整，应包括完整的技术及过程资料，成果资料应符合采购合同业务要求。

2）服务进度应符合合同要求，不存在延期情况。

3）供应商交付进度和质量，对本单位销售项目不能存在不利影响，若因供应商交付质量或进度等问题导致无法进行验收，则需与对方及时沟通处理，并保留相应沟通记录。

2. 服务确认

业务部门在 ERP 系统中根据验收结果进行服务确认，ERP 系统生成会计凭证。

业务部门服务确认时需注意：

（1）项目工作量确认单或服务确认单中工作量符合采购合同规定、确认的项目进度计算准确，且有业务部门和供应商双方签章。

（2）工作量确认单或服务确认单上信息填写完整，且服务名称、金额等信息与系统中入库信息一致。

（3）工作量确认单或服务确认单上日期不应存在跨月现象，确认单应及时提交给财务部门。

（4）若因服务质量问题导致无法进行服务确认，则需与对方及时沟通，并保留双方签字的会议纪要或其他证明材料，也可采取发函的方式经对方确认，作为备查依据。

3. 发票预制

业务部门完成服务确认后，在 ERP 系统中收货，进行发票预制。业务部门在发票预制时需注意：

（1）重视采购服务类型及会计科目的选择，选择与业务事实相符的类型及科目。

（2）在系统中记账应当及时、准确、完整，供应商名称、项目名称、项目编号、采购订单号、发票号、发票入账金额、税率、税额、发票预制号等信息填写完整，与发票、采购订单及合同信息一致。

（3）保证发票的真实、准确性，增值税普通发票入账，需验证发票真伪，打印验证记录并签字。

（4）发票中的销货单位、货物名称、数量、单价、金额、税率及税额应与采购订单及合同信息相符。

（5）采购发票必须对应已生效的采购合同，并注明合同编号；采购发票入账金额符合纸质合同的采购进度约定。

（6）如开票对方与合同对方不一致，需提供经对方确认及我方经办人部门领导签字确认的书面说明。

4. 发票校验

业务部门创建发票入账申请单，财务部门在 ERP 系统中审核并完成发票校验，生成会计凭证。财务部门至少每半年组织一次按照账龄、系统内外、供应商等维度的应付账款数据分析。

（1）业务部门在收取发票时需注意：

1）检查发票的真实性，进行发票真伪验证。

2）检查发票信息的准确性，收取的采购发票必须对应已生效的采购合同，并注明合同编号，发票对应的商品类型与合同约定一致。

3）开票对方是否与合同对方一致。

4）累计收取采购发票金额不大于合同金额、成本预算金额及收货确认金额。

5）发票字迹清晰无污损，发票密码在密码区内，加盖销售方发票专用章；购买方、销售方信息完整、无误；收款人、开票人、复核人均为人名，不是"管理员"，开票人与复核人不是同一人。

6）税率符合纸质合同的约定，增值税专用发票在抵扣期，有足够时间完成抵扣。

（2）财务部门校验发票时需注意：

1）"发票入账申请单"中供应商名称、项目名称、项目编号、采购订单号、发票号、发票入账金额、税率、税额、发票预制号等信息是否填写完整；是否与发票、ERP系统采购订单及合同信息一致。

2）发票中的销货单位、货物名称、规格型号、数量、单价、金额、税率及税额是否与ERP系统采购订单及合同信息相符。

3）收取的采购发票必须对应已生效的采购合同，并注明合同编号；检查采购发票入账金额和采购进度是否符合纸质合同的约定。

4）开票对方应与合同对方一致，若不一致，则应提供经对方确认及我方经办人部门领导签字确认的书面说明。

5）累计收取采购发票金额是否小于等于合同金额、成本预算金额及收货确认金额。

6）发票字迹是否清晰无污损，发票密码是否在密码区内；是否加盖销售方发票专用章；购买方、销售方信息是否完整、无误；收款人、开票人、复核人是否为人名，不可为"管理员"，开票人与复核人不应为同一人。

7）税率是否符合纸质合同的约定，增值税专用发票是否在抵扣期，是否有足够时间完成抵扣。

8）发票对应的商品类型是否与合同约定一致，如发票内容超过8行，需附带税控系统清单并加盖发票专用章；发票内容有商品数量的，应有正确的计量单位，不得出现"一批"等字样。

9）增值税普通发票入账，是否有交票人验证真伪的验证记录和签字。

10）暂估入库凭证编制是否正确，成本计入科目及项目名称是否与合同相符，暂估金额与发票金额是否合理一致。如存在较大差异，落实差异产生原因是否正常。

第二节 硬件生产制造类项目

一、流程总览

硬件生产制造类项目采购财务管理涵盖 4 个三级流程，17 个关键流程步骤，其中财务关注或参与事项 5 个，分别是参与采购申请审核、采购合同审核、生产物资的收货确认及发票校验、物资盘点管理、生产外包的服务确认及发票校验。硬件生产制造类项目采购财务管理总览图如图 1-5-2 所示。

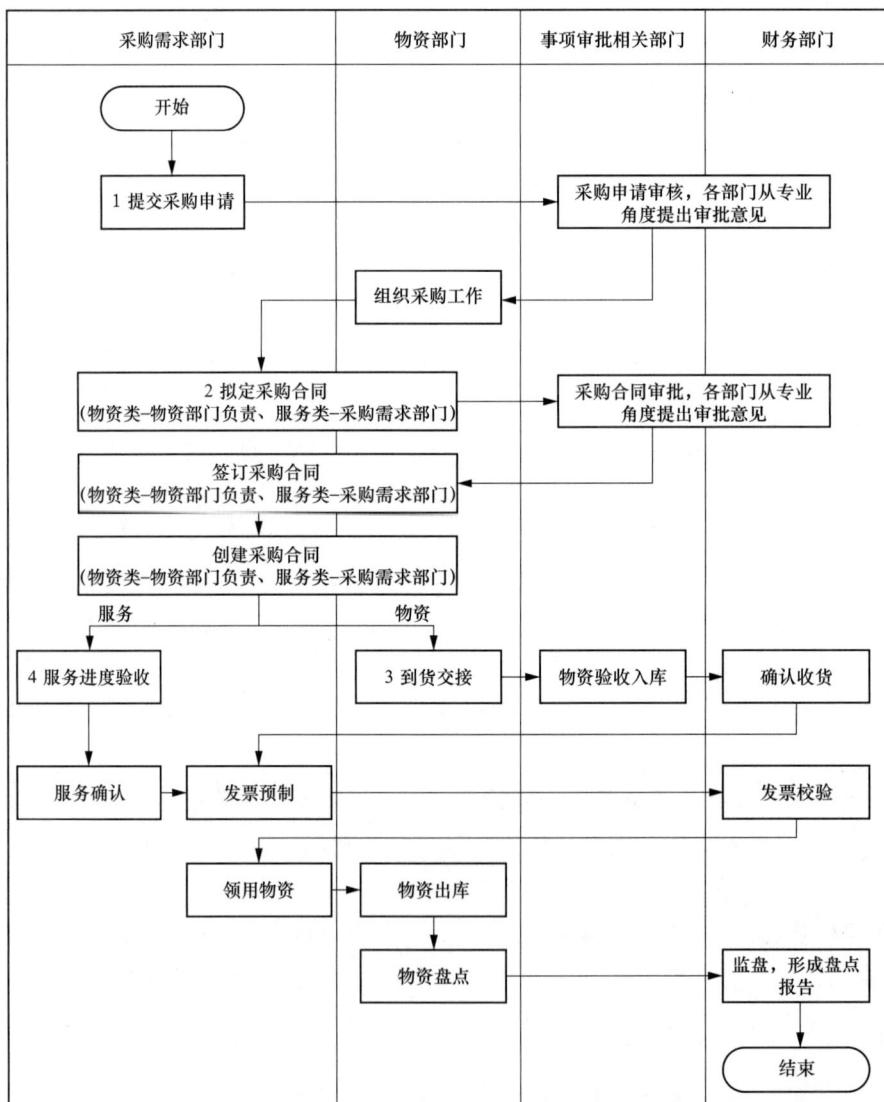

图 1-5-2 硬件生产制造类项目采购财务管理总览图

二、操作环节及说明

（一）采购申请管理

采购申请的主责部门为生产部门，该流程共包括 3 个步骤，分别为提交采购申请、采购申请审批、组织采购工作。具体操作步骤及详细说明详见本章"第一节　系统集成类项目"中"采购申请管理"相关内容。

（二）采购合同管理

采购合同管理包括 3 个步骤，分别为采购合同拟定及审批、采购合同签订、创建采购订单。具体操作步骤及详细说明详见本章"第一节　系统集成类项目"中"采购合同管理"相关内容。

（三）生产物资管理

生产物资管理包括 7 个步骤，分别为到货交接、验收入库、确认收货、发票预制、发票校验、物资领用出库、物资盘点。具体操作步骤及详细说明详见本章"第一节　系统集成类项目"中"项目物资管理"相关内容。

（四）生产外包管理

硬件生产制造类项目生产外包管理主责部门为生产部门，该流程包括 4 个步骤，分别为服务进度验收、服务确认、发票预制、发票校验。具体操作步骤及详细说明详见本章"第一节　系统集成类项目"中"项目外包管理"相关内容。

第三节　软件研发 / 实施类项目

一、流程总览

软件研发 / 实施类项目采购财务管理涵盖 4 个三级流程，15 个关键流程步骤，其中财务关注或参与事项 4 个，分别是采购申请审核、采购合同审核、项目物资的收货确认及发票校验、项目外包的服务确认及发票校验。软件研发 / 实施类项目采购财务管理总览图如图 1-5-3 所示。

二、操作环节及说明

（一）采购申请管理

软件研发 / 实施类项目采购申请管理包括 3 个步骤，分别为提交采购申请、采购申请审批、组织采购工作。具体操作步骤及详细说明详见本章"第一节　系统集成类项目"中"采购申请管理"相关内容。

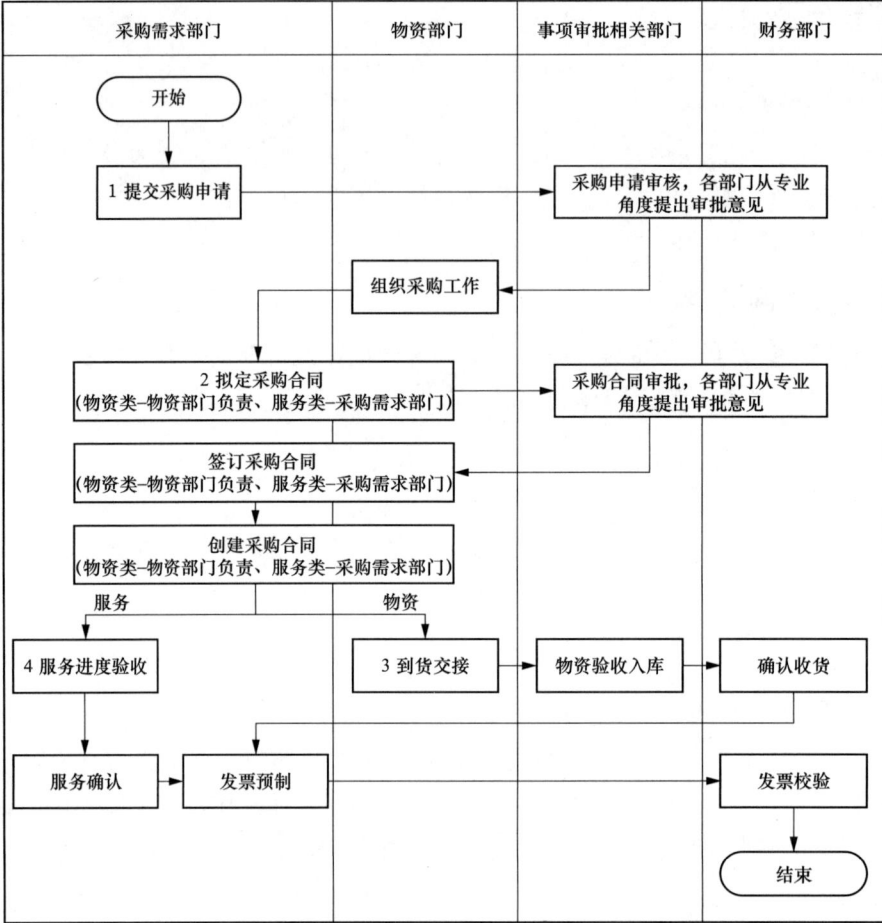

图 1-5-3　软件研发 / 实施类项目采购财务管理总览图

（二）采购合同管理

采购合同管理包括 3 个步骤，分别为采购合同拟定及审批、采购合同签订、创建采购订单。具体操作步骤及详细说明详见本章"第一节　系统集成类项目"中"采购合同管理"相关内容。

（三）项目物资管理

项目物资管理包括 5 个步骤，分别为到货交接、验收入库、确认收货、发票预制、发票校验。具体操作步骤及详细说明详见本章"第一节　系统集成类项目"中"项目物资管理"相关内容。

（四）项目外包管理

项目外包管理包括 4 个步骤，分别为服务进度验收、服务确认、发票预制、发票校验。具体操作步骤及详细说明详见本章"第一节　系统集成类项目"中"项目外包管理"相关内容。

第四节　咨询/技术服务类项目

一、流程总览

　　咨询/技术服务类项目采购财务管理涵盖3个三级流程，10个关键流程步骤，其中财务关注或参与事项3个，分别是采购申请审核、采购合同审核、项目外包的服务确认及发票校验。咨询/技术服务类项目采购财务管理总览图如图1-5-4所示。

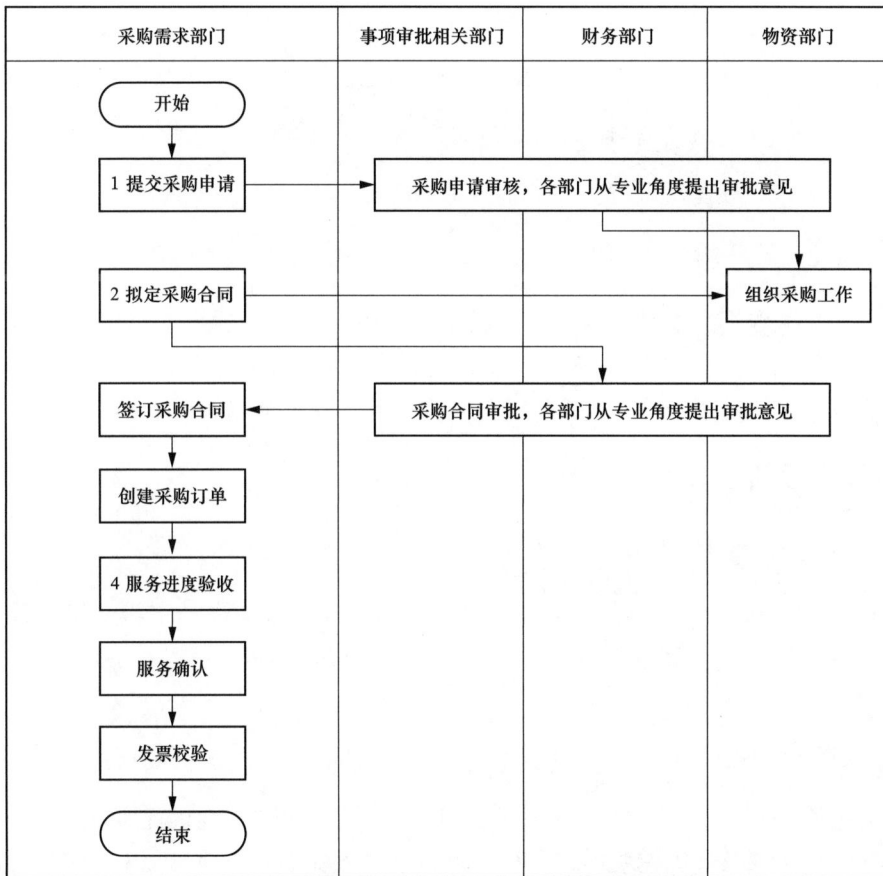

图 1-5-4　咨询/技术服务类项目采购财务管理总览图

二、操作环节及说明

（一）采购申请管理

　　采购申请管理包括3个步骤，分别为提交采购申请、采购申请审批、组织采购工作。具体操作步骤及详细说明详见本章"第一节　系统集成类项目"中"采购申请管理"相关内容。

（二）采购合同管理

销售合同管理包括3个步骤，分别为采购合同拟定及审批、采购合同签订、创建采购订单。具体操作步骤及详细说明详见本章"第一节　系统集成类项目"中"采购合同管理"相关内容。

（三）项目外包管理

项目外包管理包括4个步骤，分别为服务进度验收、服务确认、发票预制、发票校验。具体操作步骤及详细说明详见本章"第一节　系统集成类项目"中"项目外包管理"相关内容。

第五节　运营类项目

一、流程总览

运营类项目采购财务管理涵盖4个三级流程，15个关键流程步骤，其中财务关注或参与事项4个，分别是采购申请审核、采购合同审核、项目物资的收货确认及发票校验、项目外包的服务确认及发票校验。运营类项目采购财务管理总览图如图1-5-5所示。

二、操作环节及说明

（一）采购申请管理

采购申请管理包括3个步骤，分别为提交采购申请、采购申请审批、组织采购工作。具体操作步骤及详细说明详见本章"第一节　系统集成类项目"中"采购申请管理"相关内容。

（二）采购合同管理

销售合同管理包括3个步骤，分别为采购合同拟定及审批、采购合同签订、创建采购订单。具体操作步骤及详细说明详见本章"第一节　系统集成类项目"中"采购合同管理"相关内容。

（三）项目物资管理

运营类项目物资多直接在客户处验收入库，因此该章所提到的验收入库环节主责部门为采购需求部门（即业务部门）。项目物资管理包括5个步骤，分别为到货交接、验收入库、确认收货、发票预制、发票校验。具体操作步骤及详细说明详见本章"第一节　系统集成类项目"中"项目物资管理"相关内容。

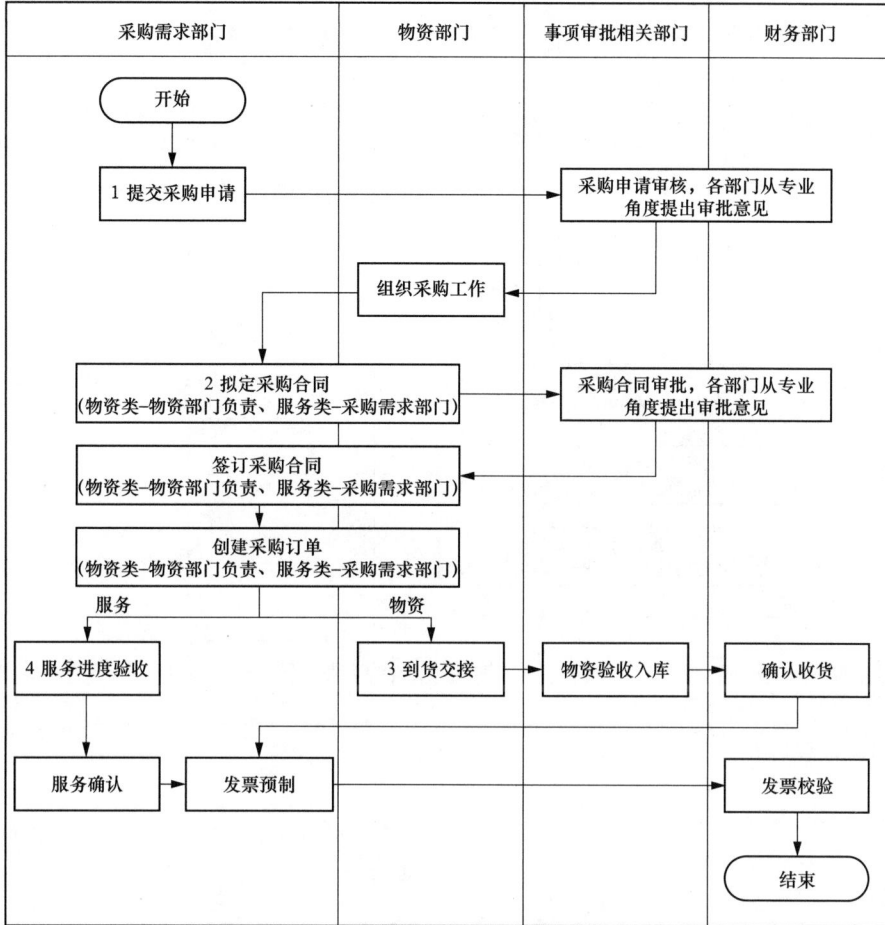

图 1-5-5　运营类项目采购财务管理总览图

（四）项目外包管理

项目外包管理包括 4 个步骤，分别为服务进度验收、服务确认、发票预制、发票校验。具体操作步骤及详细说明详见本章"第一节　系统集成类项目"中"项目外包管理"相关内容。

第六节　运维类项目

一、流程总览

运维类项目采购财务管理涵盖 4 个三级流程，15 个关键流程步骤，其中财务关注或参与事项 4 个，分别是采购申请审核、采购合同审核、项目物资的收货确认及发票校验、项目外包的服务确认及发票校验。运维类项目采购财务管理总览图如图 1-5-6 所示。

采购需求部门	物资部门	事项审批相关部门	财务部门

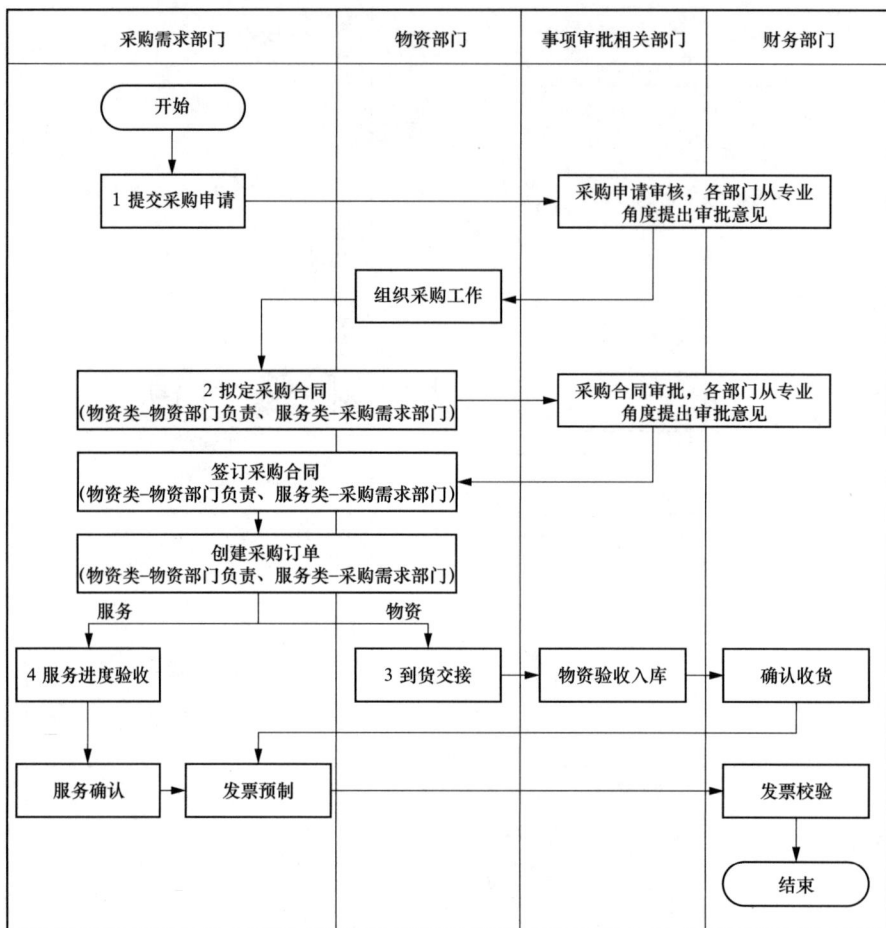

图 1-5-6　运维类项日采购财务管理总览图

二、操作环节及说明

（一）采购申请管理

采购申请管理包括 3 个步骤，分别为提交采购申请、采购申请审批、组织采购工作。具体操作步骤及详细说明详见本章"第一节　系统集成类项目"中"采购申请管理"相关内容。

（二）采购合同管理

销售合同管理包括 3 个步骤，分别为采购合同拟定及审批、采购合同签订、创建采购订单。具体操作步骤及详细说明详见本章"第一节　系统集成类项目"中"采购合同管理"相关内容。

（三）项目物资管理

运维类项目物资多直接在客户处验收入库，因此该章所提到的验收入库环节主责部门为采购需求部门（即业务部门）。项目物资管理包括 5 个步骤，分别为到货交接、验收入库、确认收货、发票预制、发票校验。具体操作步骤及详细说明详见本章"第一节　系统集成类项目"中"项目物资管理"相关内容。

（四）项目外包管理

项目外包管理包括 4 个步骤，分别为服务进度验收、服务确认、发票预制、发票校验。具体操作步骤及详细说明详见本章"第一节　系统集成类项目"中"项目外包管理"相关内容。

第七节　经营租赁类项目

一、流程总览

经营租赁类项目采购财务管理涵盖 5 个三级流程，18 个关键流程步骤，其中财务关注或参与事项 6 个，分别是采购申请审核、采购合同审核、融资申请审批、开展融资活动、项目物资的收货确认及发票校验、项目外包的服务确认及发票校验。经营租赁类项目采购财务管理总览图如图 1-5-7 所示。

二、操作环节及说明

（一）采购申请管理

采购申请管理包括 3 个步骤，分别为提交采购申请、采购申请审批、组织采购工作。具体操作步骤及详细说明详见本章"第一节　系统集成类项目"中"采购申请管理"相关内容。

（二）采购合同管理

销售合同管理包括 3 个步骤，分别为采购合同拟定及审批、采购合同签订、创建采购订单。具体操作步骤及详细说明详见本章"第一节　系统集成类项目"中"采购合同管理"相关内容。

（三）项目融资管理

1. 融资申请

项目管理部门根据项目情况提交资金需求，财务部门审核资金需求，根据本单位整体经营安排，若存在融资需求，则纳入融资预算，执行内部审批程序后，上报集团财务资产部。财务部门应根据年度融资预算和月度现金流量预算，汇总编制本级与下级单位的季度融资预算，说明需求金额、需求原因、需求时间等内容，并提供"三重一大"事项集体决策的会议纪要和会议材料，于每季度末月 5 日前（如遇周末及节假日则提前上报），报集团审批。

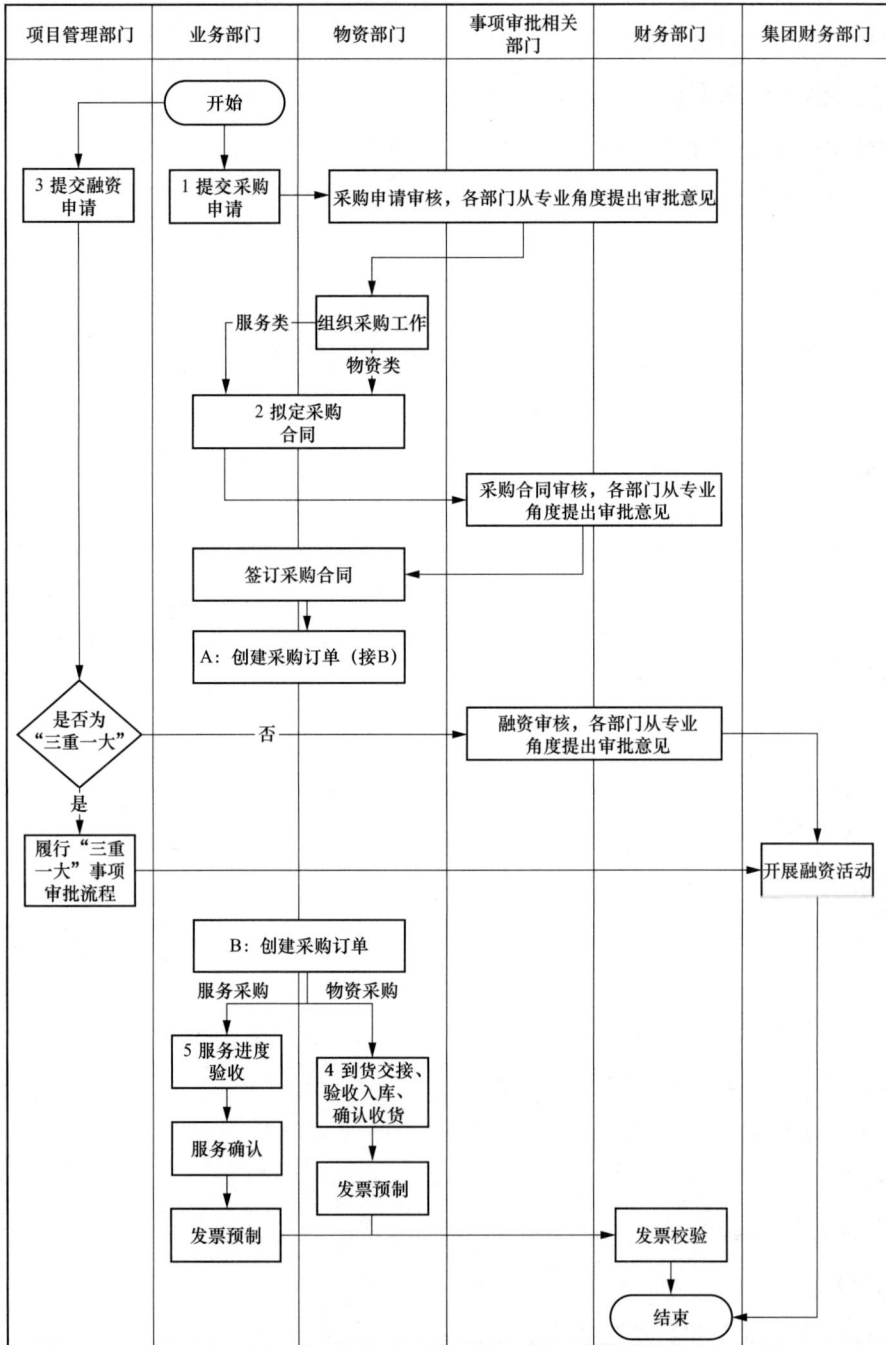

图 1-5-7　经营租赁类项目采购财务管理总览图

　　每月 26 日前，财务部门根据本单位次月现金流量预算，分析次月资金缺口、存款余额、大额收支时间以及融资未到账等情况，通过财务管控系统更新全年融资计划（月度滚动）和已完成月份实际数据以及申请的月度计划数。

临时融资预算是指遇到紧急项目投入急需调整增加的融资预算。各级单位要加强临时融资预算管控，减少临时融资频率，原则上控制在 1 个月调整一次。临时融资预算严格按照"一事一议"原则上会决策，经本单位审议后，上报集团审批。

（1）财务部门处理融资业务时应注意：

1）融资计划应及时上报，于每季度末月 5 日前（如遇周末则提前上报）上报季度融资计划，于每月 26 日前（遇节假日顺延）向集团财务资产部申报次月融资计划，逾期未申报的，视为无融资需求。

2）应根据自身经营状况与项目融资情况综合考虑，合理规划，兼顾长远利益与当前利益，谨慎考虑本单位的偿债能力。

3）债券发行等直接融资原则上由集团经国家电网有限公司批准后统一办理；中国电力财务有限公司（简称中国电财）借款由中国电财本部统一组织落实；内部信托贷款原则上通过英大国际信托有限责任公司（简称英大信托）办理；银行借款等间接融资由集团经国家电网有限公司批准后组织实施。

4）各单位财务部门应加强融资台账及档案管理，及时在财务管控信息系统中维护融资台账信息，保证融资档案、数据的安全完整。

5）各单位财务部门应严格履行融资协议，按期还本付息，切实维护单位信誉。融资逾期或与债权人发生纠纷的，应妥善处理并及时向上级单位报告。

（2）项目管理部门需要注意事项：融资计划需要在项目启动前 3 个月提交至财务部门，为融资预留足够的时间准备。

2. 融资审批

集团财务部门综合考量集团及各级单位融资计划的合理性、现金流量预算的配比情况、融资渠道的适当性，根据国家电网有限公司季度融资计划批复和"三重一大"事项集体决策的会议内容下达各级单位，并在财务管控系统中对各级单位月度融资计划进行审批。

3. 开展融资活动

财务部门选定最优合作机构，按金融机构的要求准备资料，在经法系统中提交合同文本（优先使用本单位统一合同范本，合同应包含允许提前还款的条款），并执行合同审批及签订程序。

财务部门在开展融资活动时需注意：

（1）财务部门应准确编制融资方案，编制融资方案时应重点考虑融资规模是否适度、融资渠道是否落实、融资结构是否优化。

（2）财务部门及时申报融资方案，并按上级单位批复的融资方案严格执行。未经批准，所属各级单位一律不得对外融资。

（3）对多家金融机构进行对比，考虑资金成本范围、利率以及融资风险等因素，在保证融资方案可行的前提下，确定最佳融资对象。

（4）检查合同内容是否清晰；是否明确金额，期限，归还时间及方式、违约责任等信息。

（5）检查合同审批流程是否规范。

（6）按时还本付息，根据本单位资金存量和融资费用情况，动态关注是否需提前还款。

（四）项目物资管理

项目物资管理包括5个步骤，分别为到货交接、验收入库、确认收货、发票预制、发票校验。具体操作步骤及详细说明详见本章"第一节　系统集成类项目"中"项目物资管理"相关内容。

（五）项目外包管理

项目外包管理包括4个步骤，分别为服务进度验收、服务确认、发票预制、发票校验。具体操作步骤及详细说明详见本章"第一节　系统集成类项目"中"项目外包管理"相关内容。

第八节　融资租赁类项目

一、流程总览

融资租赁类项目采购财务管理涵盖5个三级流程，18个关键流程步骤，其中财务关注或参与事项6个，分别是采购申请审核、采购合同审核、融资申请审批、开展融资活动、项目物资的收货确认及发票校验、项目外包的服务确认及发票校验。融资租赁类项目采购财务管理总览图如图1-5-8所示。

二、操作环节及说明

（一）采购申请管理

采购申请管理包括3个步骤，分别为提交采购申请、采购申请审批、组织采购工作。具体操作步骤及详细说明详见本章"第一节　系统集成类项目"中"采购申请管理"相关内容。

（二）采购合同管理

销售合同管理包括3个步骤，分别为采购合同拟定及审批、采购合同签订、创建采购订单。具体操作步骤及详细说明详见本章"第一节　系统集成类项目"中"采购合同管理"相关内容。

（三）项目融资管理

项目融资管理包括3个步骤，分别为融资申请、融资审批、开展融资活动。具体操作步骤及详细说明详见本章"第七节　经营租赁类项目"中"项目融资管理"相关内容。

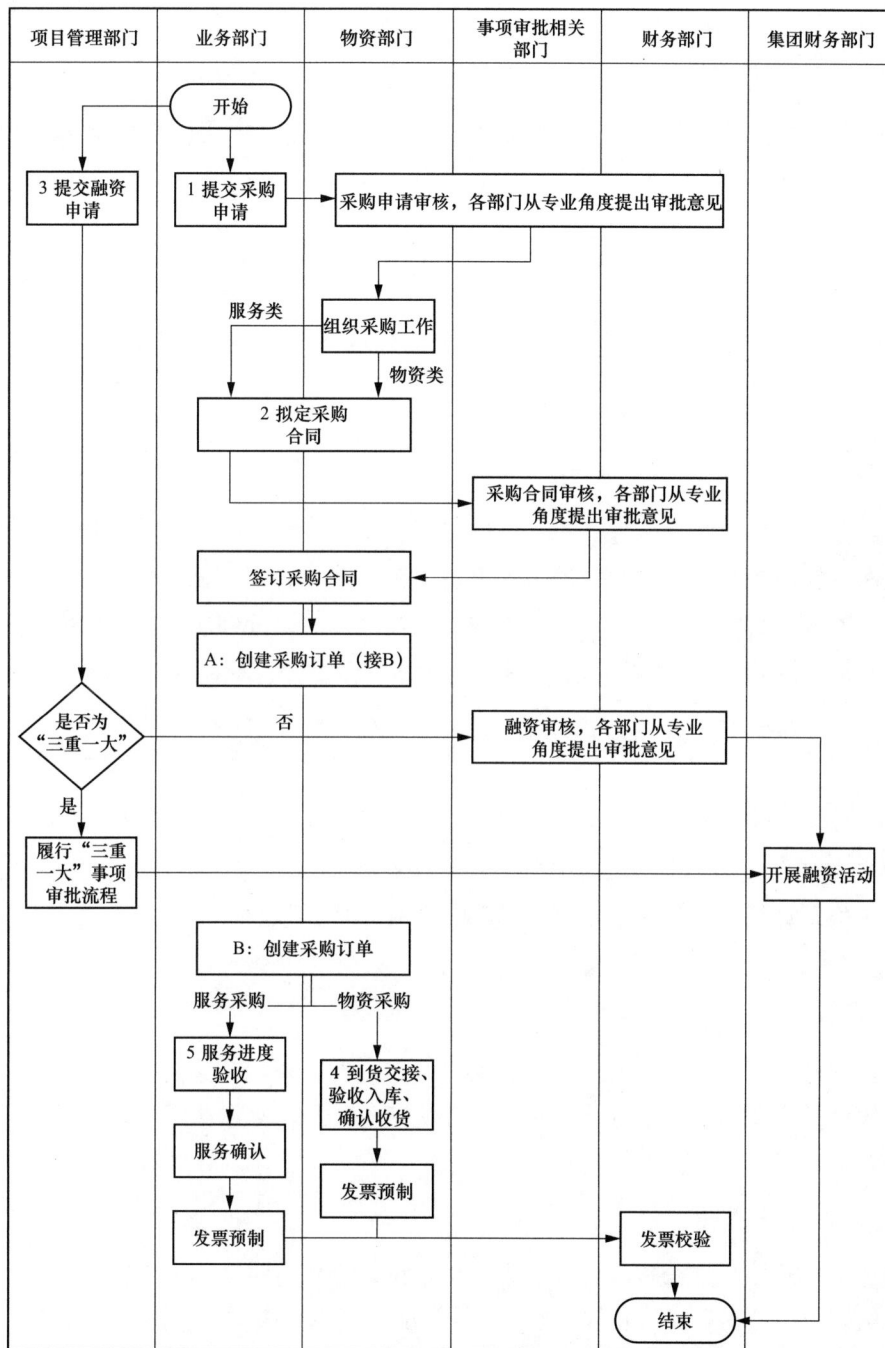

图 1-5-8　融资租赁类项目采购财务管理总览图

（四）项目物资管理

物资管理包括 5 个步骤，分别为到货交接、验收入库、确认收货、发票预制、发票校验。具体操作步骤及详细说明详见本章"第一节　系统集成类项目"中"项目物资管理"

相关内容。

（五）项目外包管理

项目外包管理包括 4 个步骤，分别为服务进度验收、服务确认、发票预制、发票校验。具体操作步骤及详细说明详见本章"第一节　系统集成类项目"中"项目外包管理"相关内容。

第九节　投资建设及运营服务类项目

一、流程总览

投资建设及运营服务类项目采购财务管理涵盖 5 个三级流程，18 个关键流程步骤，其中财务关注或参与事项 6 个，分别是采购申请审核、采购合同审核、融资申请审批、开展融资活动、项目物资的收货确认及发票校验、项目外包的服务确认及发票校验。投资建设及运营服务类项目采购财务管理总览图如图 1-5-9 所示。

二、操作环节及说明

（一）采购申请管理

采购申请管理包括 3 个步骤，分别为提交采购申请、采购申请审批、组织采购工作。具体操作步骤及详细说明详见本章"第一节　系统集成类项目"中"采购申请管理"相关内容。

（二）采购合同管理

销售合同管理包括 3 个步骤，分别为采购合同拟定及审批、采购合同签订、创建采购订单。具体操作步骤及详细说明详见本章"第一节　系统集成类项目"中"采购合同管理"相关内容。

（三）项目融资管理

项目融资管理包括 3 个步骤，分别为融资申请、融资审批、开展融资活动。具体操作步骤及详细说明详见本章"第七节　经营租赁类项目"中"项目融资管理"相关内容。

（四）项目物资管理

物资管理包括 5 个步骤，分别为到货交接、验收入库、确认收货、发票预制、发票校验。具体操作步骤及详细说明详见本章"第一节　系统集成类项目"中"项目物资管理"相关内容。

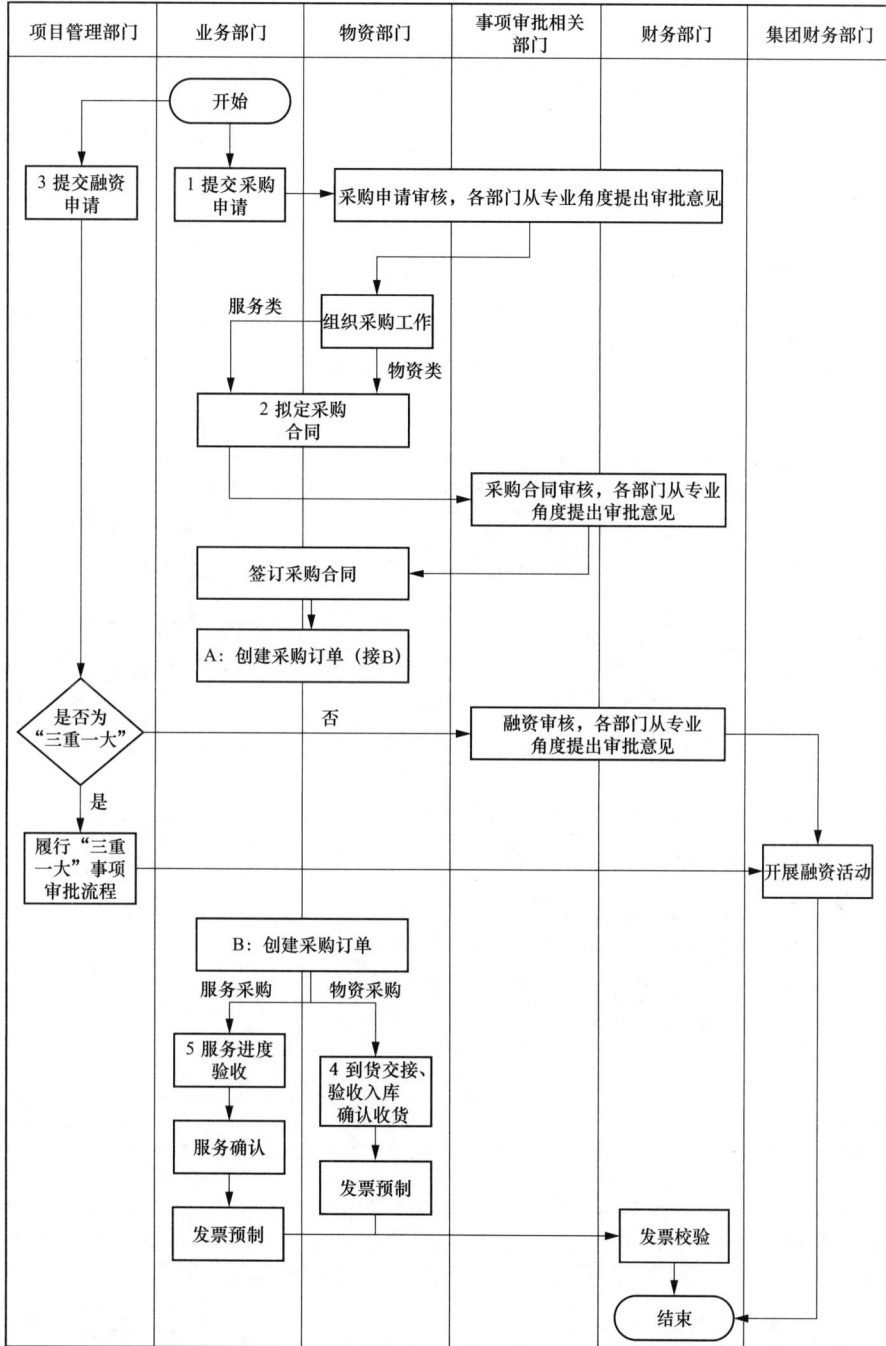

图 1-5-9　投资建设及运营服务类项目采购财务管理总览图

（五）项目外包管理

项目外包管理包括 4 个步骤，分别为服务进度验收、服务确认、发票预制、发票校验。具体操作步骤及详细说明详见本章"第一节　系统集成类项目"中"项目外包管理"相关内容。

第十节 产业链金融类项目

一、流程总览

产业链金融类项目采购财务管理涵盖 4 个三级流程，15 个关键流程步骤，其中财务关注或参与事项 4 个，分别是采购申请审核、采购合同审核、项目物资的收货确认及发票校验、项目外包的服务确认及发票校验。产业链金融类项目采购财务管理总览图如图 1–5–10 所示。

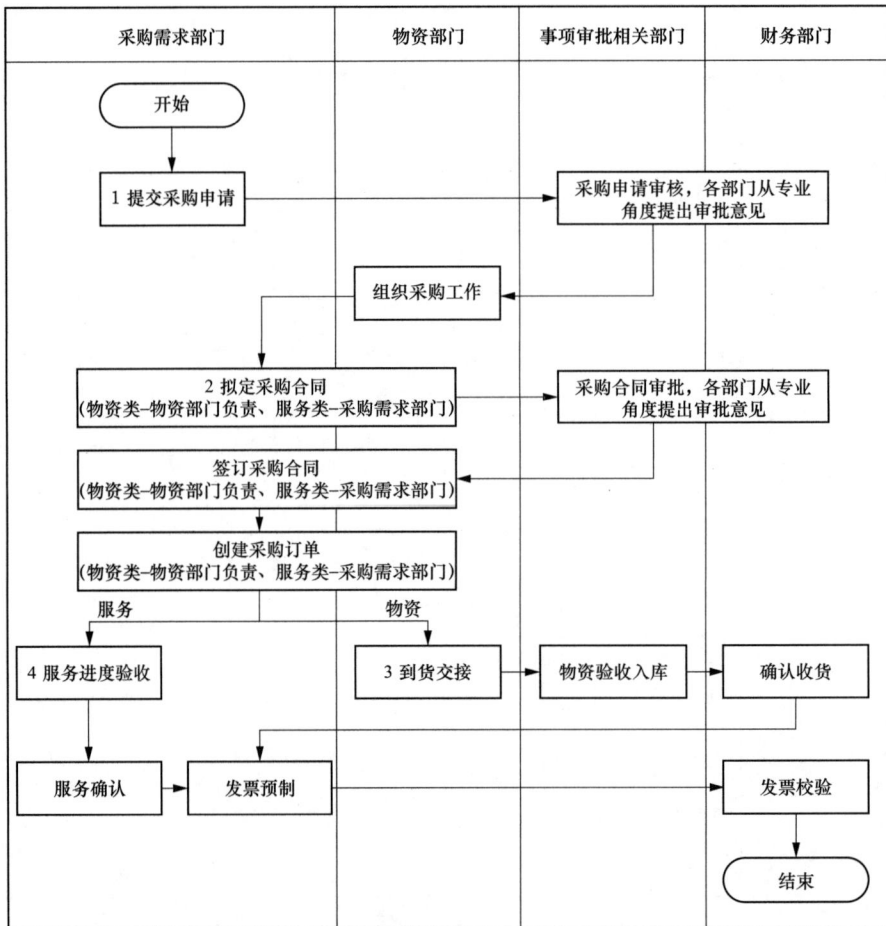

图 1-5-10 产业链金融类项目采购财务管理总览图

二、操作环节及说明

（一）采购申请管理

采购申请管理包括3个步骤，分别为提交采购申请、采购申请审批、组织采购工作。具体操作步骤及详细说明详见本章"第一节　系统集成类项目"中"采购申请管理"相关内容。

（二）采购合同管理

采购合同管理包括3个步骤，分别为采购合同拟定及审批、采购合同签订、创建采购订单。具体操作步骤及详细说明详见本章"第一节　系统集成类项目"中"采购合同管理"相关内容。

（三）项目物资管理

项目物资管理包括5个步骤，分别为到货交接、验收入库、确认收货、发票预制、发票校验。具体操作步骤及详细说明详见本章"第一节　系统集成类项目"中"项目物资管理"相关内容。

（四）项目外包管理

项目外包管理包括4个步骤，分别为服务进度验收、服务确认、发票预制、发票校验。具体操作步骤及详细说明详见本章"第一节　系统集成类项目"中"项目外包管理"相关内容。

第六章

项目实施收入管理

本章内容适用于项目实施阶段收入管理，涵盖项目进度管理、销售开票管理及应收账款管理等流程，财务关注或参与事项主要包括项目进度维护、销售发票开具、收入确认、应收账款管理和坏账管理。

第一节　系统集成类项目

一、流程总览

系统集成类项目实施收入管理涵盖 3 个三级流程，11 个关键流程步骤，其中财务关注或参与事项 5 个，分别是项目进度维护、销售发票开具、收入确认、应收账款管理和坏账管理。系统集成类项目实施收入管理总览图如图 1-6-1 所示。

二、操作环节及说明

（一）项目进度管理

业务部门需加强项目进度管控，在保证项目质量基础上，缩短项目进度、降低项目成本，同时应及时维护项目进度，并保证项目进度的真实性。

各单位需严格按照项目实际进度进行账务处理，交易双方对等出具合同、发票、进度确认单、收发货单据、验收材料等相关依据，作为收入成本确认和往来款结算的法定依据，确保业务与财务一致。各部门需分工协作、互相配合，财务部门分解年度指标要求，每月将指标完成情况、指标缺口等相关信息报送至营销部门与项目管理部门，由营销部门牵头，业务部门配合，及时与客户沟通取得收入确认依据，提交至财务部门进行账务处理，为避免由于收入确认进度延迟导致指标未能按要求完成，项目管理部门需对本项工作进行全流程监督及考核。

1. 项目进度维护

当项目进度达到里程碑节点时，业务部门经与监理、客户等确认项目进度后，在"一系统"中提报项目进度相关单据，进行进度确认，项目管理部门审批项目进度相关单据。

业务部门在进度维护时需注意：

（1）"项目进度确认单"应注明客户名称、项目名称及编号、合同名称及编号、销售订单号、合同金额、累计开票金额、本次进度确认金额等内容，应经业务部门、项目管理部门签字及经客户签字盖章。

（2）自查系统中维护进度与实际进度、成本的匹配度，是否存在合同签署1年以上，无项目进度更新的情况；项目阶段里程碑是否及时录入项目管理系统；是否存在项目进度为100%，实际成本不匹配情况，可从实际成本与计划成本差异性或收入成本配比原则等方面分析；是否存在项目管理系统中的在建项目立项日期超过3个月，实际成本为0。

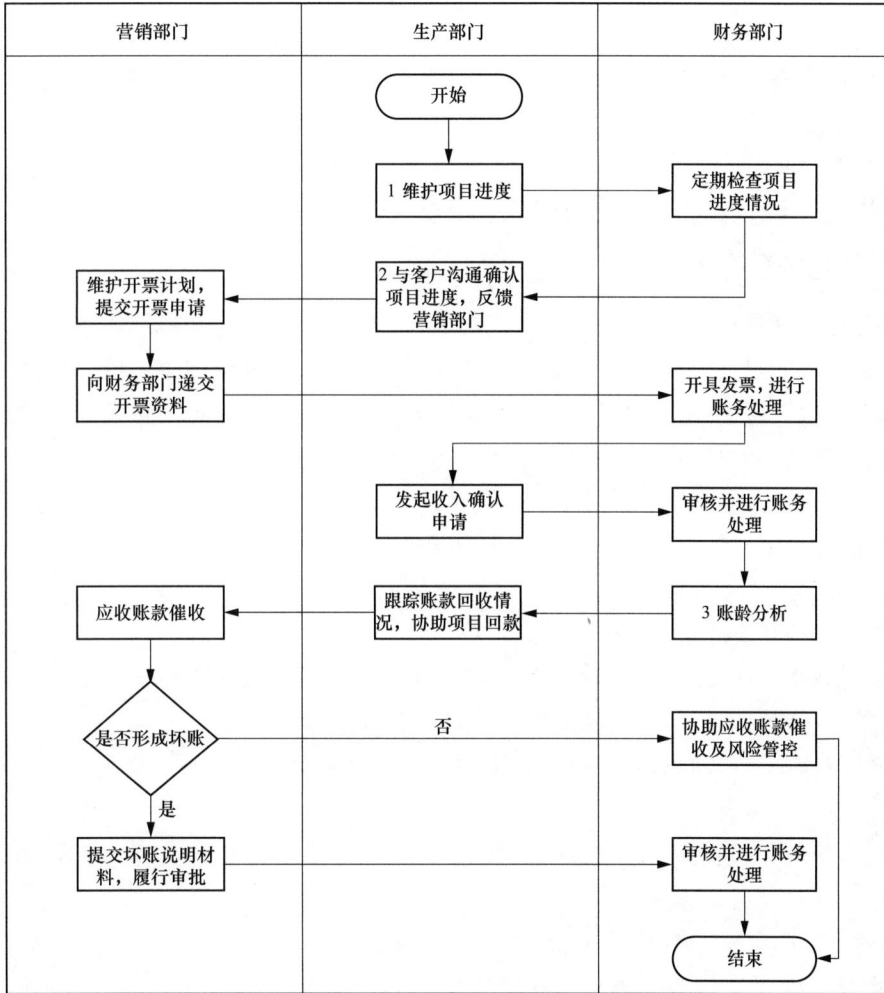

图 1-6-1　系统集成类项目实施收入管理总览图

（3）自查系统中计划收入和计划成本维护情况，是否存在 ERP 系统在执行项目计划成本为空的情况；计划收入维护是否合理，是否存在实际收入大于计划收入情况。

2. 项目进度检查

财务部门每月重点检查项目进度确认的合理性，收入确认进度及与成本归集进度的一致性等。

检查关注事项包括：

（1）每月检查项目管理部门是否提供项目进度确认单，进度单至少包括合同名称、合同编号、项目名称、项目编号、合同金额、累计开票金额、本次投运比例及金额等内容，经项目管理部门和业务部门签章，保证项目进度与开票进度的一致性。

（2）检查项目收入确认进度与成本归集进度是否匹配；检查是否存在合同签署1年以上，无项目进度更新的情况；检查项目阶段里程碑录入项目管理系统是否及时；检查是否存在项目进度为100%，实际成本不匹配；检查是否存在项目管理系统中的在建项目立项日期超过3个月，实际成本为0。

（3）检查系统中计划收入和计划成本值维护情况，是否存在ERP系统在执行项目计划成本为空的情况；检查ERP系统中计划收入维护是否合理，是否存在实际收入大于计划收入情况，并查明原因。

（4）检查累计投运金额是否小于等于合同金额，并查明原因。

（二）销售开票管理

1. 线上提交开票申请

当项目进度满足合同要求，且业务部门与客户针对项目进度沟通达成一致时，业务部门反馈营销部门，营销部门在ERP系统维护开票计划，在"一系统"创建开票申请，输入开票申请基本信息及相关附件，发起发票申请流程并履行审批程序。

（1）营销部门在申请开票时需注意：

1）增值税专用发票首次开具需提供客户营业执照复印件、一般纳税人资格证明及开票资料并加盖公章。

2）需先维护开票计划，再提报开票申请。

3）填写完整、准确的开票信息，包括客户开票名称、纳税人识别号、地址、电话、开户行及账号，开票信息与合同规定一致，开票内容与合同一致。

4）开票对方应与合同对方一致，若不一致，则应提供经对方确认及我方经办人部门领导签字确认的书面说明。

5）对系统外单位持续经营能力进行评估，对无偿债能力及进入清算期的单位停止开票，避免造成进一步的损失。

（2）财务部门审核开票申请时需注意：

1）检查ERP系统销售订单是否挂接WBS；客户是否维护正确、开票计划是否维护正确，是否维护项目计划成本。

2）检查营销部门提交的开票申请注明的合同名称及编号、购货单位、纳税识别号、地址电话、开户行及账号、税率等内容是否完整、准确，是否与开票计划一致，开票金额是否小于等于开票计划金额。

3）检查项目对应的采购物资是否已入库或者发送至客户现场，进项发票是否已收取。

4）每次的开票金额需有同等金额的进度确认单或出库单，不得超项目进度对外开票。

5）检查项目的进项物资是否已经采购。

6）检查开票对方与合同对方是否一致，若不一致，则应提供经对方确认及我方经办人部门领导签字确认的书面说明。

7）支撑营销部门对系统外单位的持续经营能力进行评估，对无偿债能力及进入清算期的单位停止开票，避免造成进一步的损失。

2. 递交开票资料

开票申请审批通过后营销部门将纸质资料提交至财务，资料包括开票申请审批单、客户信息、合同复印件等。

财务部门审核线下开具材料时需注意事项：

（1）增值税专用发票首次开具需提供客户营业执照复印件、一般纳税人资格证明及开票资料并加盖公章。

（2）增值税普通发票需提供与客户一致的客户名称和纳税人识别号。

3. 开票并进行账务处理

财务部门审核开票资料并在税控系统进行发票开具动作，并回写发票号码至"一系统"，同时在 ERP 系统做开票账务处理。如需申请税务机关代开发票的，必须由各单位财务人员亲自到税务局办理，不得全权委托外部机构代办。

4. 收入确认

业务部门在项目达到收入确认条件时，在"一系统"发起销售收入确认流程，上传进度确认单，选择需要进行收入确认的合同，维护收入确认信息，履行销售收入确认审批程序。

（1）业务部门提交收入确认申请时需注意：

1）需提供客户确认的项目进度确认单，保证项目进度与开票进度一致。

2）需提供审批通过的收入确认申请单、合同复印件。

（2）财务部门收入确认时审核要点：

1）审核本次收入确认金额的合理性，本次收入确认金额应不大于开票未投运金额，不允许无票确认收入；项目累计收入确认金额应不大于合同金额，即累计收入确认金额不大于 ERP 系统中维护的项目计划收入金额。

2）检查收入确认数据是否正确、完整。

3）检查产品服务、税率税项等多维信息是否正确。

4）审核项目收入进度与成本归集进度的一致性，收入成本不匹配且差异较大的应查明原因。

5. 账务处理并生成凭证

审批通过，财务部门在"一系统"接收审批信息，在 ERP 系统做账务处理。

账务处理并生成凭证时应注意事项：

（1）检查收入确认数据是否正确、完整。

（2）检查原始单据是否完整，包括经审批确认的收入确认申请单、合同复印件等。

（三）应收账款管理

1. 账龄分析

财务部门应及时准确记录应收账款，定期与营销部门进行对账，按月编制应收账款分析报告（按客户和项目对账龄进行分析），向营销部门反馈分析结果，提前防控回款损失风险。

财务部门进行账龄分析时需注意：

（1）及时更新往来款项工作备查表，及时准确记录应收账款，做好回款及清账工作，确保账龄数据准确。

（2）按月检查是否存在长期未开票（合同签订后1年），或合同签订1年以上但开票比例过低（50%以下）的项目，并查明原因，原则上不允许发生该类业务，各单位需加强应收账款清理管控工作。

（3）检查是否有开出发票后，超过1年未确认收入（无合同进度）情况。

（4）对于超过正常回款期的应收账款，及时提醒营销部门制定和落实催收计划，协助其回款。

（5）对于长账龄或存在坏账损失风险的应收账款，建立专门台账，专人负责跟踪管理，按月更新跟踪进展，协助营销部门进行回款风险管控。

2. 应收账款回款跟踪

项目管理部门和营销部门建立应收账款回款统计表，定期对账，进行项目回款进度分析，形成回款进度分析表，向财务部门反馈分析结果，提前防控回款损失风险。

项目管理部门和营销部门回款进度分析时需注意：

（1）及时更新应收账款回款统计表，及时准确记录合同回款时间，做好合同回款管理工作。

（2）对于超过正常回款期的合同，及时提醒业务部门制定和落实催收计划，协助其回款。

（3）对于长账龄或存在坏账损失风险的合同，建立专门台账，专人负责跟踪管理，按月更新跟踪进展，协助业务部门进行回款风险管控。

3. 应收账款催收

营销部门根据合同和项目进度确认情况，核对款项收回进度，每月根据财务提供数据及本专业管理需求，开展应收账款情况分析，按照不同客户、不同项目、不同账期等因素，制定催收措施。各单位结合实际管理情况，可制定应收账款催收激励机制，明确催收责任人，并按月更新催收预测和执行进度。

财务部门协助营销部门开展应收账款催收，可开展及支撑的工作包括：

（1）做好账务基础数据管理，可随时提供项目应收账款明细，内容包括但不限于应收账款余额、累计开票额、累计回款额、催款责任人等。

（2）每季度组织一次应收账款催款专项分析，催款专项分析应重点分析系统外和长账龄的应收账款，以及销售合同签订超1年未开票或开票超1年未投运的合同情况，对于特殊异常情况，向管理层及时反馈。

（3）每年至少进行一次由财务部门组织，项目管理部门、营销部门和业务部门配合的系统外应收账款对账，对账结果以取得对方确认的磋商证据为准，系统内应收账款对账可视需要参照执行。

（4）对于即将超过诉讼时效的应收账款，提醒营销部门留存催收证据，为后期司法解决保留证据。

4. 应收账款坏账管理

财务部门应定期或至少于每年年终，对应收款项（含长期应收款）的可收回性进行全面分析、评估，预计可能发生的坏账损失，严格按照《国家电网公司会计核算办法》[国网（财/2）469—2014]的规定，采用账龄分析法和个别认定法相结合的办法，对年末应收款项计提或转回坏账准备。

（1）财务部门在计提或转回坏账准备时应注意：

1）对于单项金额在100万元及以上的应收款项，应当单独进行减值测试；对单项金额100万元以下的应收款项可以单独进行减值测试，也可以与其他未单独测试的应收款项一起按类似信用风险特征（如逾期状态等）划分为若干组进行减值测试。单项金额在100万元以下，但与对方存在争议或涉及诉讼、仲裁的应收款项，已有明显迹象表明债务人很可能无法履行还款义务的应收款项，应单独进行减值测试。

2）对于应收的代征财政性资金、备用金、应收员工的各种代垫款项，以及母公司内部各分公司之间、分公司和本部之间的应收款项，不得计提坏账准备。合并范围内单位之间的应收款项原则上不计提坏账准备。

3）对于单笔计提或转回坏账准备超过1000万元的，需由中介机构出具专项鉴证报告后，通过主数据管理平台逐笔报国家电网有限公司审核、批准后进行账务处理。

营销部门对符合坏账核销条件的应收款项，认真取证、提出报告，阐明坏账核销的原因和清理追索等工作情况，提供符合规定的证据，经外部专业审计机构鉴证并出具相关意见；审计、监察、法律部门对该项资金损失发生原因及处理情况进行审核，提出审核意见；财务部门对损失报告和相关证据材料进行复核，提出财务处理意见，按照内部管理程序提交总经理办公会或类似机构审定。财务部门根据审定结果及时进行账务处理。

（2）营销部门在核销坏账时需注意：

1）应当认真取证、提出报告，阐明坏账核销的原因和清理追索等工作情况，提供符合规定的证据。

2）债务人被依法宣告破产、撤销的，应当取得破产宣告、注销工商登记或吊销执照的证明或者政府部门责令关闭的文件等有关资料，在扣除以债务人清算财产清偿的部分后，对仍不能收回的应收款项，应当进行坏账核销。

3）债务人死亡或者依法被宣告失踪、死亡，其财产或者遗产不足清偿且没有继承人的未偿应收款项，应当在取得相关法律文件后进行坏账核销。

4）涉诉的应收款项，已生效的人民法院判决书、裁定书判定、裁定其败诉的，或者虽然胜诉但因无法执行被裁定终止执行的，应当进行坏账核销。

5）逾期 3 年及以上的应收款项，具有依法催收磋商记录，能够确认债务人已资不抵债、连续 3 年亏损或连续停止经营 3 年以上，并确认 3 年内没有任何业务往来，在扣除应付该债务人的各种款项和有关责任人员的赔偿后的余额，应当进行坏账核销。

6）对于债务人在境外及我国香港、澳门、台湾地区的，经依法催收仍未收回，且在 3 年内没有任何业务往来的，在取得境外中介机构出具的终止收款意见书，或者取得我国驻外使（领）馆商务机构出具的债务人逃亡、破产证明后，应当进行坏账核销。

（3）财务部门在核销坏账时应关注：

1）对发生单笔 10 万元以上的坏账损失，应当逐笔进行审核批准；对于单笔 10 万元以下的，应当逐笔进行备案。

2）应加强往来款项档案管理。往来款项的清理结果以及对往来款项的调账处理意见、说明资料等应作为凭证附件，或作为其他档案资料装订保管。

3）当年核销的坏账，应当在年度所得税汇算清缴中按照国家税务总局《企业资产损失所得税税前扣除管理办法》（国家税务总局公告 2011 年第 25 号）要求逐笔提供相关证据，确保相关损失能够税前扣除。

第二节　硬件生产制造类项目

一、流程总览

硬件生产制造类项目生产实施收入管理涵盖 3 个三级流程，11 个关键流程步骤，其中财务关注或参与事项 5 个，分别是项目进度维护、销售发票开具、收入确认、应收账款管理和坏账管理。硬件生产制造类项目实施收入管理总览图如图 1-6-2 所示。

二、操作环节及说明

（一）项目进度管理

项目进度管理涵盖 2 个关键流程步骤，分别是项目进度维护、项目进度检查。具体操作步骤及详细说明详见本章"第一节　系统集成类项目"中"项目进度管理"相关内容。

（二）销售开票管理

销售开票管理涵盖 5 个关键流程步骤，分别是线上提交开票申请、递交开票资料、开票并进行账务处理、收入确认和账务处理并生成凭证。具体操作步骤及详细说明详见本章"第一节　系统集成类项目"中"销售开票管理"相关内容。

（三）应收账款管理

应收账款管理涵盖 4 个关键流程步骤，分别是账龄分析、应收账款回款跟踪、应收账款催收和应收账款坏账管理。具体操作步骤及详细说明详见本章"第一节　系统集成类项目"中"应收账款管理"相关内容。

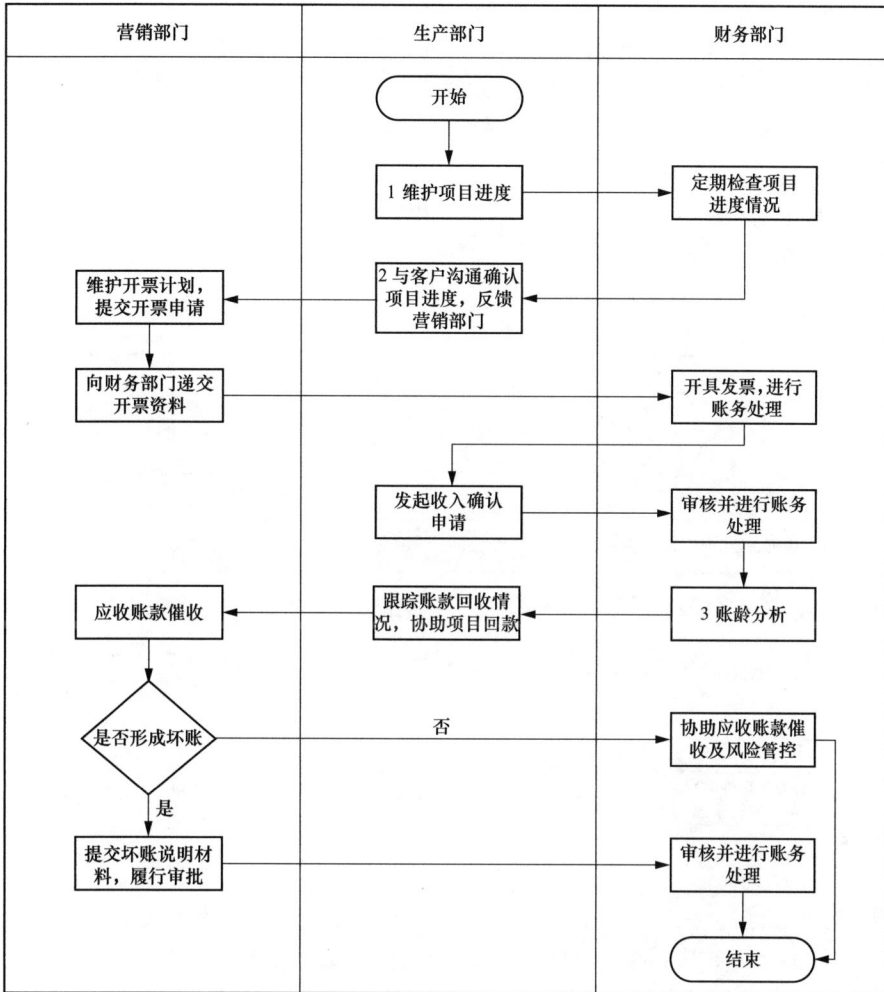

图 1-6-2　硬件生产制造类项目实施收入管理总览图

第三节　软件研发 / 实施类项目

一、流程总览

软件研发 / 实施类项目实施收入管理涵盖 3 个三级流程，11 个关键流程步骤，其中财务关注或参与事项 5 个，分别是项目进度维护、销售发票开具、收入确认、应收账款管理和坏账管理。软件研发 / 实施类项目实施收入管理总览图如图 1-6-3 所示。

```
          营销部门              生产部门              财务部门

                              ┌──────────┐
                              │   开始   │
                              └────┬─────┘
                                   │
                              ┌─────────┐         ┌──────────┐
                              │1 维护项目│─────────│定期检查项目│
                              │   进度   │         │ 进度情况 │
                              └────┬────┘         └──────────┘
          ┌──────────┐       ┌─────────┐
          │维护开票计划│◄──────│2 与客户沟通│◄────────
          │提交开票申请│       │确认项目进度│
          └────┬─────┘       │反馈营销部门│
               │             └─────────┘
          ┌──────────┐                           ┌──────────┐
          │向财务部门递│───────────────────────────│开具发票,进行│
          │ 交开票资料 │                           │ 账务处理 │
          └──────────┘                           └────┬─────┘
                              ┌─────────┐         ┌──────────┐
                              │发起收入确认│─────────│审核并进行账│
                              │   申请   │         │ 务处理   │
                              └─────────┘         └────┬─────┘
          ┌──────────┐       ┌─────────┐         ┌──────────┐
          │应收账款催收│◄──────│跟踪账款回收│◄────────│3 账龄分析 │
          └────┬─────┘       │况,协助项目│         └──────────┘
               │             │   回款   │
               │             └─────────┘
          ╱╲                                      ┌──────────┐
         ╱是否╲      否                            │协助应收账款│
         ╲形成 ╱──────────────────────────────────│催收及风险 │
          ╲坏账╱                                   │ 管控     │
           ╲╱                                     └──────────┘
            │是
          ┌──────────┐                           ┌──────────┐
          │提交坏账说明│───────────────────────────│审核并进行账│
          │材料,履行审批│                          │ 务处理   │
          └──────────┘                           └────┬─────┘
                                                 ┌──────────┐
                                                 │   结束   │
                                                 └──────────┘
```

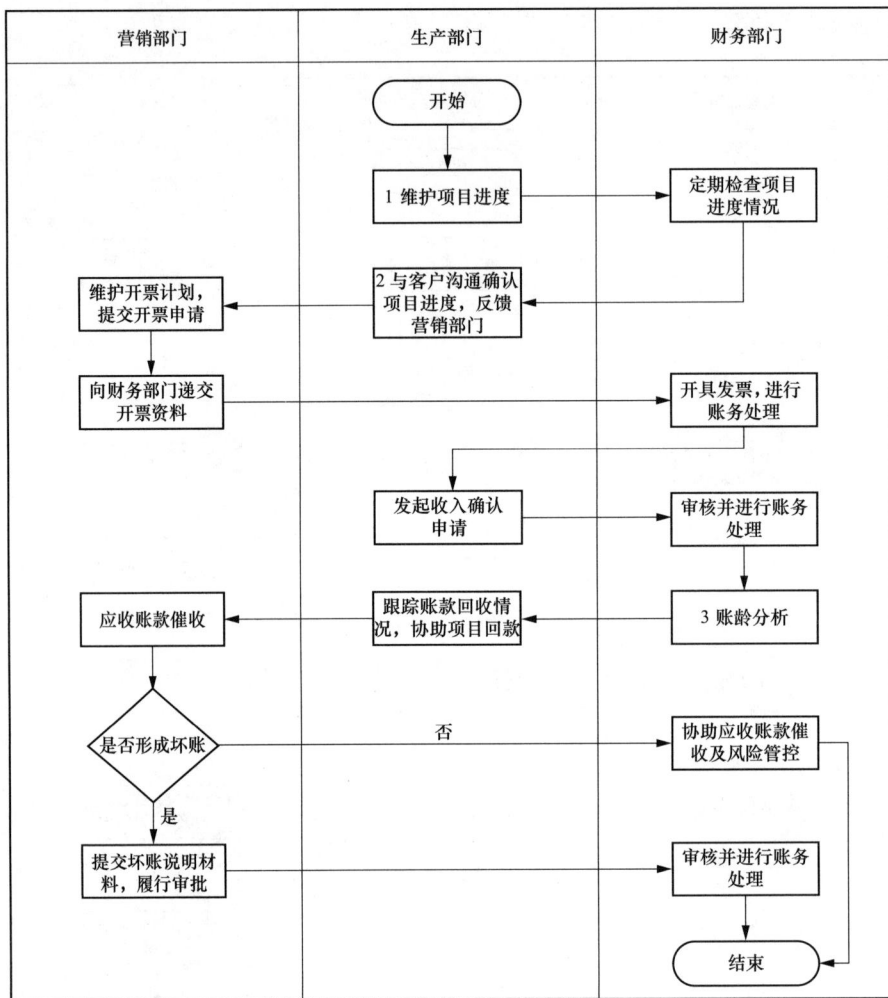

图 1-6-3　软件研发／实施类项目实施收入管理总览图

二、操作环节及说明

(一)项目进度管理

项目进度管理涵盖 2 个关键流程步骤,分别是项目进度维护、项目进度检查。具体操作步骤及详细说明详见本章"第一节　系统集成类项目"中"项目进度管理"相关内容。

(二)销售开票管理

销售开票管理涵盖 5 个关键流程步骤,分别是线上提交开票申请、递交开票资料、开票并进行账务处理、收入确认和账务处理并生成凭证。具体操作步骤及详细说明详见本章"第一节　系统集成类项目"中"销售开票管理"相关内容。

（三）应收账款管理

应收账款管理涵盖 4 个关键流程步骤，分别是账龄分析、应收账款回款跟踪、应收账款催收和应收账款坏账管理。具体操作步骤及详细说明详见本章"第一节 系统集成类项目"中"应收账款管理"相关内容。

第四节 咨询 / 技术服务类项目

一、流程总览

咨询 / 技术服务类项目实施收入管理涵盖 3 个三级流程，11 个关键流程步骤，其中财务关注或参与事项 5 个，分别是项目进度维护、销售发票开具、收入确认、应收账款管理和坏账管理。咨询 / 技术服务类项目实施收入管理总览图如图 1-6-4 所示。

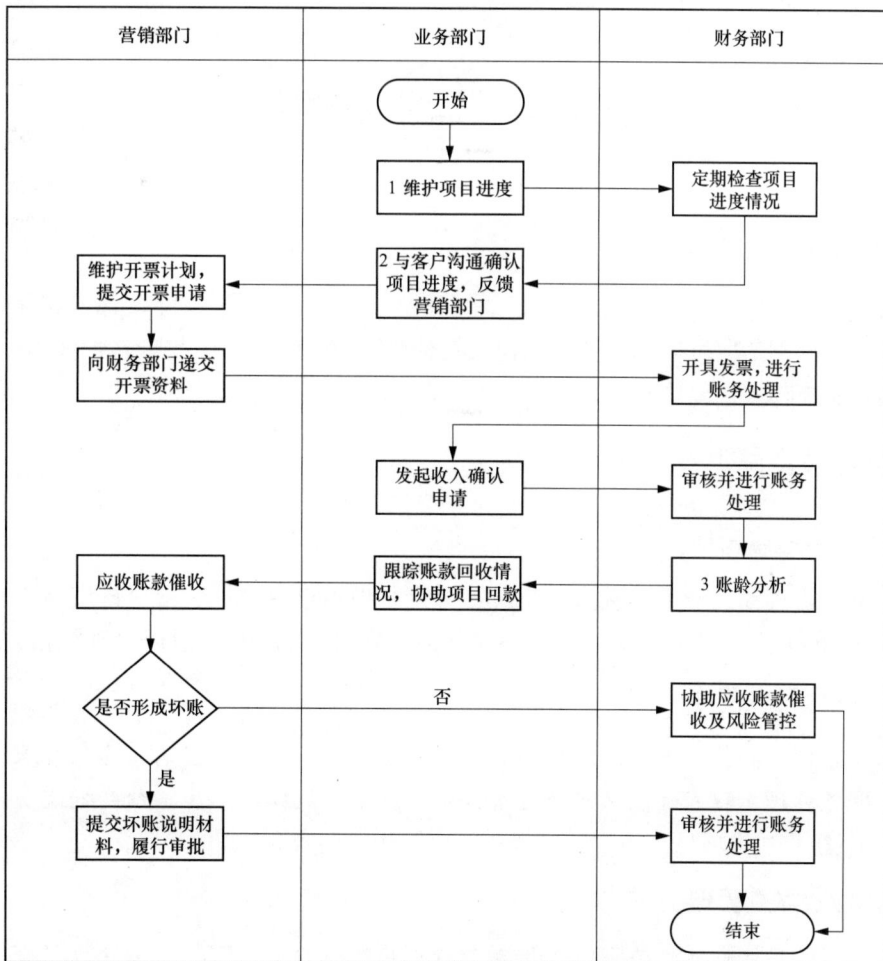

图 1-6-4 咨询 / 技术服务类项目实施收入管理总览图

二、操作环节及说明

（一）项目进度管理

项目进度管理涵盖 2 个关键流程步骤，分别是项目进度维护、项目进度检查。具体操作步骤及详细说明详见本章"第一节　系统集成类项目"中"项目进度管理"相关内容。

（二）销售开票管理

销售开票管理涵盖 5 个关键流程步骤，分别是线上提交开票申请、递交开票资料、开票并进行账务处理、收入确认和账务处理并生成凭证。具体操作步骤及详细说明详见本章"第一节　系统集成类项目"中"销售开票管理"相关内容。

（三）应收账款管理

应收账款管理涵盖 4 个关键流程步骤，分别是账龄分析、应收账款回款跟踪、应收账款催收和应收账款坏账管理。具体操作步骤及详细说明详见本章"第一节　系统集成类项目"中"应收账款管理"相关内容。

第五节　运营类项目

一、流程总览

运营类项目实施收入管理涵盖 3 个三级流程，11 个关键流程步骤，其中财务关注或参与事项 5 个，分别是项目进度维护、销售发票开具、收入确认、应收账款管理和坏账管理。运营类项目实施收入管理总览图如图 1-6-5 所示。

二、操作环节及说明

（一）项目进度管理

项目进度管理涵盖 2 个关键流程步骤，分别是项目进度维护、项目进度检查。具体操作步骤及详细说明详见本章"第一节　系统集成类项目"中"项目进度管理"相关内容。

（二）销售开票管理

销售开票管理涵盖 5 个关键流程步骤，分别是线上提交开票申请、递交开票资料、开票并进行账务处理、收入确认和账务处理并生成凭证。具体操作步骤及详细说明详见本章"第一节　系统集成类项目"中"销售开票管理"相关内容。

（三）应收账款管理

应收账款管理涵盖 4 个关键流程步骤，分别是账龄分析、应收账款回款跟踪、应收账款催收和应收账款坏账管理。具体操作步骤及详细说明详见本章"第一节　系统集成类项目"中"应收账款管理"相关内容。

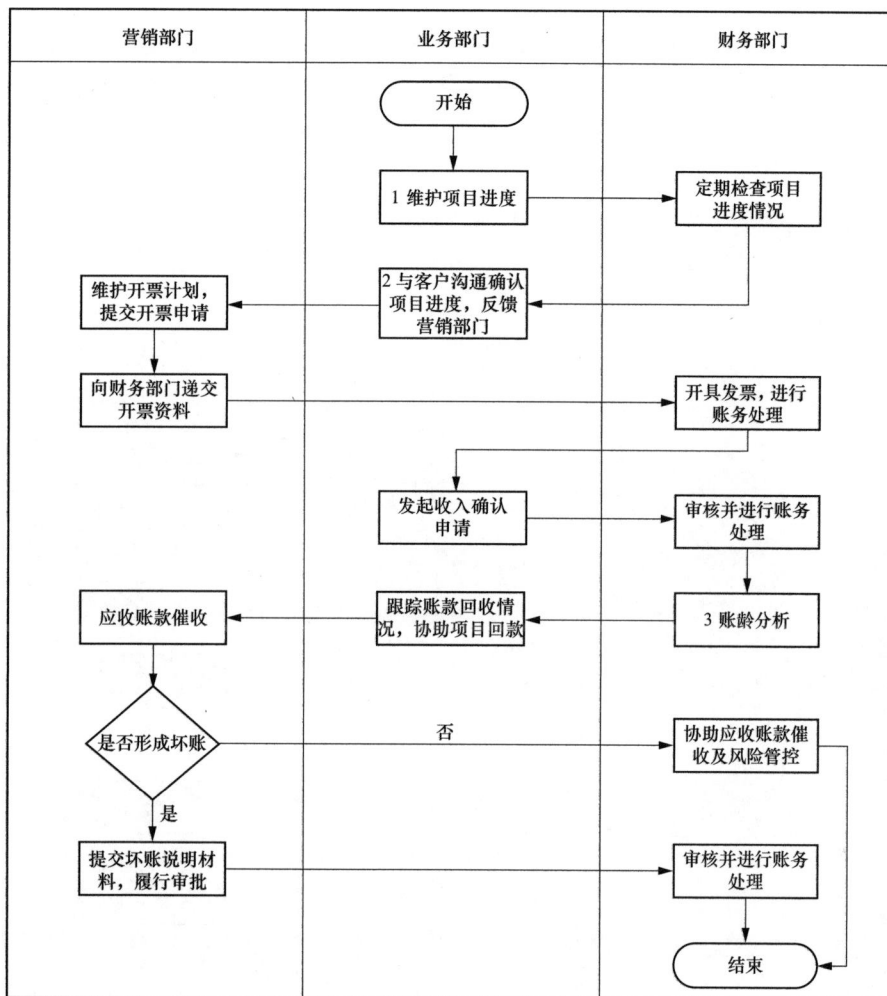

图 1-6-5 运营类项目实施收入管理总览图

第六节 运维类项目

一、流程总览

运维类项目实施收入管理涵盖 3 个三级流程，11 个关键流程步骤，其中财务关注或参与事项 5 个，分别是项目进度维护、销售发票开具、收入确认、应收账款管理和坏账管理。运维类项目实施收入管理总览图如图 1-6-6 所示。

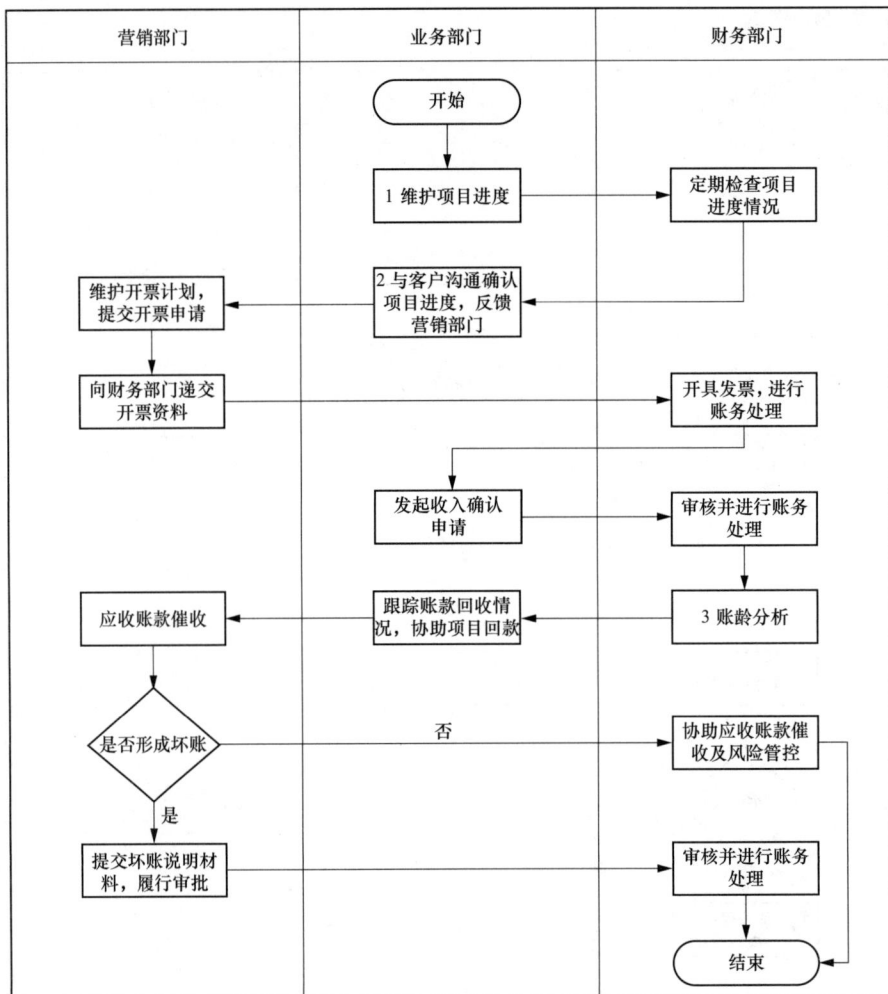

图 1-6-6　运维类项目实施收入管理总览图

二、操作环节及说明

（一）项目进度管理

项目进度管理涵盖 2 个关键流程步骤，分别是项目进度维护、项目进度检查。具体操作步骤及详细说明详见本章"第一节　系统集成类项目"中"项目进度管理"相关内容。

（二）销售开票管理

销售开票管理涵盖 5 个关键流程步骤，分别是线上提交开票申请、递交开票资料、开票并进行账务处理、收入确认和账务处理并生成凭证。具体操作步骤及详细说明详见本章"第一节　系统集成类项目"中"销售开票管理"相关内容。

（三）应收账款管理

应收账款管理涵盖4个关键流程步骤，分别是账龄分析、应收账款回款跟踪、应收账款催收和应收账款坏账管理。具体操作步骤及详细说明详见本章"第一节　系统集成类项目"中"应收账款管理"相关内容。

第七节　经营租赁类项目

一、流程总览

经营租赁类项目实施收入管理涵盖2个三级流程，10个关键流程步骤，其中财务关注或参与事项4个，分别是租金收入开票、收入确认、应收账款管理和坏账管理。经营租赁类项目实施收入管理总览图如图1-6-7所示。

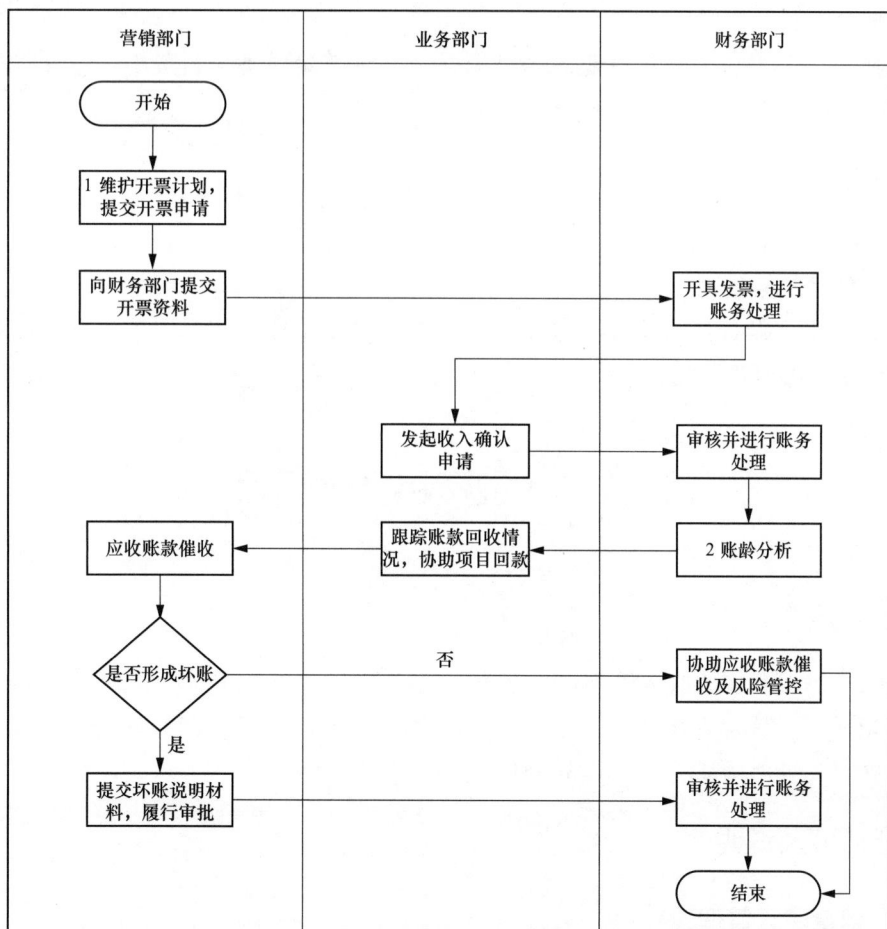

图1-6-7　经营租赁类项目实施收入管理总览图

二、操作环节及说明

（一）租金收入管理

租金收入管理涵盖 5 个关键流程步骤，分别是线上提交开票申请、递交开票资料、开票并进行账务处理、收入确认和账务处理并生成凭证。具体操作步骤及详细说明详见本章"第一节 系统集成类项目"中"销售开票管理"相关内容。

（二）应收账款管理

1. 客户偿债能力分析

对于系统外的客户，业务部门需联合营销部门实时跟踪分析客户偿债能力，财务提供技术支持。

2. 账龄分析

具体操作步骤及详细说明详见本章"第一节 系统集成类项目"中"应收账款管理"的"帐龄分析"相关内容。

3. 应收账款回款跟踪

具体操作步骤及详细说明详见本章"第一节 系统集成类项目"中"应收账款管理"的"应收帐款回款跟踪"相关内容。

4. 应收账款催收

具体操作步骤及详细说明详见本章"第一节 系统集成类项目"中"应收账款管理"的"应收账款催收"相关内容。

5. 应收账款坏账管理

具体操作步骤及详细说明详见本章"第一节 系统集成类项目"中"应收账款管理"的"应收账款坏账管理"相关内容。

第八节 融资租赁类项目

一、流程总览

融资租赁类项目实施收入管理涵盖 2 个三级流程，10 个关键流程步骤，其中财务关注或参与事项 4 个，分别是租金收入开票、收入确认、应收账款管理和坏账管理。融资租赁类项目实施收入管理总览图如图 1-6-8 所示。

二、操作环节及说明

（一）租金收入管理

租金收入管理涵盖 5 个关键流程步骤，分别是线上提交开票申请、递交开票资料、开票并进行账务处理、收入确认和账务处理并生成凭证。具体操作步骤及详细说明详见本章"第一节　系统集成类项目"中"销售开票管理"相关内容。

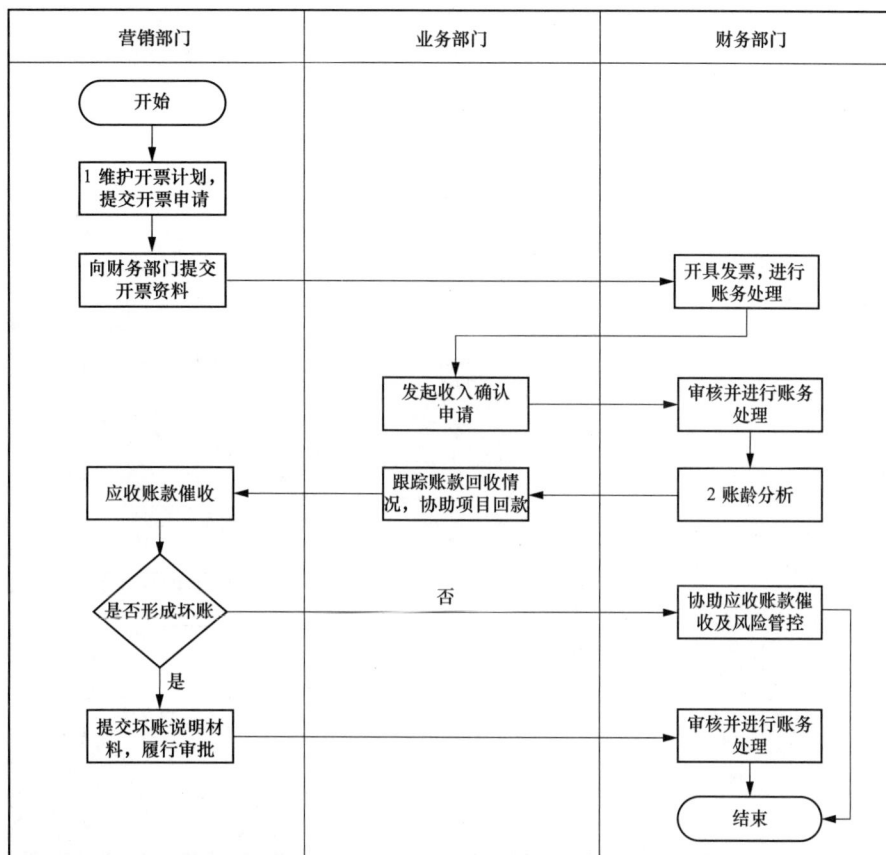

图 1-6-8　融资租赁类项目实施收入管理总览图

（二）应收账款管理

应收账款管理涵盖 5 个关键流程步骤，分别是客户偿债能力分析、账龄分析、应收账款回款跟踪、应收账款催收、应收账款坏账管理。具体操作步骤及详细说明详见本章"第七节　经营租赁类项目"中"应收账款管理"相关内容。

第九节　投资建设及运营服务类项目

一、流程总览

投资建设及运营服务类项目实施收入管理涵盖 2 个三级流程，10 个关键流程步骤，其中财务关注或参与事项 4 个，分别是收入开票、收入确认、应收账款管理和坏账管理。投资建设及运营服务类项目实施收入管理总览图如图1-6-9所示。

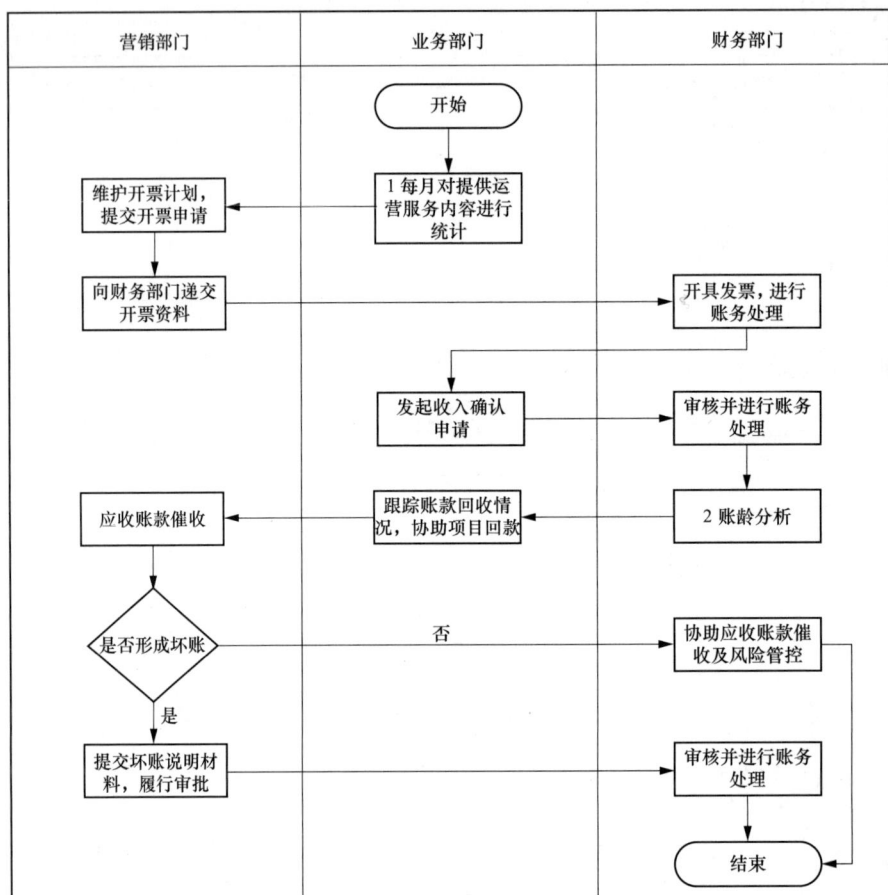

```
┌─────────────────┬─────────────────┬─────────────────┐
│     营销部门     │     业务部门     │     财务部门     │
├─────────────────┼─────────────────┼─────────────────┤
│                 │    ( 开始 )      │                 │
│                 │       ↓          │                 │
│ ┌───────────┐   │ ┌───────────┐   │                 │
│ │维护开票计划,│←──│ │1 每月对提供运│   │                 │
│ │提交开票申请 │   │ │营服务内容进行│   │                 │
│ └───────────┘   │ │   统计     │   │                 │
│       ↓          │ └───────────┘   │                 │
│ ┌───────────┐   │                 │ ┌───────────┐   │
│ │向财务部门递交│──┼────────────────→│ │开具发票,进行│   │
│ │  开票资料   │   │                 │ │  账务处理   │   │
│ └───────────┘   │                 │ └───────────┘   │
│                 │ ┌───────────┐   │       ↓          │
│                 │ │发起收入确认 │   │ ┌───────────┐   │
│                 │ │   申请     │   │ │审核并进行账务│   │
│                 │ └───────────┘   │ │   处理     │   │
│                 │                 │ └───────────┘   │
│ ┌───────────┐   │ ┌───────────┐   │       ↓          │
│ │应收账款催收 │←──│ │跟踪账款回收情│   │ ┌───────────┐   │
│ └───────────┘   │ │况,协助项目回款│  │ │2 账龄分析   │   │
│       ↓          │ └───────────┘   │ └───────────┘   │
│   ◇是否形成坏账◇ │        否        │ ┌───────────┐   │
│                 │─────────────────→│ │协助应收账款催│   │
│       │是        │                 │ │收及风险管控 │   │
│       ↓          │                 │ └───────────┘   │
│ ┌───────────┐   │                 │ ┌───────────┐   │
│ │提交坏账说明材│──┼────────────────→│ │审核并进行账务│   │
│ │料,履行审批  │   │                 │ │   处理     │   │
│ └───────────┘   │                 │ └───────────┘   │
│                 │                 │       ↓          │
│                 │                 │    ( 结束 )      │
└─────────────────┴─────────────────┴─────────────────┘
```

图1-6-9　投资建设及运营服务类项目实施收入管理总览图

二、操作环节及说明

投资建设及运营服务类项目主要通过机柜和基站出租、信息安全和平台运维、运营产业园区租赁等形式获得相关收入,其收入管理方式和内容与本章"第五节　运营类项目"相同。

(一)收入管理

收入管理涵盖5个关键流程步骤,分别是线上提交开票申请、递交开票资料、开票并进行账务处理、收入确认和账务处理并生成凭证。具体操作步骤及详细说明详见本章"第一节　系统集成类项目"中"销售开票管理"相关内容。

(二)应收账款管理

应收账款管理涵盖5个关键流程步骤,分别是客户偿债能力分析、账龄分析、应收账款回款跟踪、应收账款催收、应收账款坏账管理。具体操作步骤及详细说明详见本章"第

七节 经营租赁类项目"中"应收账款管理"相关内容。

第十节 产业链金融类项目

一、流程总览

产业链金融类项目实施收入管理涵盖2个三级流程，10个关键流程步骤，其中财务关注或参与事项4个，分别是收入开票、收入确认、应收账款管理和坏账管理。产业链金融类项目实施收入管理总览图如图1-6-10所示。

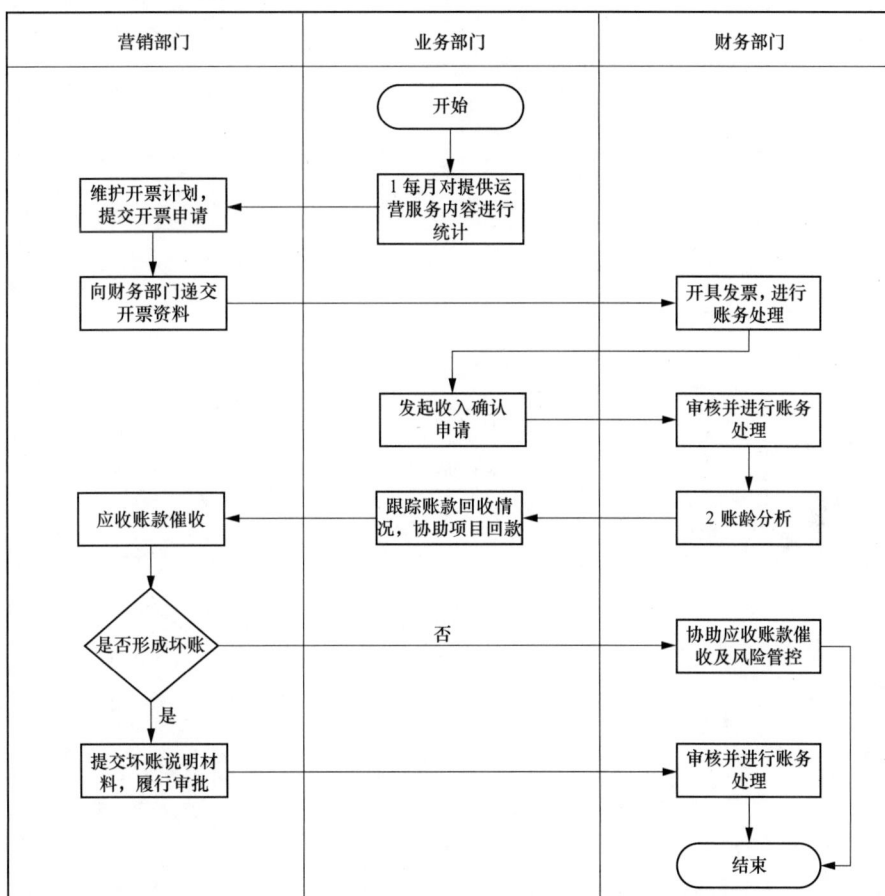

图1-6-10 产业链金融类项目实施收入管理总览图

二、操作环节及说明

产业链金融类项目主要通过客户购买平台产品产生销售收入和平台的服务收入，其中产品销售收入管理方式和内容与本章"第一节 系统集成类项目"相同，平台服务收入与本章"第五节 运营类项目"相同。

（一）收入管理

收入管理涵盖 5 个关键流程步骤，分别是线上提交开票申请、递交开票资料、开票并进行账务处理、收入确认和账务处理并生成凭证。具体操作步骤及详细说明详见本章"第一节 系统集成类项目"中"销售开票管理"相关内容。

（二）应收账款管理

应收账款管理涵盖 5 个关键流程步骤，分别是客户偿债能力分析、账龄分析、应收账款回款跟踪、应收账款催收、应收账款坏账管理。具体操作步骤及详细说明详见本章"第七节 经营租赁类项目"中"应收账款管理"相关内容。

第七章

项目实施成本管理

本章内容适用于项目实施阶段成本管理，涵盖人工成本管理、物资采购成本管理、服务采购成本管理、项目费用管理、项目成本分摊管理、项目成本结转、成本预算控制与分析、制造费用归集、制造费用分摊、产品成本核算等流程，财务关注或参与事项主要包括人工成本管理、采购成本管理、资产折旧、长期待摊费用摊销、制造费用分摊、在产品成本计算、项目费用管理、项目成本分摊、成本结转和成本分析。

第一节　系统集成类项目

一、流程总览

系统集成类项目实施成本管理涵盖 7 个三级流程，13 个关键流程步骤，其中财务关注或参与事项 7 个，分别是人工成本管理、物资采购成本管理、服务采购成本管理、项目费用管理、项目成本分摊、成本结转和成本分析。系统集成类项目实施成本管理总览图如图 1-7-1 所示。

二、操作环节及说明

（一）人工成本管理

人工成本包括自有人工成本和直管外包成本 2 部分。

1. 人工成本计提

自有人工成本由人力资源部门（简称人资部门）在 ERP 系统人资模块按员工计算应付职工薪酬相关明细，包括应发工资、企业负担的社会保险费、住房公积金、企业年金等；人资部门按成本中心、单位口径汇总薪酬相关数据，履行审批程序后传输至 ERP 系统财务模块。直管外包成本需手工计提工资。

人资部门计提人工成本时注意事项：

（1）明细数据与汇总数据一致，个人明细数据有无计算或取数错误。

（2）工资计提汇总表列示内容完整性，包括工资明细项目名称和金额、代扣明细项目名称和金额、应发小计和实发小计等。

（3）工资计提汇总表应履行完成人资部门审批流程。

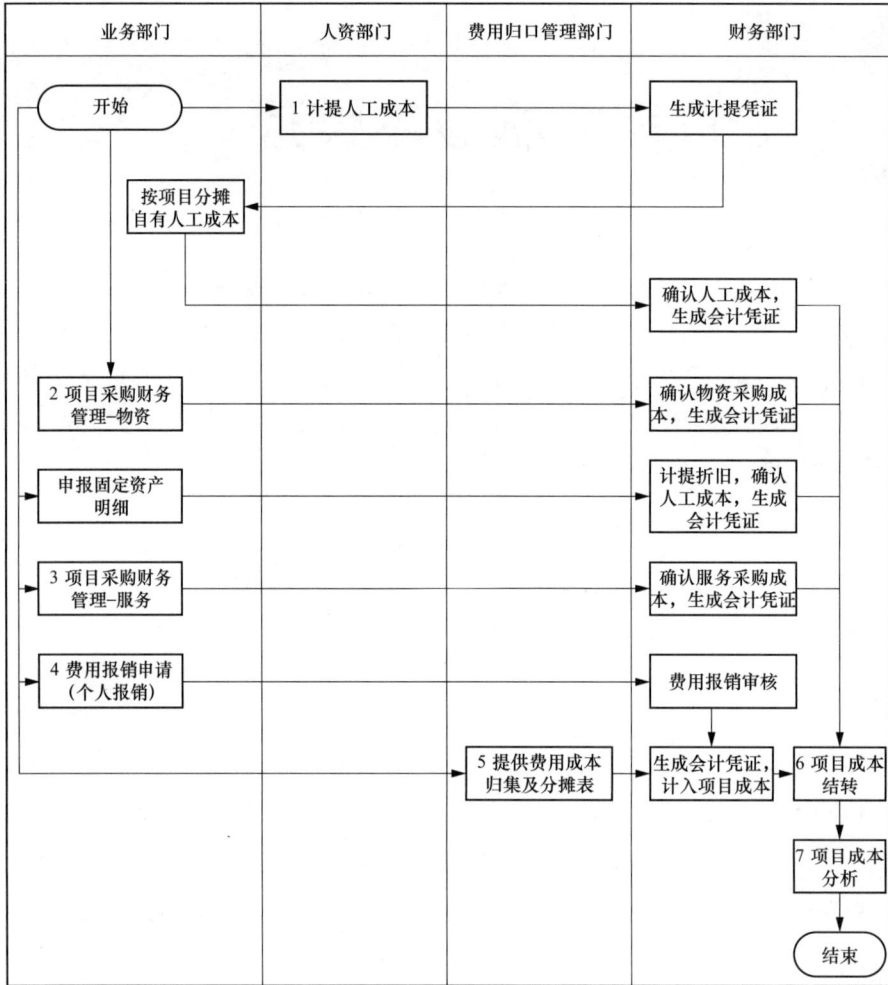

图 1-7-1 系统集成类项目实施成本管理总览图

2. 人工成本分摊

业务部门按员工当前实施项目报工情况分摊人工成本，将经本部门和人资部门签字确认的分摊表提供财务部门进行人工成本确认。严禁出现项目间调节成本现象。

3. 人工成本确认

财务人员在 ERP 系统中审核工资计提数据，审核通过后，按成本中心生成工资薪酬计提凭证。

生成按成本中心分摊的计提凭证后，财务人员在 ERP 系统中根据人资部门与业务部门共同签字确认的人工成本项目分摊表，生成按项目分摊的会计凭证。

财务部门确认人工成本时需注意：

（1）检查纸质原始凭证与 ERP 系统中已计提的各项明细金额是否存在差异。

（2）检查"人工成本表"审批签字是否齐全。

（3）检查会计科目选择是否正确，区分自有人工成本和直管外包成本科目。

（4）生产成本与研发支出挂成本中心的人工成本是否完全分摊至项目，财务人员需检查是否有余额。

（二）物资采购成本管理

1. 物资采购成本确认

在履行"第五章 项目采购财务管理"中采购程序、完成物资采购发票校验后，财务部门根据本期领料单、物资出库单，确认本期各项目物资成本。

财务部门在确认物资成本时需注意：

（1）检查项目成本确认的依据是否充分，是否提供入库单或验收单，单据审批及签字手续是否完整；检查项目领用材料是否及时登记，是否存在跨期问题，影响当期成本确认准确性。

（2）检查 ERP 系统中收货确认的操作是否正确，收货的数量和单价与发票是否一致；检查 ERP 系统中的采购订单是否与发票一致。

（3）检查 ERP 系统中进行成本归集的项目与纸质合同约定的项目是否一致。

（4）项目实际发生成本已经超过或即将超过项目成本预算时，财务部门应及时与项目管理部门预警。

（5）检查 ERP 系统项目成本要素的计划成本是否小于等于立项时的项目成本预算。

（6）检查 ERP 系统项目计划成本是否正确，是否存在计划成本与实际成本因发生的成本要素不正确，导致的存货和暂估金额虚增情况。

（7）项目成本确认的当月，应取得发票并入账，尽可能降低应付暂估金额，原则上暂估不得超过 3 个月。

2. 固定资产明细申报

业务部门每月申报本期项目使用的固定资产明细，需保证项目信息和固定资产基本信息及两者对应关系的准确性。

3. 计提折旧并确认物资成本

财务部门根据集团折旧政策计提折旧。

财务部门在进行固定资产折旧时需注意：

（1）业务部门提交的明细中资产对应项目信息是否完整、明确。

（2）固定资产折旧成本累计值是否对项目成本指标有影响，如有，需及时向业务部门及项目管理部门反馈。

（三）服务采购成本管理

服务采购成本包括人力外包成本和专业分包成本 2 部分。

服务采购成本确认：在履行"第五章 项目采购财务管理"中采购程序、完成服务采购发票校验后，财务部门根据外包合同、报工单或进度确认单等基础依据，确认本期项目服务采购成本。

财务人员确认服务采购成本时应注意：

（1）检查项目成本确认的依据是否充分，是否提供工作量确认单或进度确认单，单据审批及签字手续是否完整；是否有审核并签字的外包人员入场通知单，注意入场时间和报工时间是否一致。

（2）检查 ERP 系统中收货确认的操作是否正确，收货的数量和单价与发票是否一致；检查 ERP 系统中的采购订单是否与发票一致。

（3）检查 ERP 系统中进行成本归集的项目与纸质合同约定的项目是否一致。

（4）审核外包人员成本是否超预算，是否超过项目合同总金额的 60%；项目实际发生成本已经超过或即将超过项目成本预算时，财务部门应及时与项目管理部门沟通。

（5）检查 ERP 系统项目成本要素的计划成本是否小于等于立项时的项目成本预算。

（6）检查 ERP 系统中的计划成本维护是否合理，是否与实际成本一致，实际成本归集进度是否与项目实施进度一致，并查明原因，督促业务前端更正。

（7）项目成本确认的当月，应取得发票并入账，尽可能降低应付暂估金额，原则上暂估不得超过 3 个月。

（四）项目费用管理

费用归集包括因项目执行日常发生的办公费、会议费、差旅费等各项费用。项目直接费用归属于项目费用，项目间接成本秉承"谁受益、谁承担；承担多少，视受益程度而定"的原则由业务部门统一进行分摊，项目管理部门进行审核，财务部门根据审核后的分摊表进行账务处理。

1. 费用报销申请

业务部门在"一系统"中，根据报销需求，填写项目 WBS、报销金额、费用类型、报销人、收款人等基本信息，发起报销申请及审批。

2. 费用报销审核

财务部门在"一系统"中审核报销单据，完成付款，生成费用报销凭证。

财务部门审核时需注意：

（1）审核费用报销项目、金额是否符合集团费用报销标准，费用发生是否合理、是否超预算或超标准。

（2）原始单据是否完整（包括费用审批单、发票等），相关单据签字是否齐全。

（3）审核费用原始凭证是否与费用报销单内容一致，费用发票是否真实、合法、合理，包括发票金额、时间、供应商名称、地点是否与费用报销单记载的出差行程一致，是否加盖发票专用章。

（4）检查单据有无涂改、挖补、仿造等情况，是否加盖发票专用章，对于虚假的发票不予报销，若为增值税普通发票，则经办人需提供网上查询的真伪证明，若未增值税专用发票，则由财务部门进行网上认证。

（5）审核报销办公用品费提供的采购发票、采购清单、入库单等凭据，未经批准自行采购发生的费用，不得报销，不得采购与办公无关的用品，严禁以办公用品名义变相采购礼品。

（6）审核报销的市内交通费与工作实际是否相符，是否注明业务事由、往来地点等关键事项，严禁报销与工作无关的交通费。报销的出租车发票不得出现连号，报销网约车费需提供正规发票及行程明细清单。

（7）差旅费报销项目包括住宿费、交通费、伙食补助费、公杂费等费用，审核交通费和住宿费是否在规定标准内，报销时是否提供发票、住宿明细（流水单）等，丢失票据是否有证明材料。

（8）审核报销专家劳务费是否为系统内专家，是否提供专家签到表、专家劳务费信息确认表、专家身份证复印件、评审或验收报告，是否由专家本人收取，是否以银行转账方式支付。

（9）根据本单位费用报销规定要求进行其他事项审核。

（五）项目成本分摊管理

项目成本分摊是将成本费用从一个或多个成本中心转到另一个或多个成本中心，或从成本中心到订单，实现成本对象之间的成本转移，从而实现将成本中心费用分摊到不同的项目成本中。

1. 项目成本分摊表制定

秉承"谁受益、谁承担；承担多少，视受益程度而定"的原则，由费用归口管理部门统一进行分摊，财务部门根据审核后的分摊表进行账务处理。

费用归口管理部门在进行分摊时需注意：

（1）与成本发生相关部门共同研讨确定分摊规则，保证规则的适应性和公信力。

（2）分摊表编制内容完整、分摊项目信息准确。

（3）分摊表需经被分摊业务部门的确认。

（4）每月在本单位财务结账前5天将经确认的分摊表提交至财务部门，保证当期成本数据准确。

2. 分摊成本确认

财务部门接收经确认的分摊表进行成本确认账务处理。

财务部门在进行费用归集分摊时需注意：

（1）检查成本分摊表是否有被分摊的业务部门签字或盖章确认。

（2）复核分摊规则使用的准确性。

（3）检查成本分摊基础信息是否准确，如工时信息填报的准确性直接影响费用分摊的正确性。

（4）检查项目成本分摊的及时性，如当期未及时进行分摊操作，将导致当期成本数据不准确。

（六）项目成本结转

项目成本结转账务处理：财务部门在 ERP 系统中根据本期收入匹配本期成本，进行账务处理。

财务部门在进行成本结转时需注意：

（1）审核本次成本确认金额的合理性，累计确认营业成本金额应当小于或者等于按项目归集的成本。

（2）检查成本确认数据是否正确、完整。

（3）审核项目收入进度与成本归集进度的一致性，收入成本不匹配且差异较大的应查明原因。

（七）项目成本分析

财务部门在进行项目成本分析时需注意：

（1）按月检查项目主营业务成本与实际成本归集的关系是否合理，成本归集进度与项目执行进度是否一致。

（2）每季度检查前期项目（订单）成本是否合理，采购订单执行是否合理，并形成分析和管理提升报告。

（3）每半年由财务部门、项目管理部门、物资部门和业务部门等协同配合，基于 ERP 系统及业财模块，分析项目购销的票据流，严控垫资风险，杜绝空转贸易。

（4）检查所有的已发生成本是否都可以对应到具体项目，检查所有的已立项项目（包括前期立项和正式立项）是否都有项目预算。

（5）由项目管理部门主导，财务部门提供财务数据支撑，业务部门、物资部门等配合，进行项目成本预算执行情况分析；业务部门应严格按照项目预算执行，项目管理部门与财务部门建立有效的沟通机制和成本预算执行管控措施，确保"无预算不开支，有预算不超支"。

（6）依据逐步累积的数据基础，分析验证营销费用标准、前期费用分摊机制、项目成本构成等合理性，逐步调整标准，推动管理精益化。

第二节　硬件生产制造类项目

一、流程总览

硬件生产制造类项目实施成本管理涵盖 6 个三级流程，18 个关键流程步骤，其中财务关注或参与事项 5 个，分别是人工成本管理、物资采购成本管理、服务采购成本管理、项目费用管理、项目成本分摊。硬件生产制造类项目实施成本管理总览图如图 1-7-2 所示。

二、操作环节及说明

（一）人工成本管理

人工成本管理涵盖 3 个关键流程步骤，分别为人工成本计提、人工成本分摊和人工成本确认。具体操作步骤及详细说明详见本章"第一节　系统集成类项目"中"人工成本管理"相关内容。

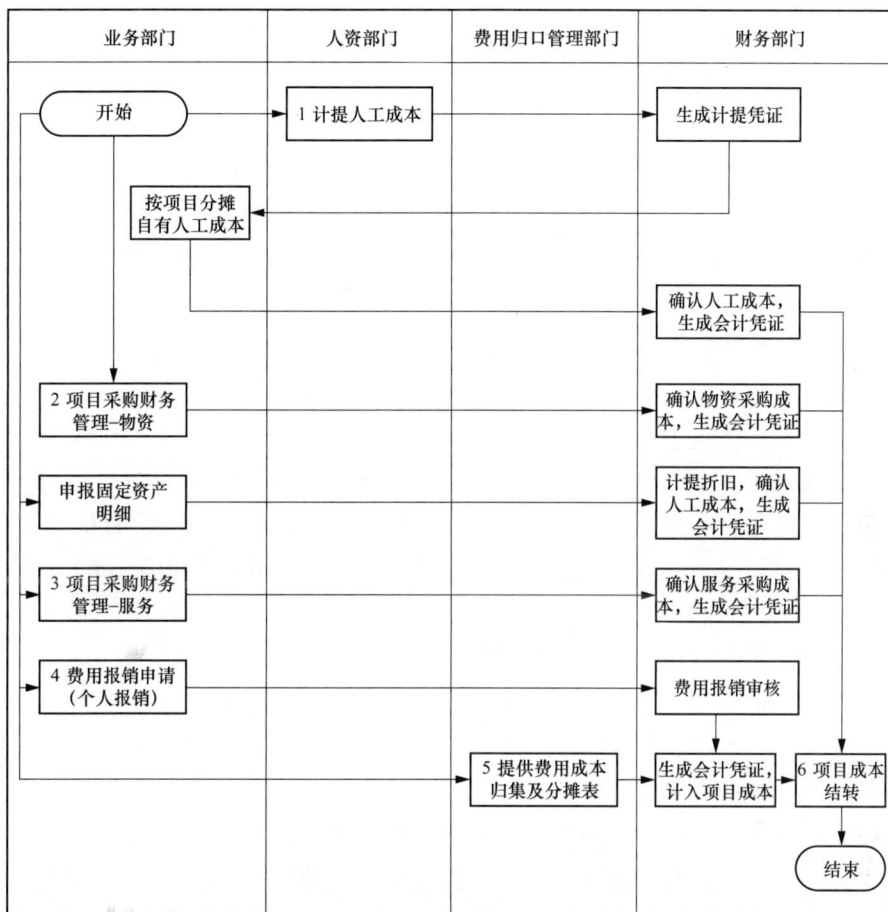

图 1-7-2　硬件生产制造类项目实施成本管理总览图

（二）物资采购成本管理

物资采购成本管理涵盖 3 个关键流程步骤，分别为物资采购成本确认、固定资产明细申报、计提折旧并确认物资成本。具体操作步骤及详细说明详见本章"第一节　系统集成类项目"中"物资采购成本管理"相关内容。

（三）服务采购成本管理

服务采购成本管理涵盖 1 个关键流程步骤，为服务采购成本确认。具体操作步骤及详细说明详见本章"第一节　系统集成类项目"中"服务采购成本管理"相关内容。

（四）项目费用管理

项目费用管理涵盖 2 个关键流程步骤，分别为费用报销申请和费用报销审核。具体操作步骤及详细说明详见本章"第一节　系统集成类项目"中"项目费用管理"相关内容。

（五）项目成本分摊管理

项目成本分摊管理涵盖 2 个关键流程步骤，分别为项目成本分摊表制定和分摊成本确认。具体操作步骤及详细说明详见本章"第一节　系统集成类项目"中"项目成本分摊管理"相关内容。

（六）产品成本核算

单位成本是指生产单位产品而平均耗费的成本。通过上述步骤，本期发生的全部生产成本都已按照不同产品类型或者不同批次汇集在"生产成本"科目的借方。财务部门需要把产品生产成本在产成品和在产品之间进行分配，同时计算在产品成本和产成品成本。

1. 执行实际作业分割

作业分割是将生产成本中心与作业类型相关的一些成本费用，按照预先定义好的分割结构先分到相应的作业类型。系统内置主要分割结构包括直接人工（AT0001）、直接费用（AT0002）、间接人工（AT0004）、间接费用（AT0005）4 种类型。

通过执行实际作业分割程序可以核算出成本中心下某作业类型当期的总量（实际总成本），即将各成本要素发生额分配给相应的作业类型，没有与作业类型关联的成本要素发生额将被平均分配给各作业类型。

2. 计算实际作业价格

计算实际作业价格是在月末根据作业类型的实际消耗量（即报工数）以及上一步分割的作业类型成本费用计算出当期作业类型的实际价格，为以后进行作业价格重估做准备。

3. 执行生产订单价格重估

日常归集到订单中的制造费用是按计划价格乘以实际作业量计算的，月末时本月全部制造费用全部归集完毕，按实际作业量计算出实际作业价格，再把归集到订单中的制造费用用实际价格乘以实际作业量重新计算，完成生产订单价格重估。

结合前述步骤可表述为用作业分割后的实际作业成本计算得到的实际作业价格重新核算每个订单的作业成本，将重估价格重新反映到生产订单上，核算出生产订单实际作业成本。

每月末，财务部门确认已在系统中计算出作业类型实际价格，在系统中测试运行按作业类型实际价格重新估算生产订单流程。

4. 成本中心余额查询与调整

执行实际作业类型分割和计算以后，需查看生产类成本中心余额是否为 0，因实际作业价格重估，成本中心余额有时会产生尾差，有尾差时，在本期调整至管理费用，下期冲回至制造费用。

5. 计算未完工在制品

此处的"未完工在制品"是指某生产订单中本月月末不能作为完工产品进入库存，留在生产线上需要继续加工的部分存货。在制品是通过期间计算的，一般是在月末对未完工的订单计算在制品，在制品的金额等于订单中本期实际归集的成本减去已结转入库完工产品的成本。

财务部门在进行月末在产品计算时需注意：

（1）在制品的计算只能在订单状态为交货已完成（DLV）和技术完成（TECO）之前。订单状态为交货已完成和技术完成，即订单完成时，无须计算在制品。

（2）审核系统内置在产品计算规则以及差异计算规则是否发生改变，计算结果是否异常。

（3）调整标准成本后对在产品计算是否发生改变，计算结果是否异常。

6. 计算生产订单差异

此步操作在于对已完工的生产订单进行差异的计算，主要是指重估后的生产订单实际成本与标准成本之间的差异，财务部门需要分析差异产生的原因，分析其是由于实际作业价格的差异或是由于实际工时的差异造成的。

7. 结算生产订单

每月末需要根据生产订单的状态对在制品、生产订单差异进行结算，并生成相应记账凭证。

财务部门在结算生产订单时应注意：

（1）需确认其他部门相关业务处理已全部结束。

（2）生产订单已完整地归集所有相关产品生产成本。

（3）审核系统内置在制品计算规则以及差异计算规则是否发生改变，计算结果是否异常。

第三节　软件研发 / 实施类项目

一、流程总览

软件研发 / 实施类项目实施成本管理涵盖 7 个三级流程，13 个关键流程步骤，其中财务关注或参与事项 7 个，分别是人工成本管理、物资采购成本管理、服务采购成本管理、项目费用管理、项目成本分摊、成本结转和成本分析。软件研发 / 实施类项目实施成本管理总览图如图 1-7-3 所示。

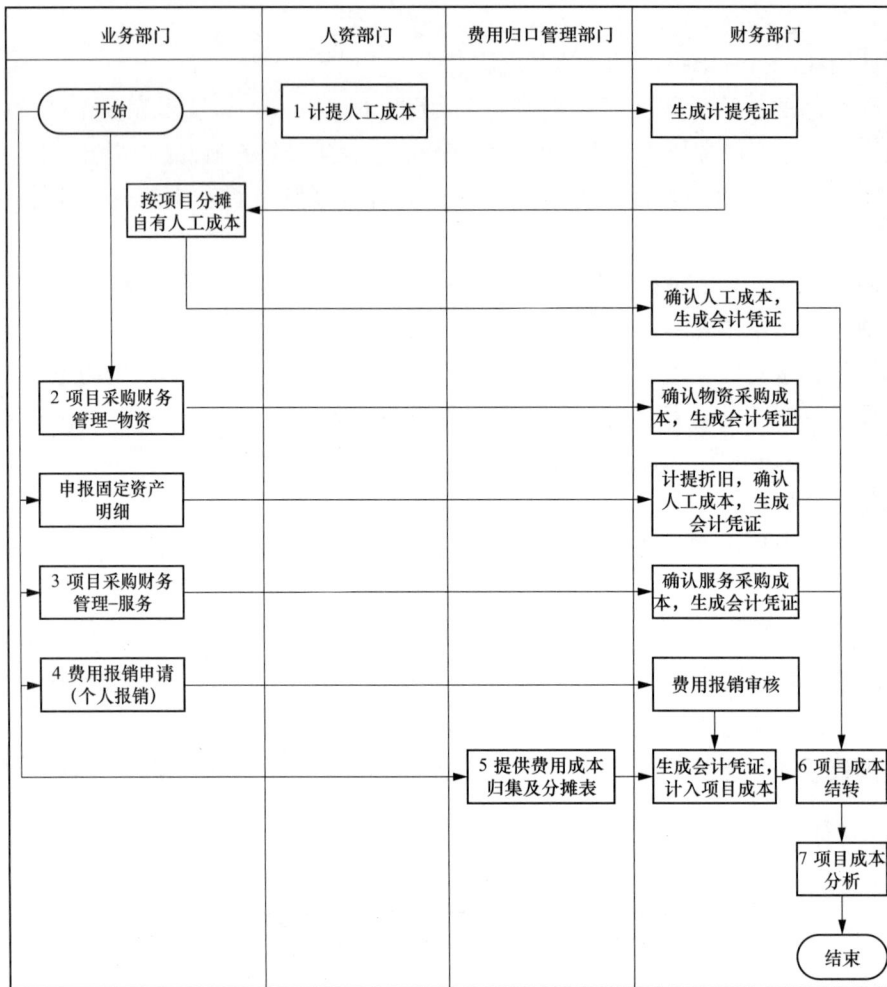

图 1-7-3　软件研发 / 实施类项目实施成本管理总览图

二、操作环节及说明

（一）人工成本管理

人工成本管理涵盖 3 个关键流程步骤，分别为人工成本计提、人工成本分摊和人工成本确认。具体操作步骤及详细说明详见本章"第一节　系统集成类项目"中"人工成本管理"相关内容。

（二）物资采购成本管理

物资采购成本管理涵盖 3 个关键流程步骤，分别为物资采购成本确认、固定资产明细申报、计提折旧并确认物资成本。具体操作步骤及详细说明详见本章"第一节　系统集成类项目"中"物资采购成本管理"相关内容。

（三）服务采购成本管理

服务采购成本管理涵盖 1 个关键流程步骤，为服务采购成本确认。具体操作步骤及详细说明详见本章"第一节 系统集成类项目"中"服务采购成本管理"相关内容。

（四）项目费用管理

项目费用管理涵盖 2 个关键流程步骤，分别为费用报销申请和费用报销审核。具体操作步骤及详细说明详见本章"第一节 系统集成类项目"中"项目费用管理"相关内容。

（五）项目成本分摊管理

项目成本分摊管理涵盖 2 个关键流程步骤，分别为项目成本分摊表制定和分摊成本确认。具体操作步骤及详细说明详见本章"第一节 系统集成类项目"中"项目成本分摊管理"相关内容。

（六）项目成本结转

项目成本结转管理涵盖 1 个关键流程步骤，为项目成本结转账务处理。具体操作步骤及详细说明详见本章"第一节 系统集成类项目"中"项目成本结转"相关内容。

（七）项目成本分析

成本预算控制与分析 1 个关键流程步骤，为项目成本分析。具体操作步骤及详细说明详见本章"第一节 系统集成类项目"中"项目成本分析"相关内容。

第四节 咨询／技术服务类项目

一、流程总览

咨询／技术服务类项目实施成本管理涵盖 6 个三级流程，10 个关键流程步骤，其中财务关注或参与事项 6 个，分别是人工成本管理、服务采购成本管理、项目费用管理、项目成本分摊、成本结转和成本分析。咨询／技术服务类项目实施成本管理总览图如图 1-7-4 所示。

二、操作环节及说明

（一）人工成本管理

人工成本管理涵盖 3 个关键流程步骤，分别为人工成本计提、人工成本分摊和人工成本确认。具体操作步骤及详细说明详见本章"第一节 系统集成类项目"中"人工成本管理"相关内容。

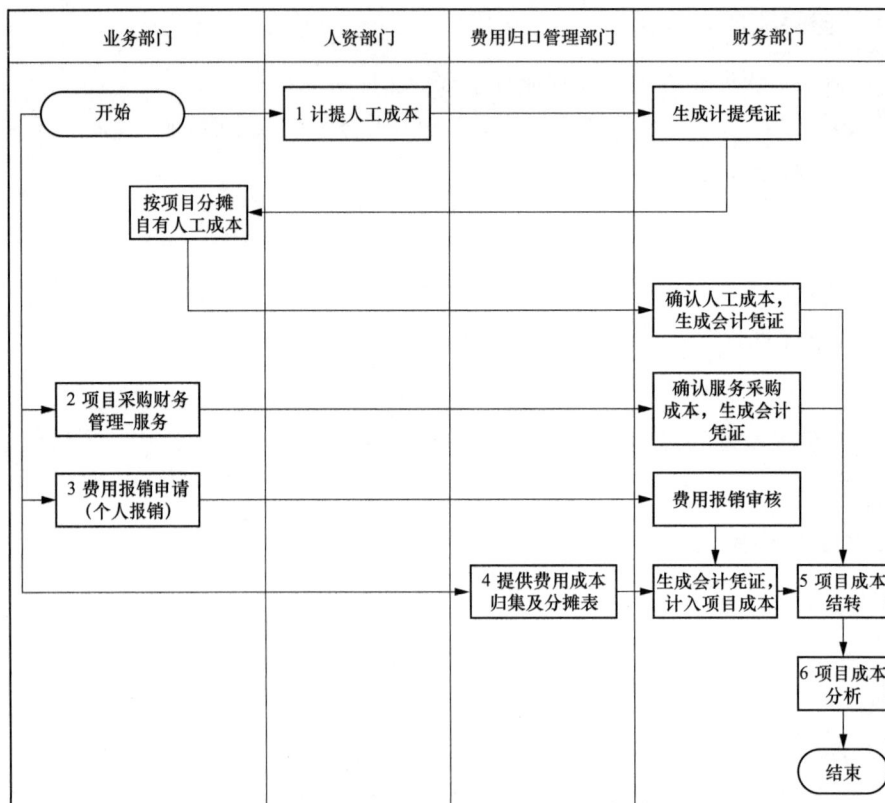

图 1-7-4　咨询／技术服务类项目实施成本管理总览图

（二）服务采购成本管理

服务采购成本管理涵盖 1 个关键流程步骤，为服务采购成本确认。具体操作步骤及详细说明详见本章"第一节　系统集成类项目"中"服务采购成本管理"相关内容。

（三）项目费用管理

项目费用管理涵盖 2 个关键流程步骤，分别为费用报销申请和费用报销审核。具体操作步骤及详细说明详见本章"第一节　系统集成类项目"中"项目费用管理"相关内容。

（四）项目成本分摊管理

项目成本分摊管理涵盖 2 个关键流程步骤，分别为项目成本分摊表制定和分摊成本确认。具体操作步骤及详细说明详见本章"第一节　系统集成类项目"中"项目成本分摊管理"相关内容。

（五）项目成本结转

项目成本结转管理涵盖 1 个关键流程步骤，为项目成本结转账务处理。具体操作步骤及详细说明详见本章"第一节　系统集成类项目"中"项目成本结转"相关内容。

（六）项目成本分析

成本预算控制与分析1个关键流程步骤，为项目成本分析。具体操作步骤及详细说明详见本章"第一节 系统集成类项目"中"项目成本分析"相关内容。

第五节 运营类项目

一、流程总览

运营类项目实施成本管理涵盖7个三级流程，13个关键流程步骤，其中财务关注或参与事项7个，分别是人工成本管理、物资采购成本管理、服务采购成本管理、项目费用管理、项目成本分摊、成本结转和成本分析。运营类项目实施成本管理总览图如图1-7-5所示。

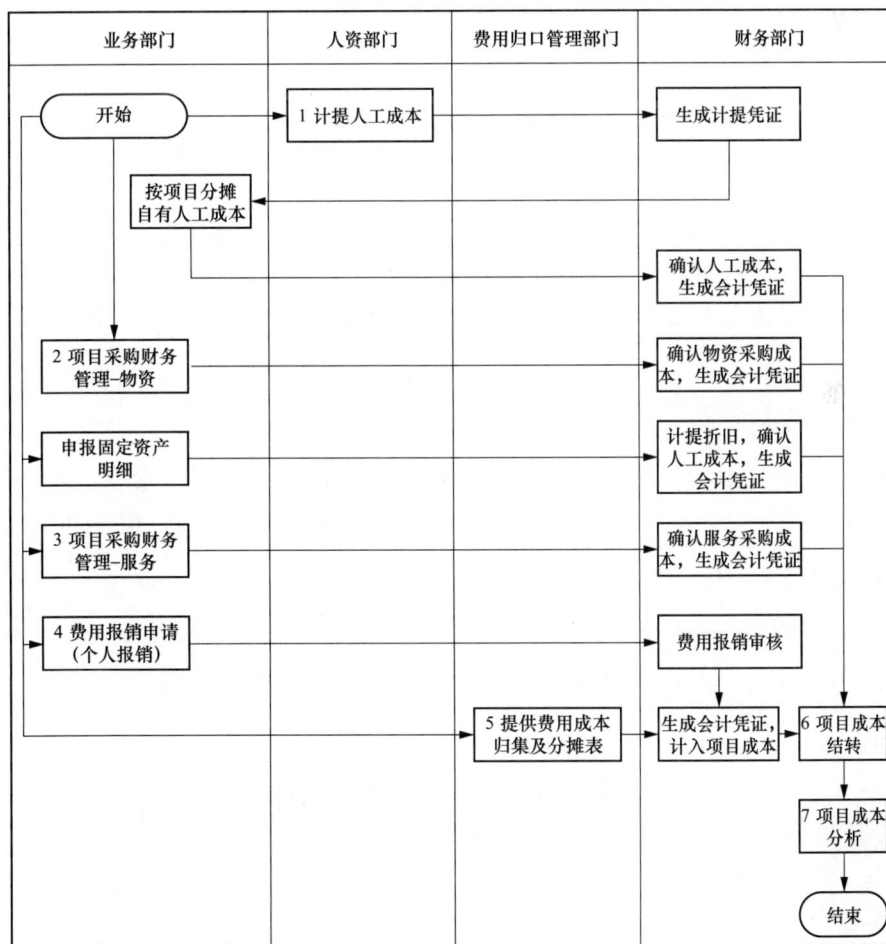

图1-7-5 运营类项目实施成本管理总览图

二、操作环节及说明

（一）人工成本管理

人工成本管理涵盖 3 个关键流程步骤，分别为人工成本计提、人工成本分摊和人工成本确认。具体操作步骤及详细说明详见本章"第一节　系统集成类项目"中"人工成本管理"相关内容。

（二）物资采购成本管理

物资采购成本管理涵盖 3 个关键流程步骤，分别为物资采购成本确认、固定资产明细申报、计提折旧并确认物资成本。具体操作步骤及详细说明详见本章"第一节　系统集成类项目"中"物资采购成本管理"相关内容。

（三）服务采购成本管理

服务采购成本管理涵盖 1 个关键流程步骤，为服务采购成本确认。具体操作步骤及详细说明详见本章"第一节　系统集成类项目"中"服务采购成本管理"相关内容。

（四）项目费用管理

项目费用管理涵盖 2 个关键流程步骤，分别为费用报销申请和费用报销审核。具体操作步骤及详细说明详见本章"第一节　系统集成类项目"中"项目费用管理"相关内容。

（五）项目成本分摊管理

项目成本分摊管理涵盖 2 个关键流程步骤，分别为项目成本分摊表制定和分摊成本确认。具体操作步骤及详细说明详见本章"第一节　系统集成类项目"中"项目成本分摊管理"相关内容。

（六）项目成本结转

项目成本结转管理涵盖 1 个关键流程步骤，为项目成本结转账务处理。具体操作步骤及详细说明详见本章"第一节　系统集成类项目"中"项目成本结转"相关内容。

（七）项目成本分析

成本预算控制与分析 1 个关键流程步骤，为项目成本分析。具体操作步骤及详细说明详见本章"第一节　系统集成类项目"中"项目成本分析"相关内容。

第六节　运维类项目

一、流程总览

运维类项目实施成本管理涵盖 7 个三级流程，13 个关键流程步骤，其中财务关注或参与事项 7 个，分别是人工成本管理、物资采购成本管理、服务采购成本管理、项目费用管理、项目成本分摊、成本结转和成本分析。运维类项目实施成本管理总览图如图 1-7-6 所示。

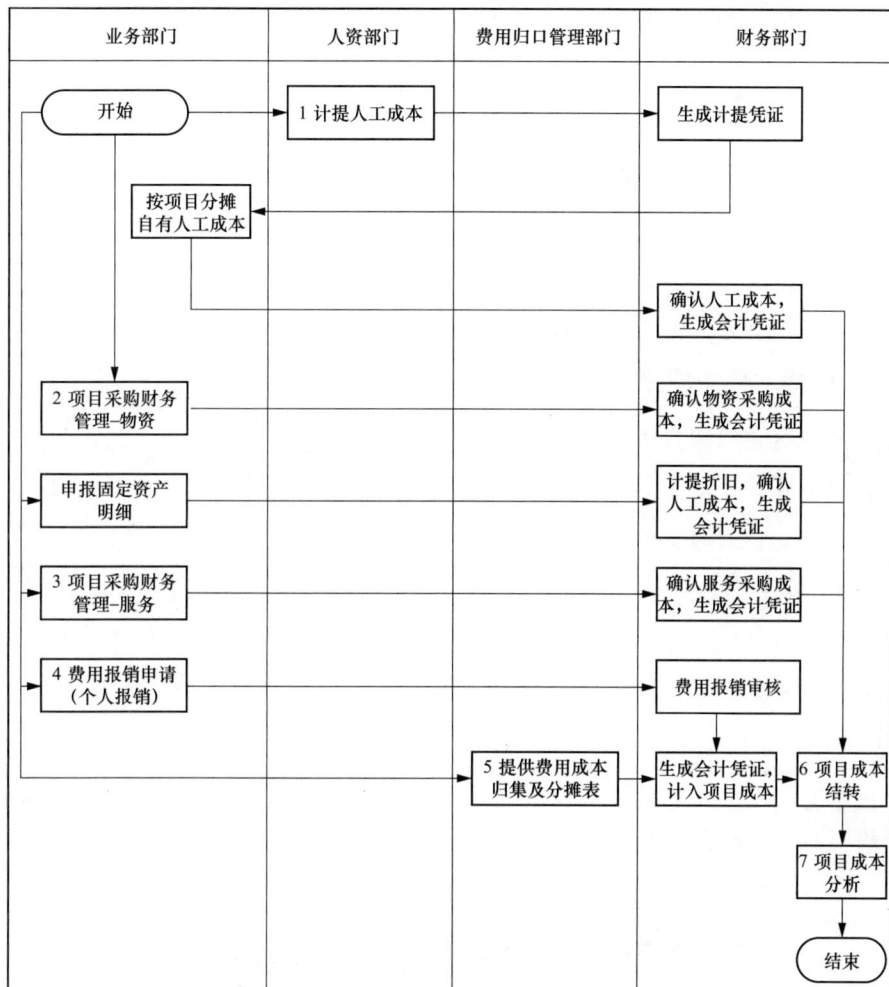

图 1-7-6 运维类项目实施成本管理总览图

二、操作环节及说明

（一）人工成本管理

人工成本管理涵盖 3 个关键流程步骤，分别为人工成本计提、人工成本分摊和人工成本确认。具体操作步骤及详细说明详见本章"第一节 系统集成类项目"中"人工成本管理"相关内容。

（二）物资采购成本管理

物资采购成本管理涵盖 3 个关键流程步骤，分别为物资采购成本确认、固定资产明细申报、计提折旧并确认物资成本。具体操作步骤及详细说明详见本章"第一节　系统集成类项目"中"物资采购成本管理"相关内容。

（三）服务采购成本管理

服务采购成本管理涵盖 1 个关键流程步骤，为服务采购成本确认。具体操作步骤及详细说明详见本章"第一节　系统集成类项目"中"服务采购成本管理"相关内容。

（四）项目费用管理

项目费用管理涵盖 2 个关键流程步骤，分别为费用报销申请和费用报销审核。具体操作步骤及详细说明详见本章"第一节　系统集成类项目"中"项目费用管理"相关内容。

（五）项目成本分摊管理

项目成本分摊管理涵盖 2 个关键流程步骤，分别为项目成本分摊表制定和分摊成本确认。具体操作步骤及详细说明详见本章"第一节　系统集成类项目"中"项目成本分摊管理"相关内容。

（六）项目成本结转

项目成本结转管理涵盖 1 个关键流程步骤，为项目成本结转账务处理。具体操作步骤及详细说明详见本章"第一节　系统集成类项目"中"项目成本结转"相关内容。

（七）项目成本分析

项目成本分析涵盖 1 个关键流程步骤，为项目成本分析。具体操作步骤及详细说明详见本章"第一节　系统集成类项目"中"项目成本分析"相关内容。

第七节　经营租赁类项目

一、流程总览

经营租赁类项目实施成本管理涵盖 7 个三级流程，13 个关键流程步骤，其中财务关注或参与事项 7 个，分别是人工成本管理、物资采购成本管理、服务采购成本管理、项目费用管理、项目成本分摊、成本结转和成本分析。经营租赁类项目实施成本管理总览图如图 1-7-7 所示。

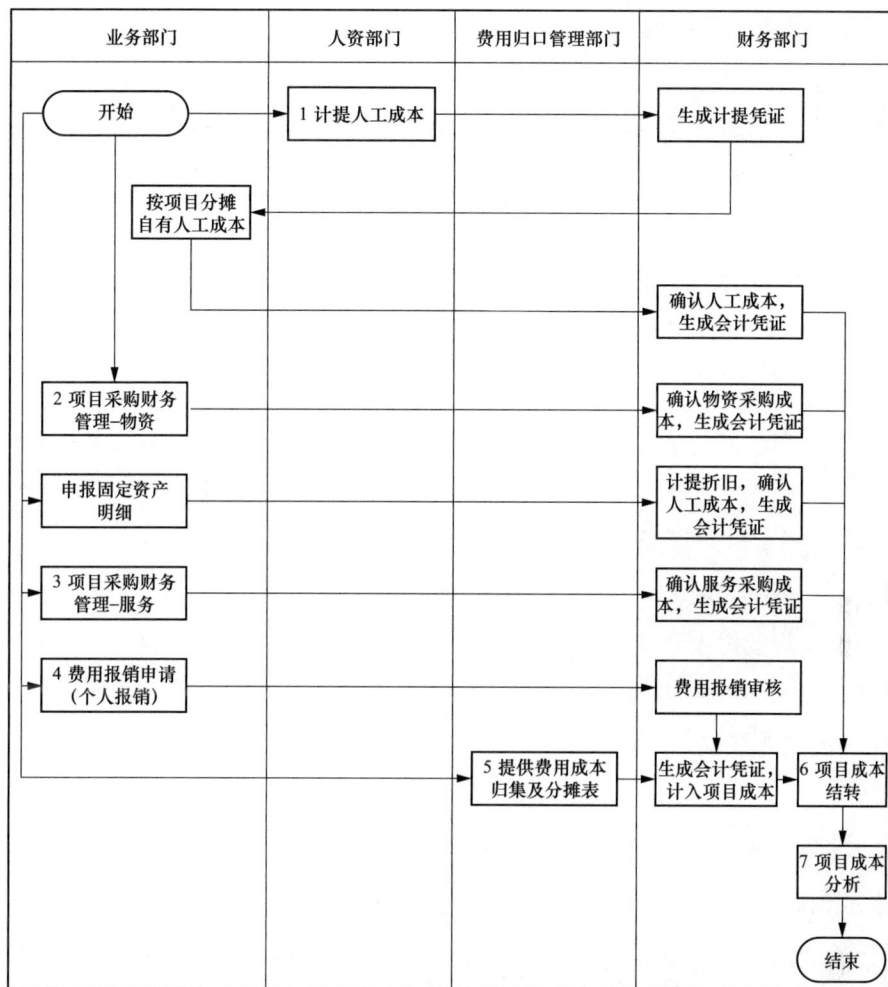

图 1-7-7　经营租赁类项目实施成本管理总览图

二、操作环节及说明

经营租赁类项目实施成本管理分为资产建设或购置期和后续的出租期，各阶段成本构成的差异较小、成本占比情况存在一定差异（如前期采购成本占比较大，后期资产折旧成本占比较大），业务部门、归口管理部门和财务部门需根据阶段的不同对成本管理采用差异化管理。

（一）人工成本管理

人工成本管理涵盖 3 个关键流程步骤，分别为人工成本计提、人工成本分摊和人工成本确认。具体操作步骤及详细说明详见本章"第一节　系统集成类项目"中"人工成本管理"相关内容。

（二）物资采购成本管理

物资采购成本管理涵盖 3 个关键流程步骤，分别为物资采购成本确认、固定资产明细申报、计提折旧并确认物资成本。具体操作步骤及详细说明详见本章"第一节　系统集成类项目"中"物资采购成本管理"相关内容。

（三）服务采购成本管理

服务采购成本管理涵盖 1 个关键流程步骤，为服务采购成本确认。具体操作步骤及详细说明详见本章"第一节　系统集成类项目"中"服务采购成本管理"相关内容。

（四）项目费用管理

项目费用管理涵盖 2 个关键流程步骤，分别为费用报销申请和费用报销审核。具体操作步骤及详细说明详见本章"第一节　系统集成类项目"中"项目费用管理"相关内容。

（五）项目成本分摊管理

项目成本分摊管理涵盖 2 个关键流程步骤，分别为项目成本分摊表制定和分摊成本确认。具体操作步骤及详细说明详见本章"第一节　系统集成类项目"中"项目成本分摊管理"相关内容。

（六）项目成本结转

项目成本结转管理涵盖 1 个关键流程步骤，为项目成本结转账务处理。具体操作步骤及详细说明详见本章"第一节　系统集成类项目"中"项目成本结转"相关内容。

（七）项目成本分析

项目成本分析涵盖 1 个关键流程步骤，为项目成本分析。具体操作步骤及详细说明详见本章"第一节　系统集成类项目"中"项目成本分析"相关内容。

第八节　融资租赁类项目

一、流程总览

融资租赁类项目实施成本管理涵盖 7 个三级流程，13 个关键流程步骤，其中财务关注或参与事项 7 个，分别是人工成本管理、物资采购成本管理、服务采购成本管理、项目费用管理、项目成本分摊、成本结转和成本分析。融资租赁类项目实施成本管理总览图如图 1-7-8 所示。

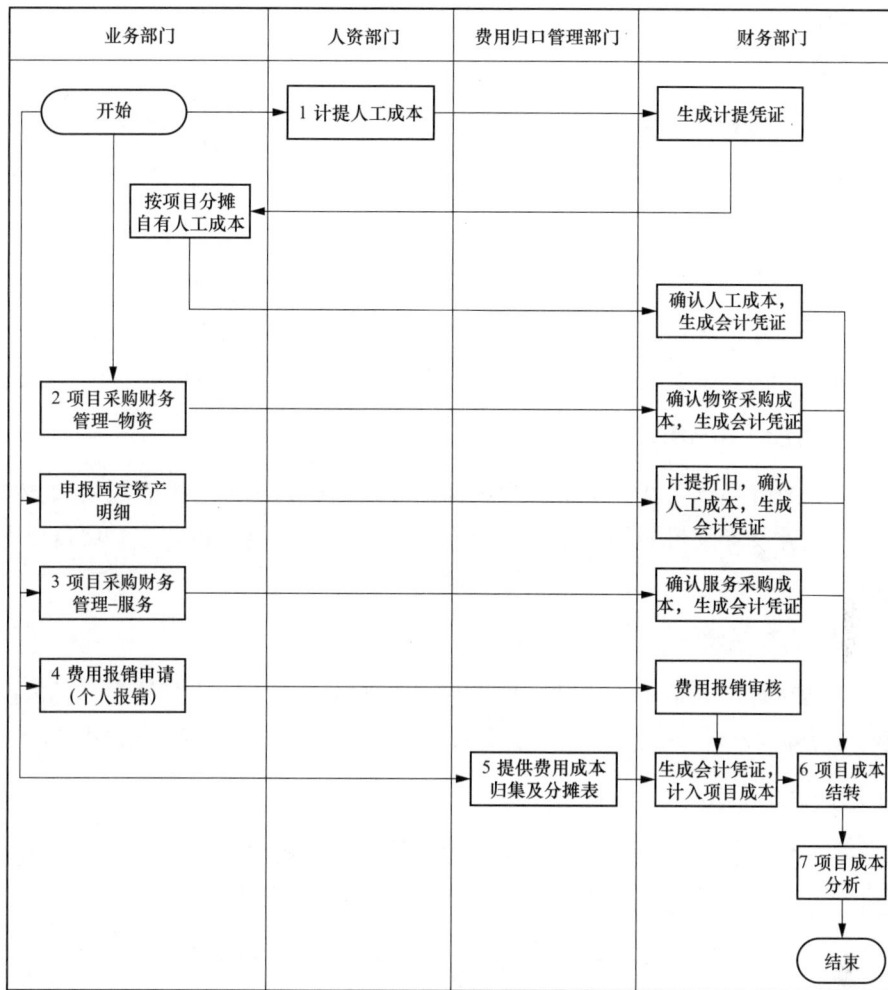

图 1-7-8　融资租赁类项目实施成本管理总览图

二、操作环节及说明

融资租赁类项目实施成本管理分为资产购置期和后续的出租期，各阶段成本构成的差异较小、成本占比情况存在一定差异，业务部门、归口管理部门和财务部门需根据阶段的不同对成本管理采用差异化管理。

（一）人工成本管理

人工成本管理涵盖 3 个关键流程步骤，分别为人工成本计提、人工成本分摊和人工成本确认。具体操作步骤及详细说明详见本章"第一节　系统集成类项目"中"人工成本管理"相关内容。

（二）物资采购成本管理

物资采购成本管理涵盖 3 个关键流程步骤，分别为物资采购成本确认、固定资产明细申报、计提折旧并确认物资成本。具体操作步骤及详细说明详见本章"第一节　系统集成类项目"中"物资采购成本管理"相关内容。

（三）服务采购成本管理

服务采购成本管理涵盖 1 个关键流程步骤，为服务采购成本确认。具体操作步骤及详细说明详见本章"第一节　系统集成类项目"中"服务采购成本管理"相关内容。

（四）项目费用管理

项目费用管理涵盖 2 个关键流程步骤，分别为费用报销申请和费用报销审核。具体操作步骤及详细说明详见本章"第一节　系统集成类项目"中"项目费用管理"相关内容。

（五）项目成本分摊管理

项目成本分摊管理涵盖 2 个关键流程步骤，分别为项目成本分摊表制定和分摊成本确认。具体操作步骤及详细说明详见本章"第一节　系统集成类项目"中"项目成本分摊管理"相关内容。

（六）项目成本结转

项目成本结转管理涵盖 1 个关键流程步骤，为项目成本结转账务处理。具体操作步骤及详细说明详见本章"第一节　系统集成类项目"中"项目成本结转"相关内容。

（七）项目成本分析

项目成本分析涵盖 1 个关键流程步骤，为项目成本分析。具体操作步骤及详细说明详见本章"第一节　系统集成类项目"中"项目成本分析"相关内容。

第九节　投资建设及运营服务类项目

一、流程总览

投资建设及运营服务类项目实施成本管理涵盖 7 个三级流程，13 个关键流程步骤，其中财务关注或参与事项 7 个，分别是人工成本管理、物资采购成本管理、服务采购成本管理、项目费用管理、项目成本分摊、成本结转和成本分析。投资建设及运营服务类项目实施成本管理总览图如图 1-7-9 所示。

二、操作环节及说明

投资建设及运营服务分为建设期及运营期，各阶段成本构成差异较大，成本占比情况存在一定差异（如建设期资产购置成本较大，运营期人工成本占比较大），业务部门、归口管理部门和财务部门需根据阶段的不同对成本管理采用差异化管理。

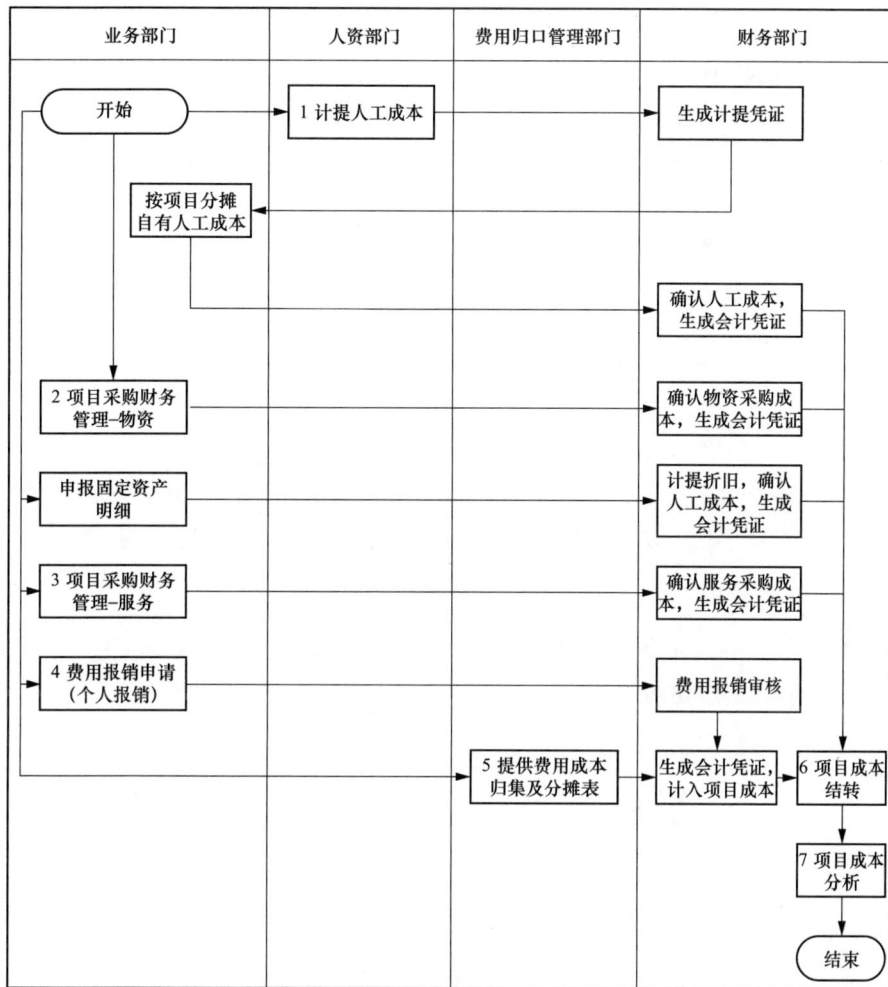

图 1-7-9　投资建设及运营服务类项目实施成本管理总览图

（一）人工成本管理

人工成本管理涵盖 3 个关键流程步骤，分别为人工成本计提、人工成本分摊和人工成本确认。具体操作步骤及详细说明详见本章"第一节　系统集成类项目"中"人工成本管理"相关内容。

（二）物资采购成本管理

物资采购成本管理涵盖 3 个关键流程步骤，分别为物资采购成本确认、固定资产明细申报、计提折旧并确认物资成本。具体操作步骤及详细说明详见本章"第一节　系统集成类项目"中"物资采购成本管理"相关内容。

（三）服务采购成本管理

服务采购成本管理涵盖 1 个关键流程步骤，为服务采购成本确认。具体操作步骤及详细说明详见本章"第一节 系统集成类项目"中"服务采购成本管理"相关内容。

（四）项目费用管理

项目费用管理涵盖 2 个关键流程步骤，分别为费用报销申请和费用报销审核。具体操作步骤及详细说明详见本章"第一节 系统集成类项目"中"项目费用管理"相关内容。

（五）项目成本分摊管理

项目成本分摊管理涵盖 2 个关键流程步骤，分别为项目成本分摊表制定和分摊成本确认。具体操作步骤及详细说明详见本章"第一节 系统集成类项目"中"项目成本分摊管理"相关内容。

（六）项目成本结转

项目成本结转管理涵盖 1 个关键流程步骤，为项目成本结转账务处理。具体操作步骤及详细说明详见本章"第一节 系统集成类项目"中"项目成本结转"相关内容。

（七）项目成本分析

成本预算控制与分析 1 个关键流程步骤，为项目成本分析。具体操作步骤及详细说明详见本章"第一节 系统集成类项目"中"项目成本分析"相关内容。

第十节 产业链金融类项目

一、流程总览

产业链金融类项目实施成本管理涵盖 7 个三级流程，13 个关键流程步骤，其中财务关注或参与事项 7 个，分别是人工成本管理、物资采购成本管理、服务采购成本管理、项目费用管理、项目成本分摊、成本结转和成本分析。产业链金融类项目实施成本管理总览图如图 1-7-10 所示。

二、操作环节及说明

（一）人工成本管理

人工成本管理涵盖 3 个关键流程步骤，分别为人工成本计提、人工成本分摊和人工成本确认。具体操作步骤及详细说明详见本章"第一节 系统集成类项目"中"人工成本管理"相关内容。

（二）物资采购成本管理

物资采购成本管理涵盖 3 个关键流程步骤，分别为物资采购成本确认、固定资产明细申报、计提折旧并确认物资成本。具体操作步骤及详细说明详见本章"第一节 系统集成类项目"中"物资采购成本管理"相关内容。

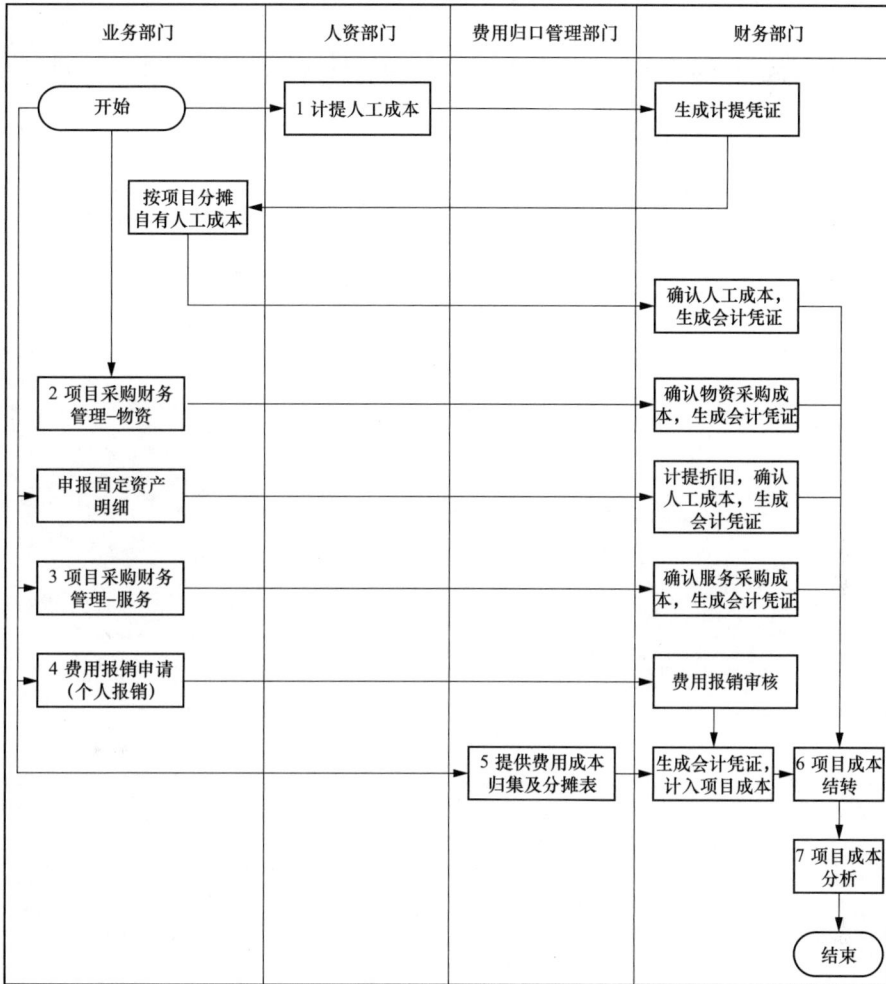

图 1-7-10　产业链金融类项目实施成本管理总览图

（三）服务采购成本管理

服务采购成本管理涵盖 1 个关键流程步骤，为服务采购成本确认。具体操作步骤及详细说明详见本章"第一节　系统集成类项目"中"服务采购成本管理"相关内容。

（四）项目费用管理

项目费用管理涵盖 2 个关键流程步骤，分别为费用报销申请和费用报销审核。具体操作步骤及详细说明详见本章"第一节　系统集成类项目"中"项目费用管理"相关内容。

（五）项目成本分摊管理

项目成本分摊管理涵盖 2 个关键流程步骤，分别为项目成本分摊表制定和分摊成本确认。具体操作步骤及详细说明详见本章"第一节　系统集成类项目"中"项目成本分摊管理"相关内容。

（六）项目成本结转

项目成本结转管理涵盖 1 个关键流程步骤，为项目成本结转账务处理。具体操作步骤及详细说明详见本章"第一节　系统集成类项目"中"项目成本结转"相关内容。

（七）项目成本分析

项目成本分析涵盖 1 个关键流程步骤，为项目成本分析。具体操作步骤及详细说明详见本章"第一节　系统集成类项目"中"项目成本分析"相关内容。

第八章

项目实施现金收支管理

本章内容适用于项目实施阶段现金收支管理，涵盖收款管理和付款管理等流程，财务关注或参与事项主要包括回款认款质量和效率、付款审核、收付款核算。

第一节　系统集成类项目

一、流程总览

系统集成类项目实施现金收支管理涵盖2个三级流程，6个关键流程步骤，其中财务关注或参与事项3个，分别是回款认款质量和效率、付款审核、收付款核算。系统集成类项目实施现金收支管理总览图如图1-8-1所示。

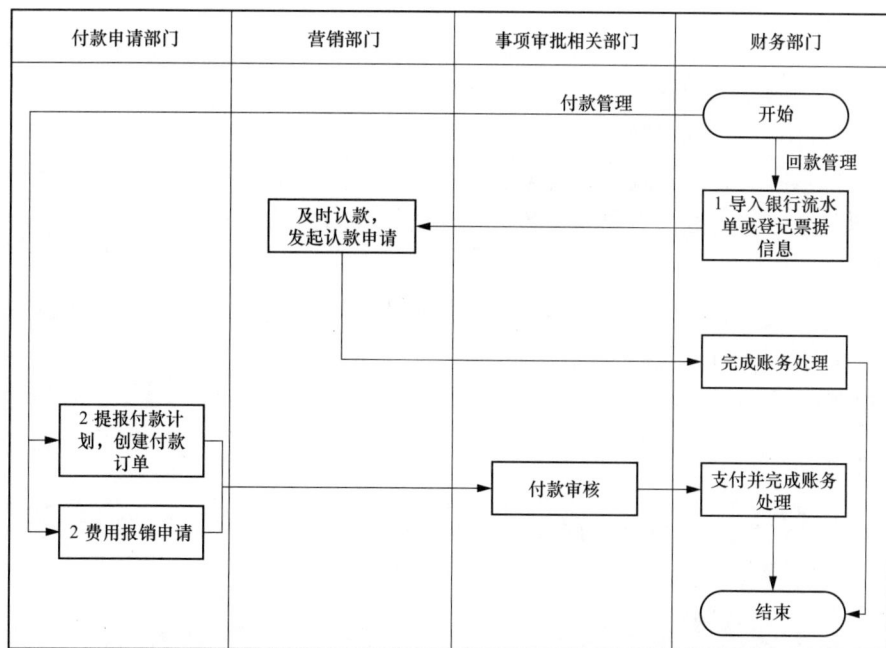

图 1-8-1　系统集成类项目实施现金收支管理总览图

二、操作环节及说明

（一）收款管理

收款管理中，各单位需完善财务、营销、项目管理、法务等多部门高效协同、全流程贯通的长效机制。营销部门为各款项收回的牵头部门，营销部门应及时催收投标保证金、质保金、项目款等应收款项，逐条项目梳理到期未回款原因，将每一笔满足收款条件的合同款项落实到具体责任人，保证应收未收款项颗粒归仓；项目管理部门需对收款情况进行监督和考核，负责重点项目的进度和质量管控，促进项目应收向实际应收、实际应收向实际到款的转化；业务部门应保证项目进度和质量，并积极配合催款事宜；财务部门需定期与营销部门对账并发送应收款项明细表，助推现金回流。

1. 导入银行流水单

若银行到款，财务部门在"一系统"中导入银行流水单，形成银行进账单信息；若票据到款，财务部门在财务管控系统录入票据信息，票据信息同步传递至"一系统"，供营销部门进行认款。

2. 发起认款流程

营销部门按日关注"一系统"中到款信息，执行认款流程。选择银行进账信息，维护认款客户和合同明细信息，上传合同关键页等影像资料，提交认款申请，履行系统审批程序。

（1）营销部门发起认款流程时需注意：到款单应注明合同名称及编号、项目编号、客户名称、合同金额、本次回款金额、累计回款比例等内容。

（2）财务部门在审核认款时需注意：

1）检查回款方式和回款金额是否与合同约定一致，检查是否存在收支相抵情况。

2）检查付款方与合同对方是否一致，累计认款金额是否小于等于已开票金额和合同总额等。

3）财务部门应检查营销部门取消已经履行到款确认的合理性，是否已提交相关说明材料，是否经过规定的审批流程。

4）检查认款效率，12月不得出现未认款项，其余月份不得出现2个月以上的未认款项。

3. 回款账务处理

认款申请经审批后，财务部门在"一系统"中进行凭证预制操作，生成预制凭证并完成过账。

财务部门在进行预制凭证时需关注：

（1）往来款项性质、产品服务、开票状态、融资合同及票据等多维信息是否完整、准确。

（2）借贷科目使用和金额是否正确、完整。

（二）付款管理

1. 创建付款订单

采购付款申请部门在"一系统"中申报下月付款计划，根据合同、进度和发票校验情况，在"一系统"按供应商创建付款订单，关联采购订单、合同信息、项目信息、发票信息，上传影印附件。

（1）采购付款申请部门在创建付款订单时需注意：

1）该笔合同付款已纳入年度及月度预算，无预算不得对外支付。未纳入预算的资金支出，需先履行本单位预算调整程序，纳入预算后才可提交付款订单。

2）付款订单中收款人、收款账号、开户银行、款项用途、金额、支付方式等内容，与合同约定一致，如果合同签订方、收发票方、收款方不一致时，需提供相应文件支持。

3）实际付款进度与合同约定的付款进度保持一致，不得出现超合同进度付款。

4）关注付款及时性，物资部门、业务部门合作建立民营企业账款管理台账，达到付款条件，及时履行付款程序，对于双方有争议的，及时与供应商进行沟通。

（2）财务部门审核付款订单时需注意：

1）检查合同付款是否已经纳入年度及月度预算，无预算不得对外支付；未纳入预算的资金支出，必须按预算调整程序纳入预算后方可办理。

2）检查用款部门提交的支付申请是否注明收款人、收款账号、开户银行、款项用途、金额、支付方式等内容，是否与合同约定一致；如采购合同对方、收发票方、收款方不一致，是否提供相应支持文件。

3）检查是否提供合同付款节点证明材料，是否有项目管理部门及业务部门的签字，支付方式是否符合合同约定等。

4）检查实际付款进度与合同约定的付款进度是否一致，不得出现超合同进度付款。

5）检查合同预付或按项目进度付款时，是否已经支付，避免重复付款。

6）关注清欠民营企业款，对于双方有争议的，及时提示物资部门、业务部门与供应商进行沟通，制定清欠计划，防止拖欠风险。

2. 支付制证

财务部门根据审批后的付款申请单，按照现金流按日排程的流程，完成付款；在财务管控系统完成支付后，将支付状态信息和银行账户反馈到"一系统"，在"一系统"预制付款凭证，信息传递至 ERP 系统生成正式凭证。

财务部门进行支付制证时需注意：

（1）收款人名称、收款账号、付款金额等是否正确。

（2）检查生成的凭证科目和维度信息是否正确。

3. 费用报销支付

费用报销审核要点详见第七章"项目实施成本管理"中"项目费用管理"相关内容。财务部门根据审批后的报销单，按照现金流按日排程的流程，完成付款。

财务部门进行支付制证时需注意：

（1）收款人名称、收款账号、付款金额等是否正确。

（2）检查生成的凭证科目和维度信息是否正确。

第二节 硬件生产制造类项目

一、流程总览

硬件生产制造类项目实施现金收支管理涵盖 2 个三级流程，6 个关键流程步骤，其中财务关注或参与事项 3 个，分别是回款认款质量和效率、付款审核、收付款核算。硬件生产制造类项目实施现金收支管理总览图如图 1-8-2 所示。

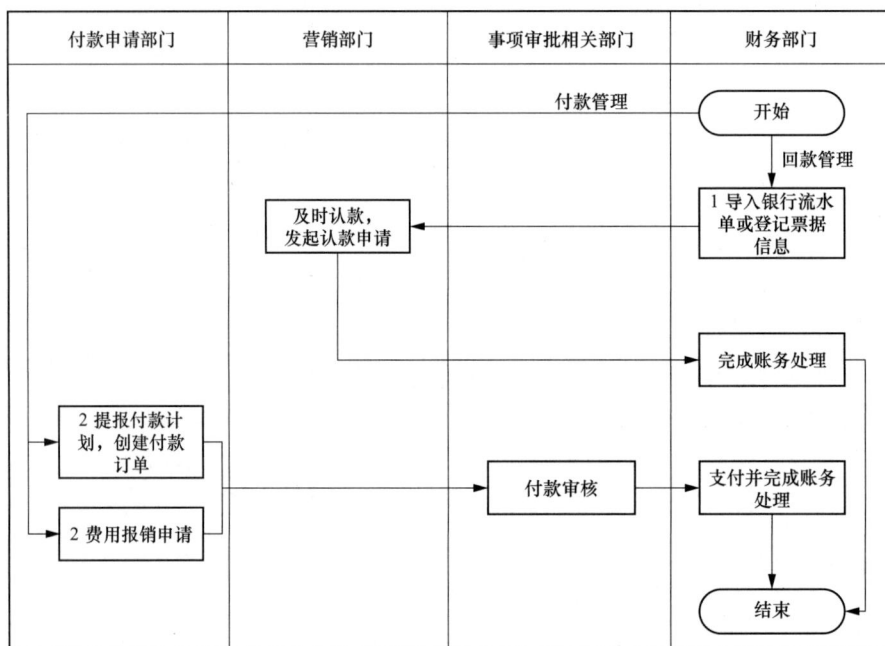

图 1-8-2 硬件生产制造类项目实施现金收支管理总览图

二、操作环节及说明

（一）收款管理

收款管理涵盖 3 个关键流程步骤，分别为导入银行流水单、发起认款流程和回款账务处理。具体操作步骤及详细说明详见本章"第一节 系统集成类项目"中"收款管理"相关内容。

（二）付款管理

付款管理涵盖 3 个关键流程步骤，分别为创建付款订单、支付制证和费用报销支付。具体操作步骤及详细说明详见本章"第一节　系统集成类项目"中"付款管理"相关内容。

第三节　软件研发 / 实施类项目

一、流程总览

软件研发 / 实施类项目实施现金收支管理涵盖 2 个三级流程，6 个关键流程步骤，其中财务关注或参与事项 3 个，分别是回款认款质量和效率、付款审核、收付款核算。软件研发 / 实施类项目实施现金收支管理总览图如图 1-8-3 所示。

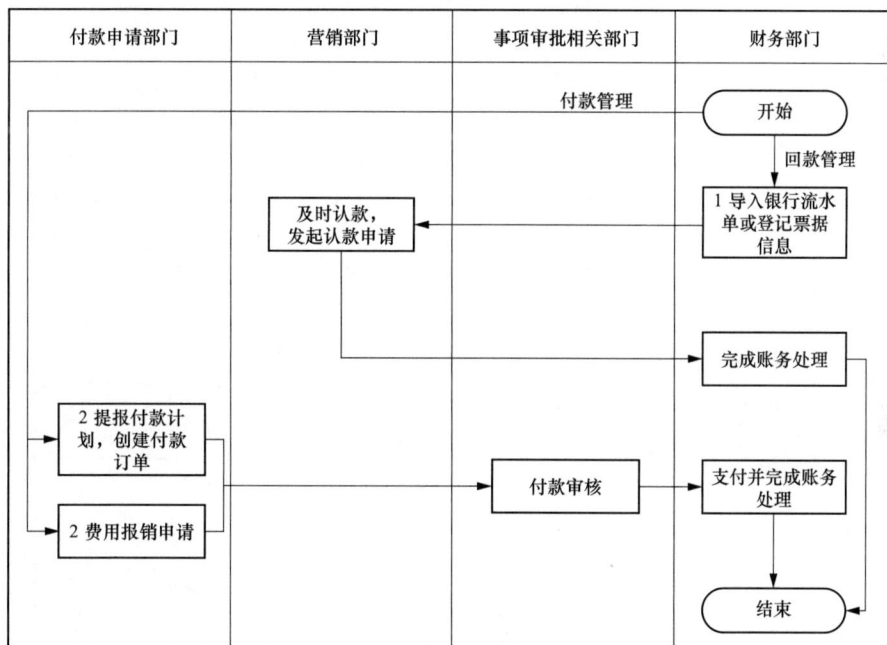

图 1-8-3　软件研发 / 实施类项目实施现金收支管理总览图

二、操作环节及说明

（一）收款管理

收款管理涵盖 3 个关键流程步骤，分别为导入银行流水单、发起认款流程和回款账务处理。具体操作步骤及详细说明详见本章"第一节　系统集成类项目"中"收款管理"相关内容。

（二）付款管理

付款管理涵盖 3 个关键流程步骤，分别为创建付款订单、支付制证和费用报销支付。具体操作步骤及详细说明详见本章"第一节 系统集成类项目"中"付款管理"相关内容。

第四节 咨询／技术服务类项目

一、流程总览

咨询／技术服务类项目实施现金收支管理涵盖 2 个三级流程，6 个关键流程步骤，其中财务关注或参与事项 3 个，分别是回款认款质量和效率、付款审核、收付款核算。咨询／技术服务类项目实施现金收支管理总览图如图 1-8-4 所示。

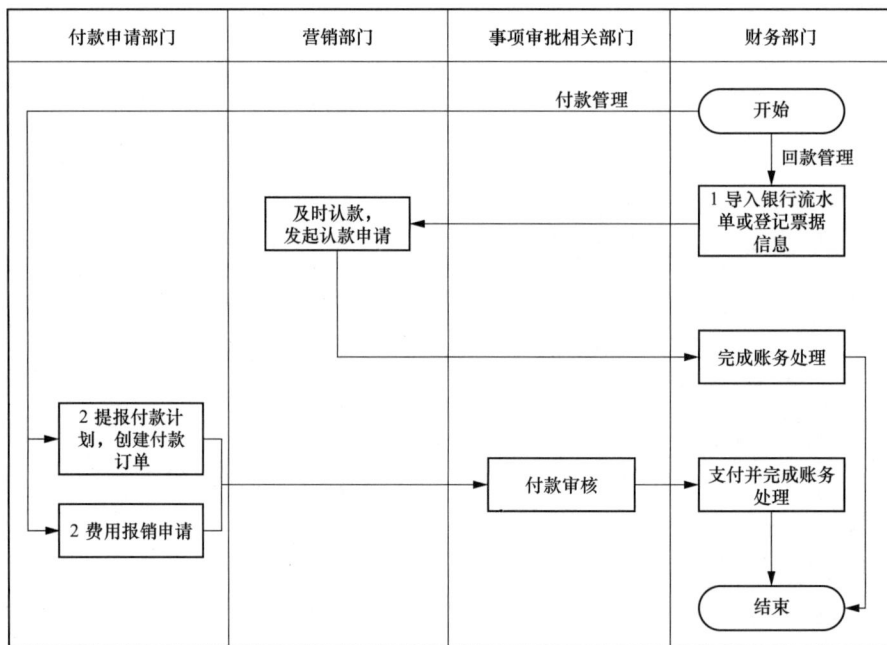

图 1-8-4 咨询／技术服务类项目实施现金收支管理总览图

二、操作环节及说明

（一）收款管理

收款管理涵盖 3 个关键流程步骤，分别为导入银行流水单、发起认款流程和回款账务处理。具体操作步骤及详细说明详见本章"第一节 系统集成类项目"中"收款管理"相关内容。

（二）付款管理

付款管理涵盖 3 个关键流程步骤，分别为创建付款订单、支付制证和费用报销支付。具体操作步骤及详细说明详见本章"第一节 系统集成类项目"中"付款管理"相关内容。

第五节 运营类项目

一、流程总览

运营类项目实施现金收支管理涵盖 2 个三级流程，6 个关键流程步骤，其中财务关注或参与事项 3 个，分别是回款认款质量和效率、付款审核、收付款核算。运营类项目实施现金收支管理总览图如图 1-8-5 所示。

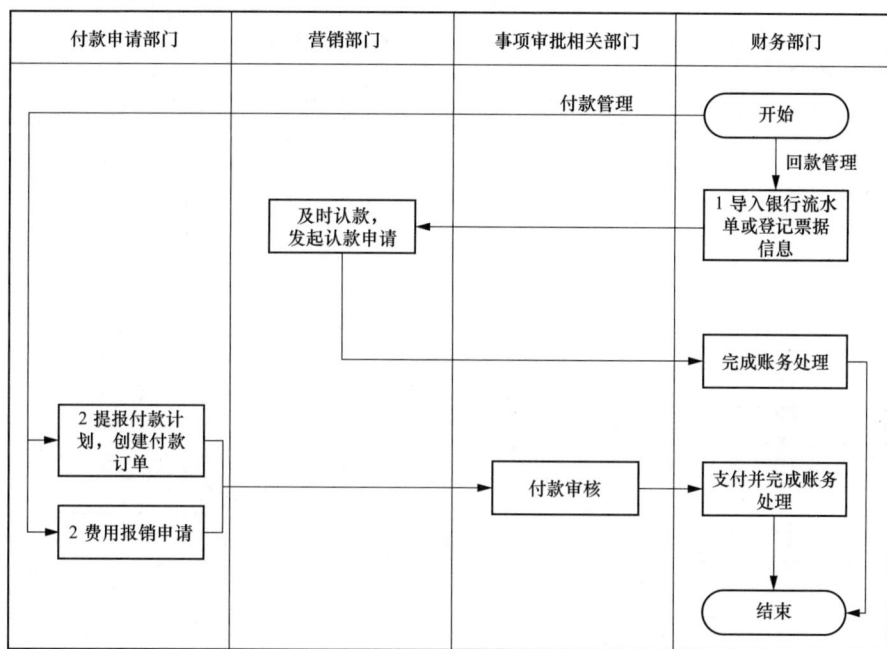

图 1-8-5 运营类项目实施现金收支管理总览图

二、操作环节及说明

（一）收款管理

收款管理涵盖 3 个关键流程步骤，分别为导入银行流水单、发起认款流程和回款账务处理。具体操作步骤及详细说明详见本章"第一节 系统集成类项目"中"收款管理"相关内容。

（二）付款管理

付款管理涵盖 3 个关键流程步骤，分别为创建付款订单、支付制证和费用报销支付。具体操作步骤及详细说明详见本章"第一节　系统集成类项目"中"付款管理"相关内容。

第六节　运维类项目

一、流程总览

运维类项目实施现金收支管理涵盖 2 个三级流程，6 个关键流程步骤，其中财务关注或参与事项 3 个，分别是回款认款质量和效率、付款审核、收付款核算。运维类项目实施现金收支管理总览图如图 1-8-6 所示。

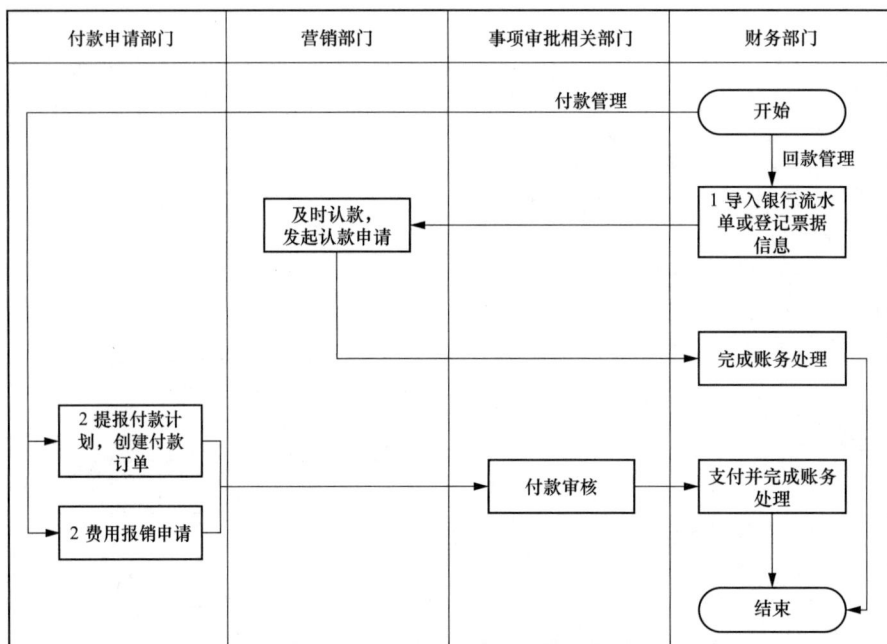

图 1-8-6　运维类项目实施现金收支管理总览图

二、操作环节及说明

（一）收款管理

收款管理涵盖 3 个关键流程步骤，分别为导入银行流水单、发起认款流程和回款账务处理。具体操作步骤及详细说明详见本章"第一节　系统集成类项目"中"收款管理"相关内容。

（二）付款管理

付款管理涵盖 3 个关键流程步骤，分别为创建付款订单、支付制证和费用报销支付。具体操作步骤及详细说明详见本章"第一节 系统集成类项目"中"付款管理"相关内容。

第七节 经营租赁类项目

一、流程总览

经营租赁类项目实施现金收支管理涵盖 2 个三级流程，6 个关键流程步骤，其中财务关注或参与事项 3 个，分别是回款认款质量和效率、付款审核、收付款核算。经营租赁类项目实施现金收支管理总览图如图 1-8-7 所示。

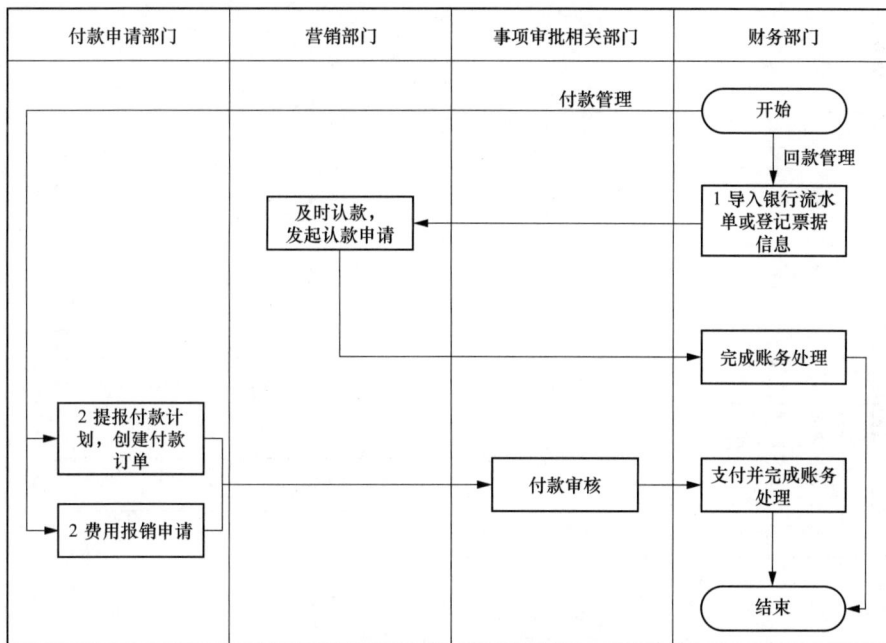

图 1-8-7 经营租赁类项目实施现金收支管理总览图

二、操作环节及说明

（一）收款管理

收款管理涵盖 3 个关键流程步骤，分别为导入银行流水单、发起认款流程和回款账务处理。具体操作步骤及详细说明详见本章"第一节 系统集成类项目"中"收款管理"相关内容。

（二）付款管理

付款管理涵盖 3 个关键流程步骤，分别为创建付款订单、支付制证和费用报销支付。具体操作步骤及详细说明详见本章"第一节　系统集成类项目"中"付款管理"相关内容。

第八节　融资租赁类项目

一、流程总览

融资租赁类项目实施现金收支管理涵盖 2 个三级流程，6 个关键流程步骤，其中财务关注或参与事项 3 个，分别是回款认款质量和效率、付款审核、收付款核算。融资租赁类项目实施现金收支管理总览图如图 1-8-8 所示。

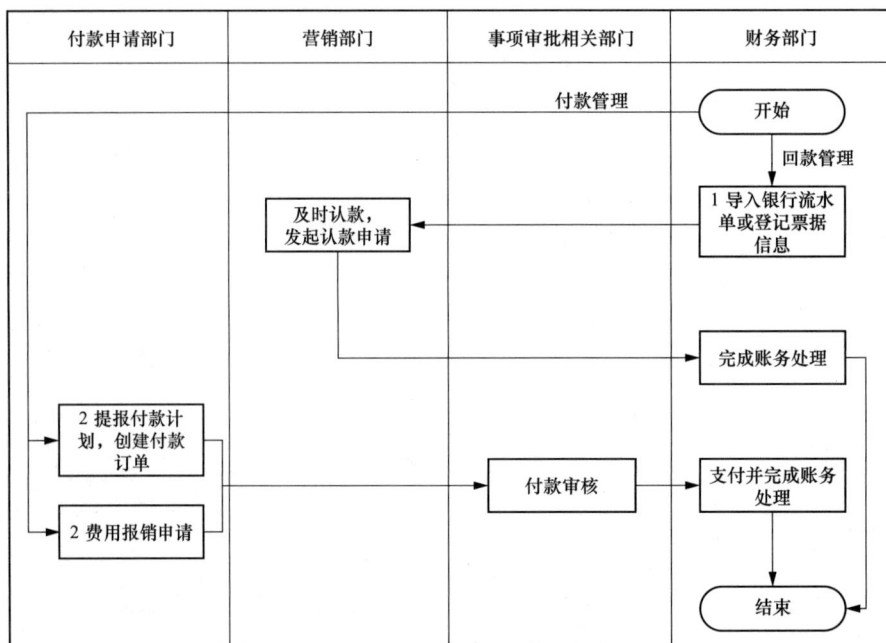

图 1-8-8　融资租赁类项目实施现金收支管理总览图

二、操作环节及说明

（一）收款管理

收款管理涵盖 3 个关键流程步骤，分别为导入银行流水单、发起认款流程和回款账务处理。具体操作步骤及详细说明详见本章"第一节　系统集成类项目"中"收款管理"相关内容。

（二）付款管理

付款管理涵盖 3 个关键流程步骤，分别为创建付款订单、支付制证和费用报销支付。具体操作步骤及详细说明详见本章"第一节 系统集成类项目"中"付款管理"相关内容。

第九节 投资建设及运营服务类项目

一、流程总览

投资建设及运营服务类项目实施现金收支管理涵盖 2 个三级流程，6 个关键流程步骤，其中财务关注或参与事项 3 个，分别是回款认款质量和效率、付款审核、收付款核算。投资建设及运营服务类项目实施现金收支管理总览图如图 1-8-9 所示。

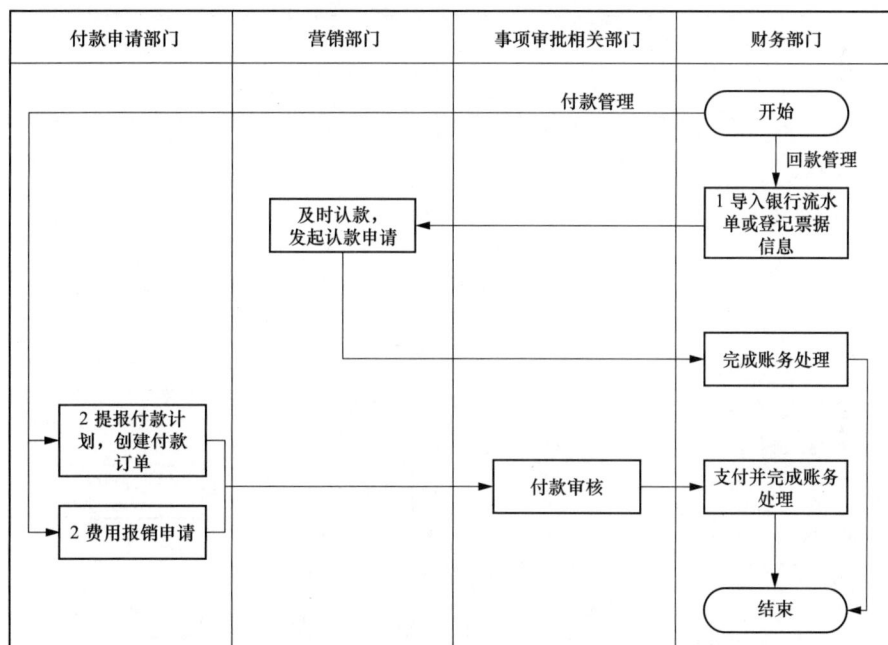

图 1-8-9 投资建设及运营服务类项目实施现金收支管理总览图

二、操作环节及说明

（一）收款管理

收款管理涵盖 3 个关键流程步骤，分别为导入银行流水单、发起认款流程和回款账务处理。具体操作步骤及详细说明详见本章"第一节 系统集成类项目"中"收款管理"相关内容。

（二）付款管理

付款管理涵盖 3 个关键流程步骤，分别为创建付款订单、支付制证和费用报销支付。具体操作步骤及详细说明详见本章"第一节　系统集成类项目"中"付款管理"相关内容。

第十节　产业链金融类项目

一、流程总览

产业链金融类项目实施现金收支管理涵盖 2 个三级流程，6 个关键流程步骤，其中财务关注或参与事项 3 个，分别是回款认款质量和效率、付款审核、收付款核算。产业链金融类项目实施现金收支管理总览图如图 1-8-10 所示。

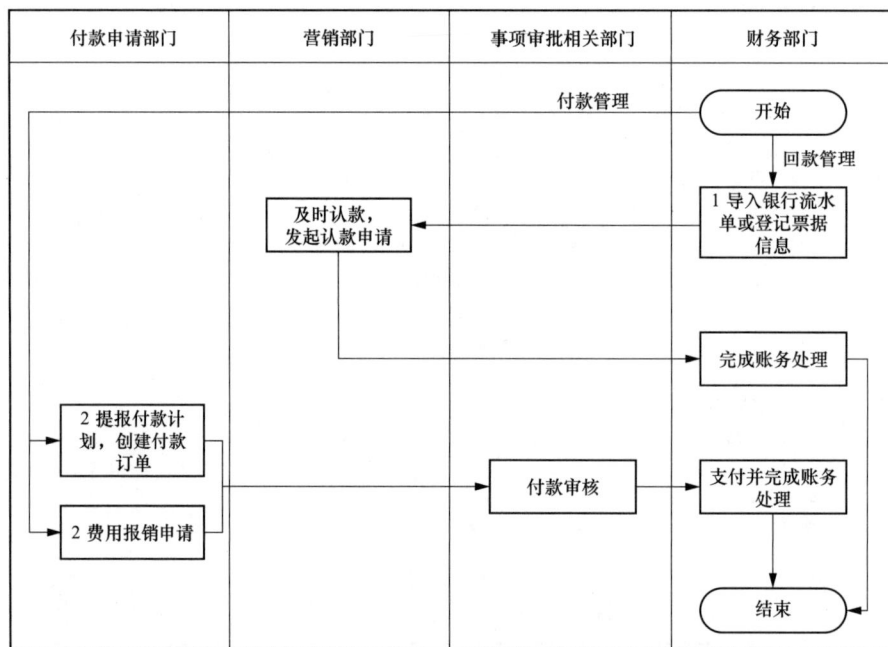

图 1-8-10　产业链金融类项目实施现金收支管理总览图

二、操作环节及说明

（一）收款管理

收款管理涵盖 3 个关键流程步骤，分别为导入银行流水单、发起认款流程和回款账务处理。具体操作步骤及详细说明详见本章"第一节　系统集成类项目"中"收款管理"相关内容。

（二）付款管理

付款管理涵盖 3 个关键流程步骤，分别为创建付款订单、支付制证和费用报销支付。具体操作步骤及详细说明详见本章"第一节　系统集成类项目"中"付款管理"相关内容。

第九章

项目验收及后评价财务管理

本章内容适用于项目验收及后评价财务阶段的财务管理，涵盖项目（产品）验收、项目结项、项目（订单）关闭、期后资产评估、租赁保证金退回、担保余值处理、资产后期使用、项目后评价等流程，财务关注或参与事项主要包括出厂测试费用、项目（订单）关闭、质保金、资产评估、担保余值的处理、资产后期使用管理、项目后评价。

第一节　系统集成类项目

一、流程总览

系统集成类项目验收及后评价财务管理涵盖 3 个三级流程，8 个关键流程步骤，其中财务关注或参与事项 4 个，分别是出厂测试费用、项目关闭、项目质保金收回和项目评价。系统集成类项目验收及后评价财务管理总览图如图 1-9-1 所示。

二、操作环节及说明

（一）项目验收

1. 内部测试

指软件产品在送交集团出厂测试前，由各单位按要求自行组织开展的研发过程测试工作，内部测试主要包括单元测试、系统测试及代码安全自测等内容。

业务部门提出项目测试申请单，申请单应明确测试项目、测试内容、测试重点等信息，经审批通过后，由测试部门对项目（产品）进行内部测试。

测试部门测试结束后，汇总记录测试过程及结果，反馈至业务部门，业务部门进行调整。

内部测试需要注意事项：

（1）检测手段是否能够达成检测目标。

（2）测试部门是否完整记录测试过程及结果，及时向项目管理部门反馈结果。

内部测试报告作为下一阶段测试工作启动的依据，应由各单位负责人签字确认，并随出厂测试申请材料一并报送集团测试中心。

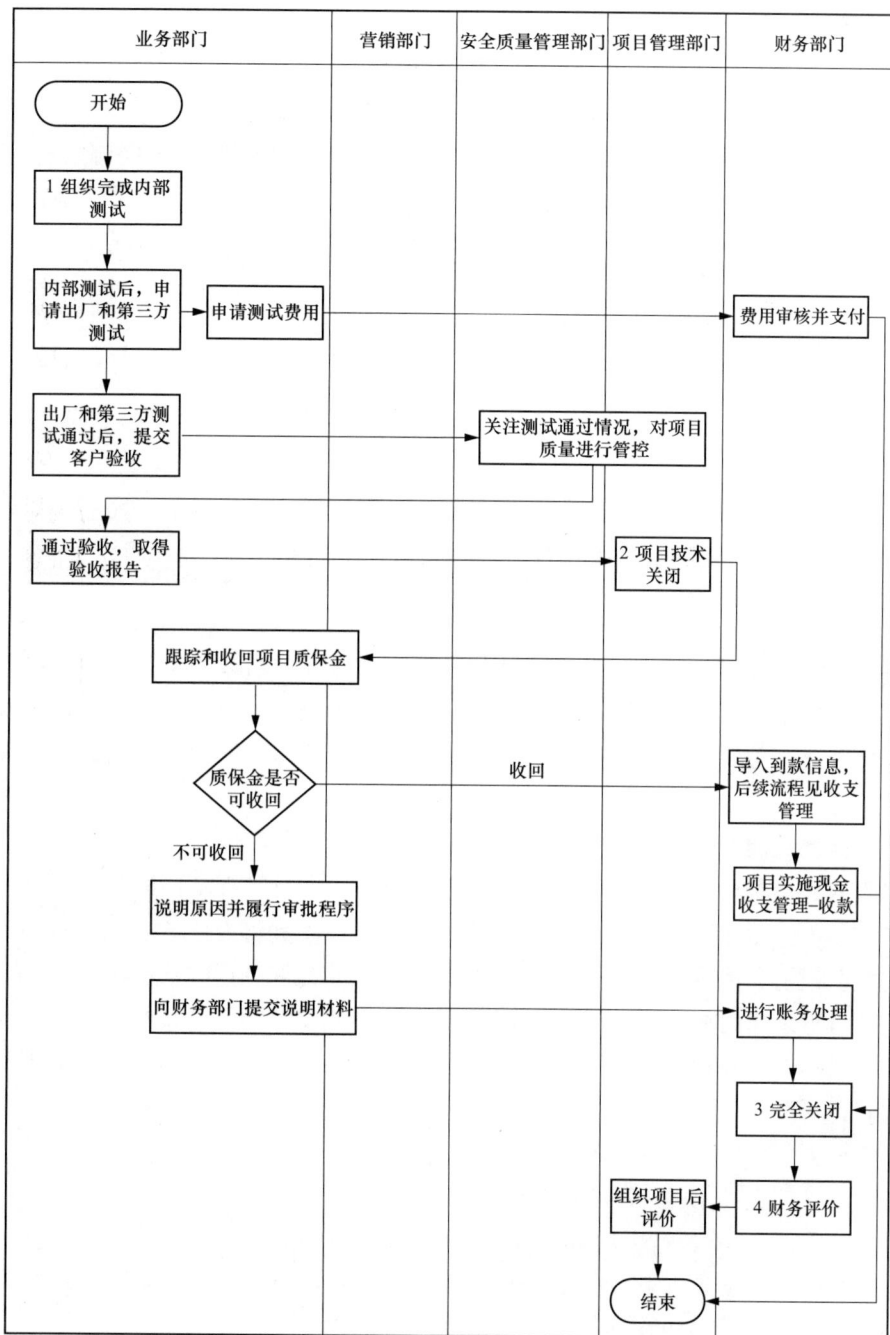

图 1-9-1 系统集成类项目验收及后评价财务管理总览图

2. 出厂测试

业务部门按照出厂测试和第三方测试的规定准备测试材料，提交测试申请和测试费用申请，审批通过后进行测试。通过测试，提交客户验收；未通过测试，需调整或需要重新执行项目。

（1）业务部门在出厂测试环节需注意：

1）检测中发现质量问题时，及时处理及纠正。

2）保证项目质量，减少测试环节重复进行，控制测试费用。

3）对于两轮测试失败的项目，分析项目进度、成本、收入及回款的影响。

（2）安全质量部门在出厂测试环节需注意：

1）检测中发现的问题是否进行处理，是否存在同类问题重复出现情况。

2）应跟踪问题缺陷治理进展，及时协调解决严重问题等，以提高集团整体质量。

（3）财务部门在出厂测试环节需注意：

1）第三方测试费用按照费用报销制度执行，监控报销过程。

2）需对同一项目三次以上的测试费用报销情况进行预警提示。

3. 提交客户验收

在项目各项工作完成之后，业务部门需及时向客户提出验收申请，完成项目成果的审验，取得客户签字盖章的项目验收报告等验收文档。

（二）项目关闭

项目或销售订单完工验收且全额确认收入后，为保证项目或销售订单累计结转成本及时调整为实际成本，避免继续出现后续服务成本，导致收入与成本不配比，需要及时对项目或销售订单进行关闭。项目关闭包括技术关闭和完全关闭，完全关闭后开始对项目实际执行情况进行总结评价。

1. 项目技术关闭

项目收入、成本全部入账，开票收票全部完成后，项目管理部门经与相关部门确认后及时在 ERP 系统中进行技术关闭，项目技术关闭以后，不允许有收入、人工成本、采购成本发生，可以报销少量零散费用（会议费、办公费等），允许进行收款、付款操作。

（1）项目管理部门在技术关闭环节需注意：

1）项目收入、成本全部入账，开票收票全部完成后，及时组织项目技术关闭。

2）与营销部门、物资部门和财务部门进行沟通，确认采购项已全部关闭、已完成客户验收、已完成外包成果验收等，项目销售端和采购端不再有业务发生。

（2）财务部门在技术关闭环节需注意：

1）每半年梳理一次执行中项目，督促项目管理部门及时对符合条件的项目进行技术关闭，对于验收后超过半年仍未进行技术关闭的项目，核实原因，建立专项台账。

2）对于已经技术关闭的项目，原则上不允许再打开。

3）项目技术关闭后不允许新增订单，只允许收款、付款操作。

2. 项目质保金管理

多部门配合，跟踪、收回项目质保金，降低集团资金损失。

（1）业务部门该环节需注意：

1）跟进后续服务，保证项目质量，追踪项目质保金，达到质保金收回期限和条件时，与客户沟通收回质保金。

2）如经多方协调质保金无法全部收回，需说明原因并履行本单位审批程序，提交经审批的材料至财务部门进行账务处理。

（2）项目管理部门和营销部门该环节需注意：

1）跟踪、监督和配合项目质保金收回工作。

2）审核无法收回的质保金原因，分析其对单位的影响。

（3）财务部门该环节需注意：

1）对于已超过质保期，未收回的质保金，督促业务部门追踪和回收。

2）审核无法收回的质保金原因，分析对单位的影响，并根据审批材料进行账务处理。

3. 完全关闭

技术关闭后，财务部门在 ERP 系统中执行完全关闭，项目完全关闭后不允许任何操作。

（1）项目管理部门该环节需注意：配合财务部门确认可执行完全关闭的项目清单。

（2）财务部门该环节需注意：

1）每月筛查可完全关闭项目清单，与项目管理部门沟通确认，及时执行完全关闭。

2）检查是否已达到完全关闭条件，即项目收入、成本等事项是否已全部结束。

（三）项目后评价

1. 财务评价

项目完全关闭后，财务部门对项目进行财务评价，并将项目财务评价结果反馈至项目管理部门。项目管理部门了解项目财务评价结果，财务评价应包括但不限于以下内容：编制说明、财务分析报表、财务分析辅助报表、不确定性分析表及分析结论、项目财务管理经验总结等。

2. 项目后评价

项目管理部门组织业务部门、营销、物资、人资和财务部门等总结项目经验、分析存在问题，并完善项目管理。项目管理部门分管领导应了解项目完成情况、经验总结、问题分析及应对等情况。

第二节　硬件生产制造类项目

一、流程总览

硬件生产制造类项目验收及后评价财务管理涵盖 3 个三级流程，7 个关键流程步骤，其中财务关注或参与事项 3 个，分别是项目关闭、项目质保金收回和项目评价。硬件生产制造类项目验收及后评价财务管理总览图如图 1-9-2 所示。

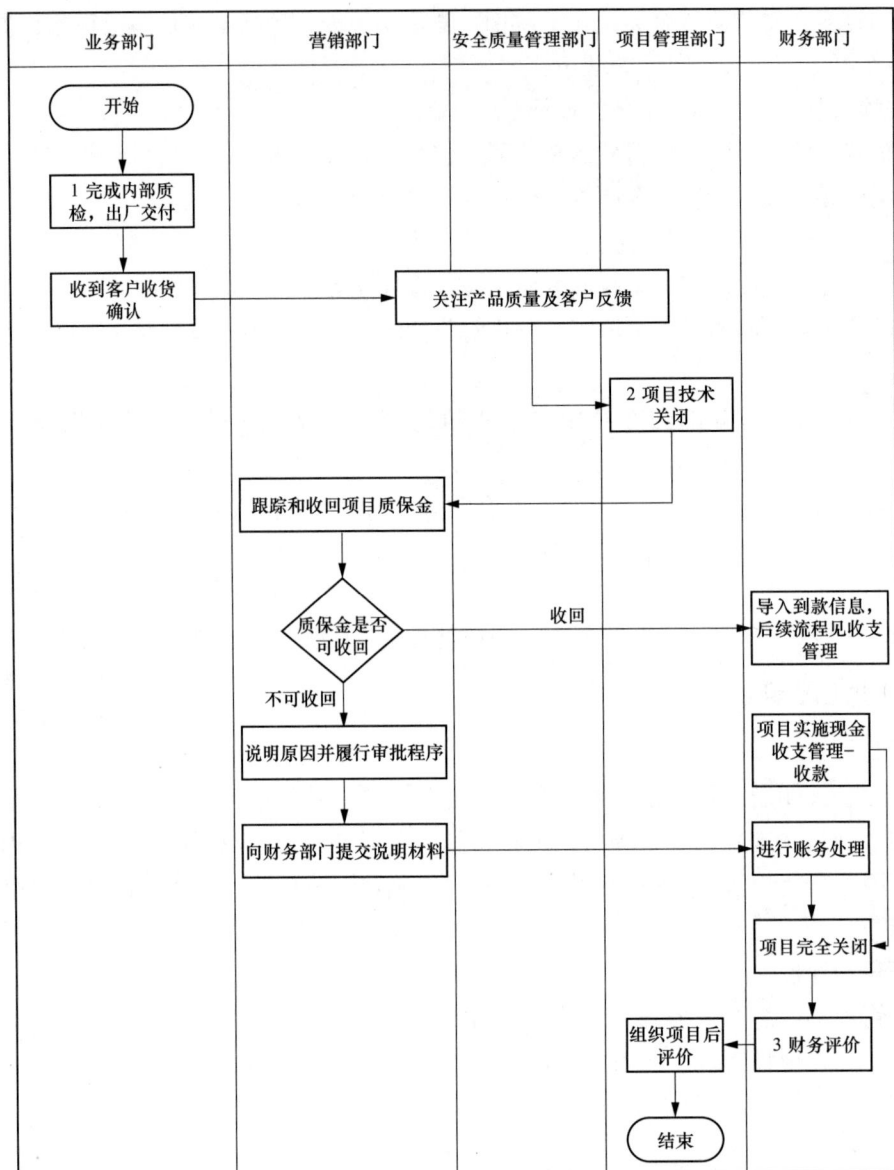

图 1-9-2　硬件生产制造类项目验收及后评价财务管理总览图

二、操作环节及说明

（一）项目验收

1. 产品出厂交付
生产部门完成产品生产并经过内部质检后，将产品出厂交付客户，跟踪客户收货情况。

2. 获得客户验收
在产品交付后，跟进客户反馈意见并及时获取经客户签字或盖章确认的收货验收文档。

（二）项目关闭

项目关闭管理涵盖 3 个关键流程步骤，分别为项目技术关闭、项目质保金管理和完全关闭。具体操作步骤及详细说明详见本章"第一节　系统集成类项目"中"项目关闭"相关内容。

（三）项目后评价

项目后评价管理涵盖 2 个关键流程步骤，分别为财务评价和项目后评价。具体操作步骤及详细说明详见本章"第一节　系统集成类项目"中"项目后评价"相关内容。

第三节　软件研发 / 实施类项目

一、流程总览

软件研发 / 实施类项目验收及后评价财务管理涵盖 3 个三级流程，8 个关键流程步骤，其中财务关注或参与事项 4 个，分别是出厂测试费用、项目关闭、项目质保金收回和项目评价。软件研发 / 实施类项目验收及后评价财务管理总览图如图 1-9-3 所示。

二、操作环节及说明

（一）项目验收

项目验收管理涵盖 3 个关键流程步骤，分别为内部测试、出厂测试和提交客户验收。具体操作步骤及详细说明详见本章"第一节　系统集成类项目"中"项目验收"相关内容。

（二）项目关闭

项目关闭管理涵盖 3 个关键流程步骤，分别为项目技术关闭、项目质保金管理和完全关闭。具体操作步骤及详细说明详见本章"第一节　系统集成类项目"中"项目关闭"相关内容。

（三）项目后评价

项目后评价管理涵盖 2 个关键流程步骤，分别为财务评价和项目后评价。具体操作步骤及详细说明详见本章"第一节　系统集成类项目"中"项目后评价"相关内容。

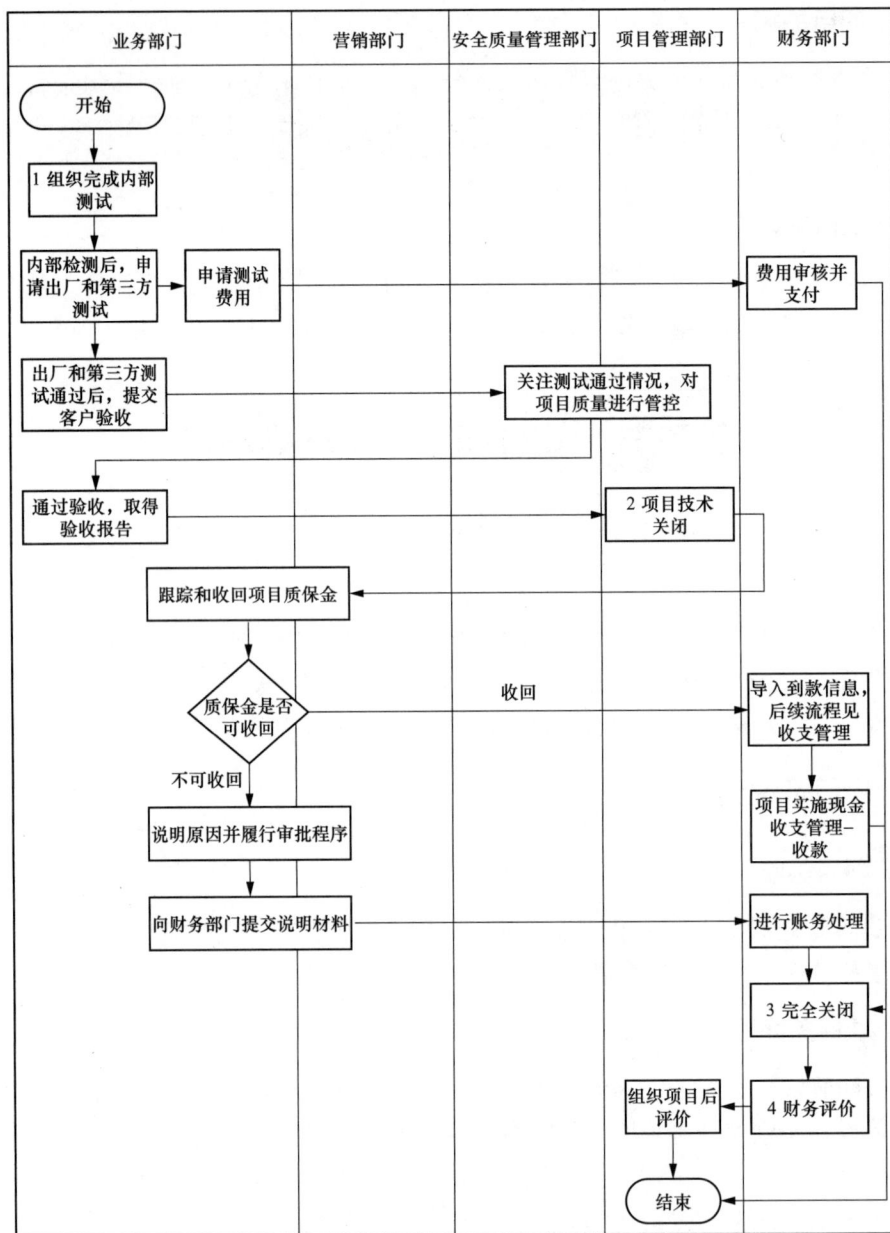

图 1-9-3　软件研发／实施类项目验收及后评价财务管理总览图

第四节　咨询／技术服务类项目

一、流程总览

咨询／技术服务类项目验收及后评价财务管理涵盖 3 个三级流程，6 个关键流程步骤，其中财务关注或参与事项 3 个，分别是项目关闭、项目质保金收回和项目评价。咨询／技术服务类项目验收及后评价财务管理总览图如图 1-9-4 所示。

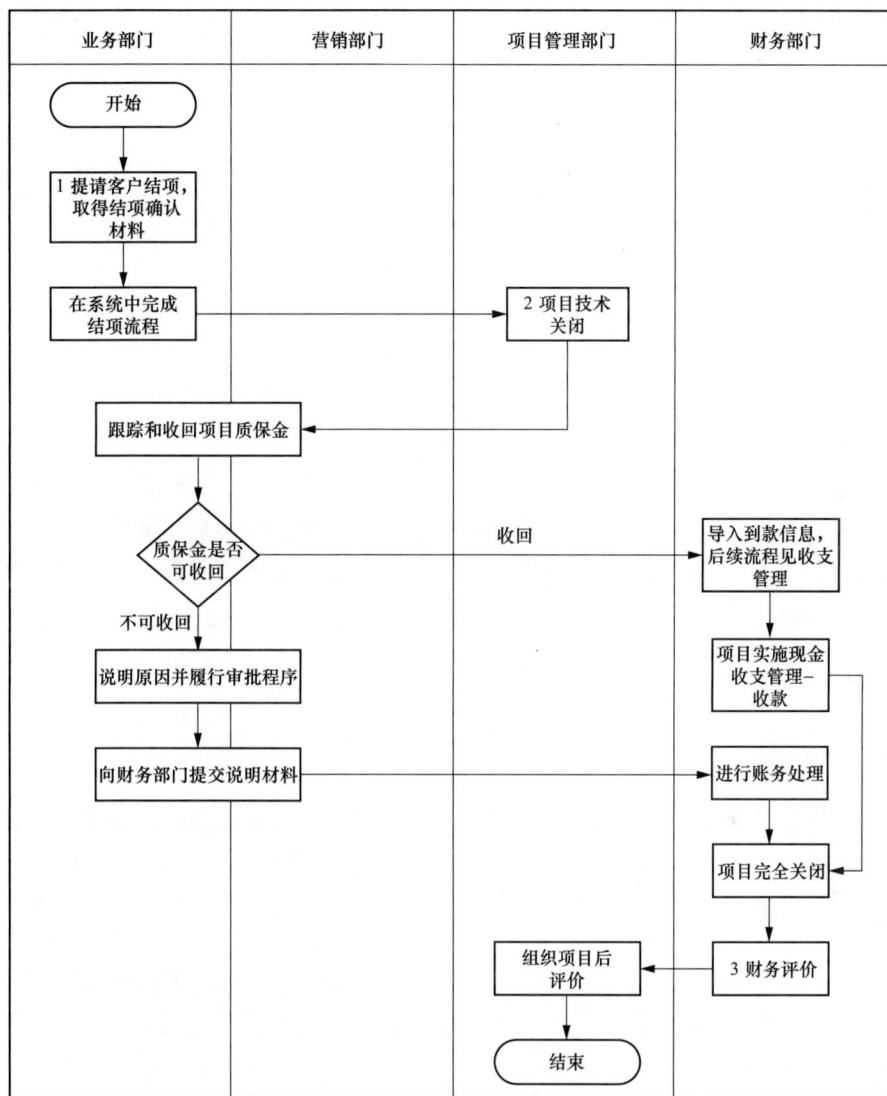

图 1-9-4　咨询／技术服务类项目验收及后评价财务管理总览图

二、操作环节及说明

（一）项目验收

在项目各项工作完成之后，业务部门需及时向客户提请项目验收，取得客户签字或盖章的验收通过材料。业务部门及时在"一系统"中完成结项流程。

（二）项目关闭

项目关闭管理涵盖 3 个关键流程步骤，分别为项目技术关闭、项目质保金管理和完全关闭。具体操作步骤及详细说明详见本章"第一节　系统集成类项目"中"项目关闭"相关内容。

（三）项目后评价

项目后评价管理涵盖 2 个关键流程步骤，分别为财务评价和项目后评价。具体操作步骤及详细说明详见本章"第一节　系统集成类项目"中"项目后评价"相关内容。

第五节　运营类项目

一、流程总览

运营类项目验收及后评价财务管理涵盖 3 个三级流程，6 个关键流程步骤，其中财务关注或参与事项 3 个，分别是项目关闭、项目质保金收回和项目评价。运营类项目验收及后评价财务管理总览图如图 1-9-5 所示。

二、操作环节及说明

（一）项目验收

在项目各项工作完成之后，业务部门需及时向客户提请项目验收，取得客户签字或盖章的验收通过材料。业务部门及时在"一系统"中完成结项流程。

（二）项目关闭

项目关闭管理涵盖 3 个关键流程步骤，分别为项目技术关闭、项目质保金管理和完全关闭。具体操作步骤及详细说明详见本章"第一节　系统集成类项目"中"项目关闭"相关内容。

（三）项目后评价

项目后评价管理涵盖 2 个关键流程步骤，分别为财务评价和项目后评价。具体操作步骤及详细说明详见本章"第一节　系统集成类项目"中"项目后评价"相关内容。

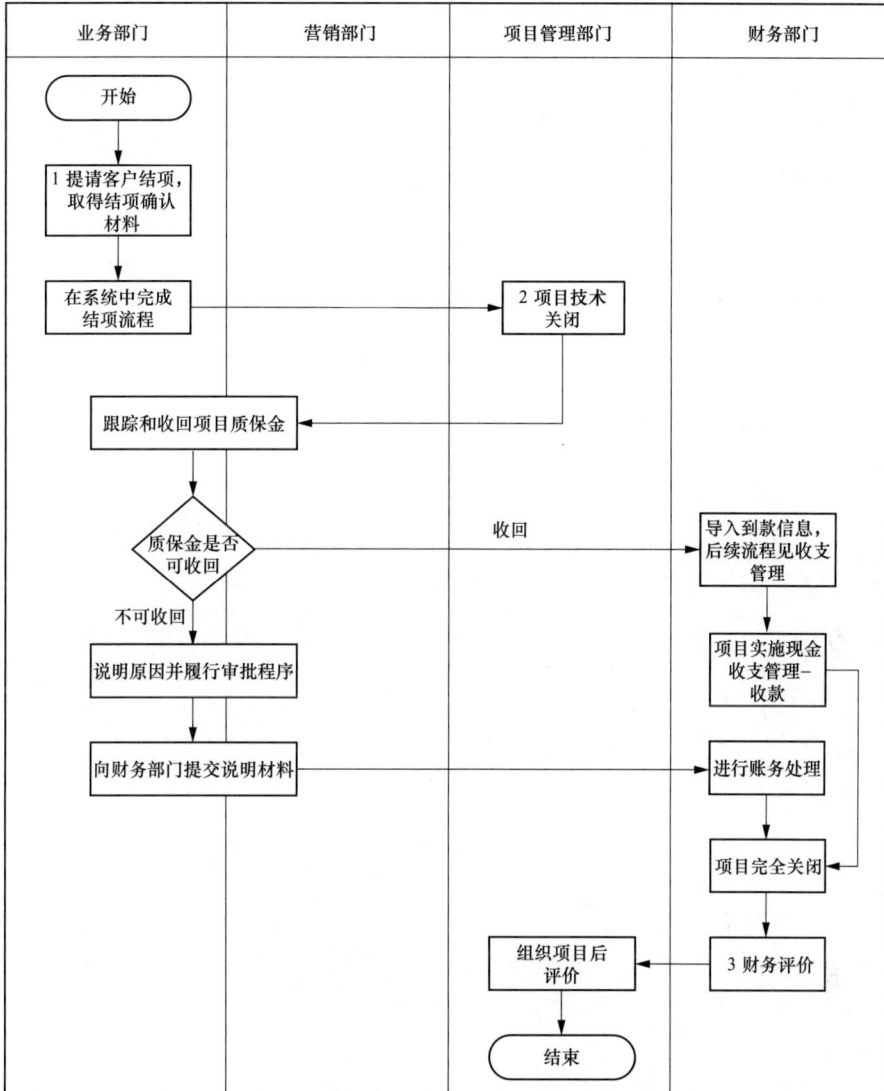

图 1-9-5 运营类项目验收及后评价财务管理总览图

第六节 运维类项目

一、流程总览

运维类项目验收及后评价财务管理涵盖 3 个三级流程，6 个关键流程步骤，其中财务关注或参与事项 3 个，分别是项目关闭、项目质保金收回和项目评价。运维类项目验收及后评价财务管理总览图如图 1-9-6 所示。

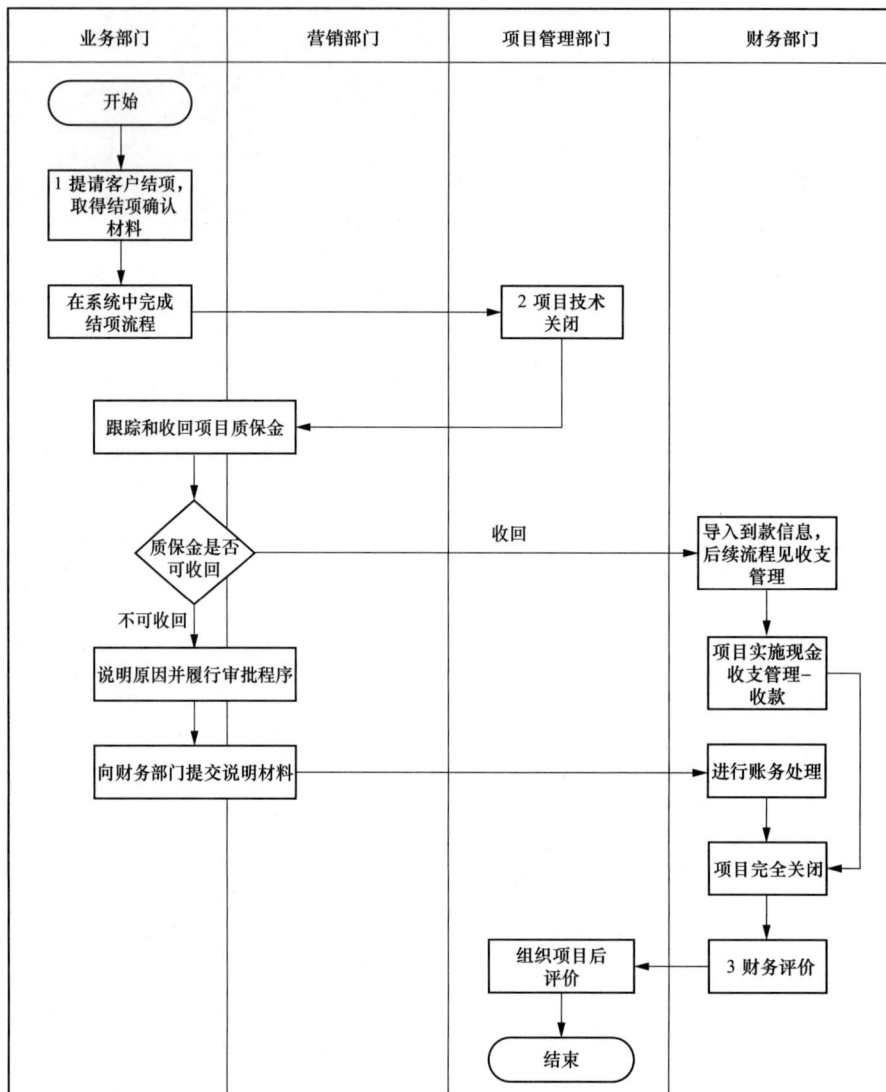

图 1-9-6　运维类项目验收及后评价财务管理总览图

二、操作环节及说明

（一）项目验收

在项目各项工作完成之后，业务部门需及时向客户提请项目验收，取得客户签字或盖章的验收通过材料。业务部门及时在"一系统"中完成结项流程。

（二）项目关闭

项目关闭管理涵盖 3 个关键流程步骤，分别为项目技术关闭、项目质保金管理和完全关闭。具体操作步骤及详细说明详见本章"第一节　系统集成类项目"中"项目关闭"相关内容。

（三）项目后评价

项目后评价管理涵盖 2 个关键流程步骤，分别为财务评价和项目后评价。具体操作步骤及详细说明详见本章"第一节　系统集成类项目"中"项目后评价"相关内容。

第七节　经营租赁类项目

一、流程总览

经营租赁类项目验收及后评价财务管理涵盖 4 个三级流程，8 个关键流程步骤，其中财务关注或参与事项 4 个，分别是资产评估、资产后期使用管理、项目关闭和项目评价。经营租赁类项目验收及后评价财务管理总览图如图 1-9-7 所示。

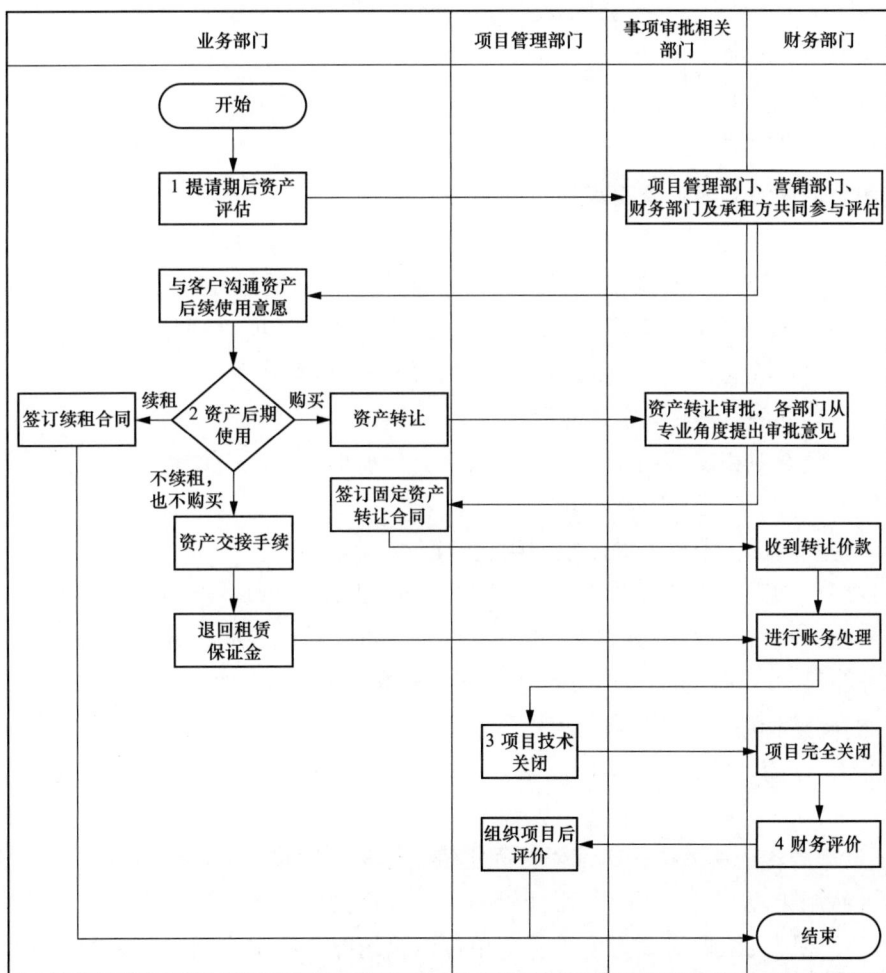

图 1-9-7　经营租赁类项目验收及后评价财务管理总览图

二、操作环节及说明

（一）期后资产评估

资产租赁到期后，由业务部门组织期后资产评估，业务部门准备各项资料，由项目管理部门、业务部门、营销部门、财务部门及承租方共同参与，必要时聘请外部专家，对资产评估，并取得各方签字的资产评估记录及结论。根据期后资产评估结论及租赁合同的约定对担保余值进行处理。如果评估价值小于资产担保余值，业务部门应当与承租人进行交涉，必要时请法务部门协助，协商处理，达成一致，履行补充协议审批程序。财务部门根据交涉结果进行账务处理。

财务部门在资产评估时需注意：

（1）由项目管理部门、业务部门、营销部门、财务部门及承租方共同参与，必要时聘请外部专家，共同参与资产评估的判断。

（2）应用财务数据及方法，合理估计资产剩余价值。

（二）资产后期使用

根据经营租赁合同的约定及双方达成的协议，确定资产交接、续租、转让、处置等事宜。

1. 若租赁期届满，客户既无续租也无购买意向

应当按照合同约定，办理实物资产运送交接，根据评估结果进行验收，签署验收单据。根据期后资产评估结论，对保证金进行处理。如果存在租赁保证金不能全部退回的情况，业务部门应当与承租人进行交涉，协商处理，达成一致，经项目管理部门、财务部门、法务部门及主管领导审批后，财务部门根据交涉结果进行付款处理。

2. 若租赁期届满，承租人提出续租

业务部门负责对租赁签约条件等进行谈判，与承租人达成一致条件后，按照新经营租赁合同签约流程进行经营租赁合同的签订。

3. 若租赁期届满，承租人提出收购租赁资产

业务部门填制固定资产转让审批单，报项目管理部门、财务部门、本单位管理层及集团审批。审批通过后，业务部门同购买方签订固定资产转让合同，并连同有关决策材料单等报送财务部门办理固定资产清理手续。业务部门负责收回转让价款，财务部门入账。

（1）业务部门申请固定资产转让注意事项：

1）资产转让前，按照国家电网有限公司及集团资产评估管理的有关规定进行资产评估报备。

2）固定资产转让审批单资产编码、固定资产名称、规格型号、计量单位、数量、启用日期、预计使用年限、资产原值、累计折旧、已计提减值准备、资产净值、转让价格、受让单位、转让原因或依据需填写清晰。本单位申报情况、国家电网有限公司及集团审批情况、各部门意见、单位领导意见需签署完毕。

3）提供经审批双方签字盖章的固定资产转让合同、内部决策和批准文件、产权转让

方案。

（2）财务部门审核固定资产转让注意事项：

1）审批单上资产编码、资产名称、规格型号、计量单位、数量、启用日期、预计使用年限、资产原值、累计折旧、已计提减值准备、资产净值、转让价格、受让单位、转让原因或依据需是否填写清晰，与账面记录是否一致。

2）内部决策和批准文件、产权转让方案记录资产明细、金额与固定资产转让审批单是否一致。

3）固定资产转让审批单本单位申报情况、集团和国家电网有限公司审批情况、各部门意见、单位领导意见是否签署完毕。

4）固定资产转让合同对方单位、资产情况、转让金额是否与固定资产审批单填写一致。

（三）项目关闭

项目关闭管理涵盖2个关键流程步骤，分别为项目技术关闭和完全关闭。具体操作步骤及详细说明详见本章"第一节 系统集成类项目"中"项目关闭"相关内容。

（四）项目后评价

项目后评价管理涵盖2个关键流程步骤，分别为财务评价和项目后评价。具体操作步骤及详细说明详见本章"第一节 系统集成类项目"中"项目后评价"相关内容。

第八节 融资租赁类项目

一、流程总览

融资租赁类项目验收及后评价财务管理涵盖4个三级流程，8个关键流程步骤，其中财务关注或参与事项4个，分别是资产评估、资产后期使用管理、项目关闭和项目评价。融资租赁类项目验收及后评价财务管理总览图如图1-9-8所示。

二、操作环节及说明

（一）期后资产评估

期后资产评估管理涵盖1个关键流程步骤，为期后资产评估。具体操作步骤及详细说明详见本章"第七节 经营租赁类项目"中"期后资产评估"相关内容。

（二）资产后期使用

资产后期使用管理涵盖3个关键流程步骤，分别为资产后期使用的3种情况。具体操作步骤及详细说明详见本章"第七节 经营租赁类项目"中"资产后期使用"相关内容。

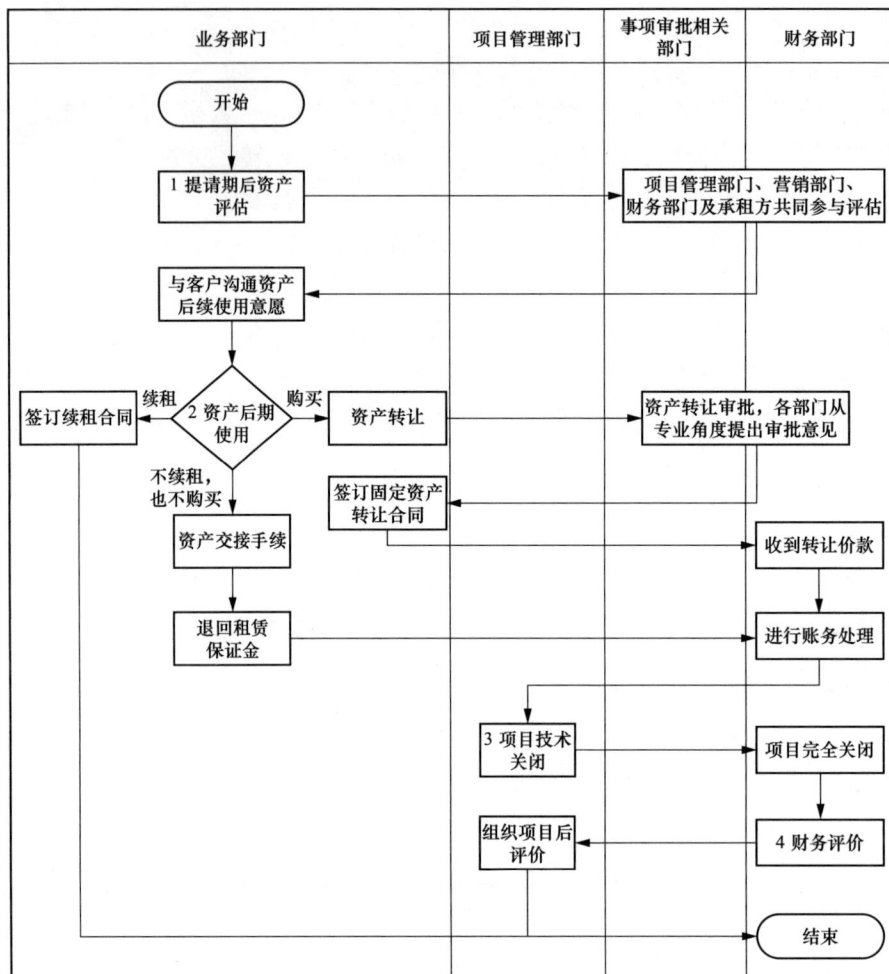

图 1-9-8　融资租赁类项目验收及后评价财务管理总览图

（三）项目关闭

项目关闭管理涵盖 2 个关键流程步骤，分包为项目技术关闭和完全关闭。具体操作步骤及详细说明详见本章"第一节　系统集成类项目"中"项目关闭"相关内容。

（四）项目后评价

项目后评价管理涵盖 2 个关键流程步骤，分别为财务评价和项目后评价。具体操作步骤及详细说明详见本章"第一节　系统集成类项目"中"项目后评价"相关内容。

第九节　投资建设及运营服务类项目

一、流程总览

投资建设及运营服务类项目验收及后评价财务管理涵盖 3 个三级流程，6 个关键流程步骤，其中财务关注或参与事项 3 个，分别是项目关闭、项目质保金收回和项目评价。投资建设及运营服务类项目验收及后评价财务管理总览图如图 1-9-9 所示。

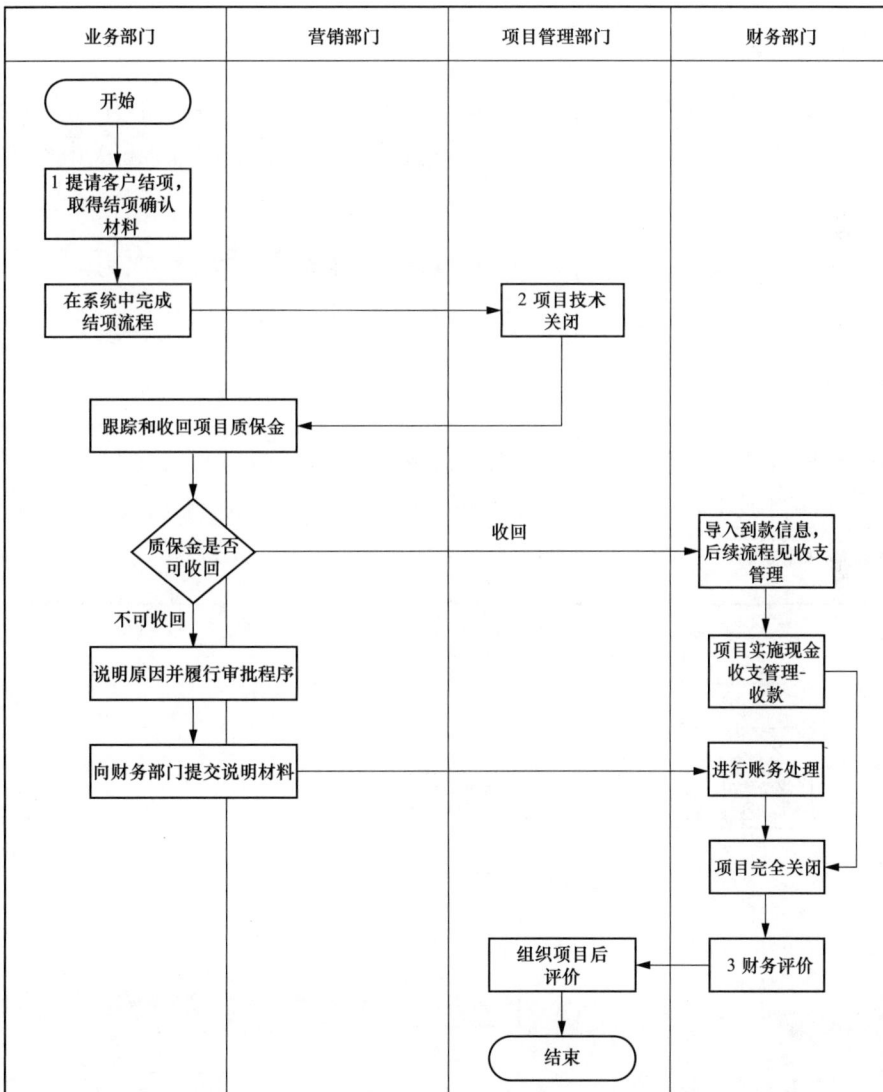

图 1-9-9　投资建设及运营服务类项目验收及后评价财务管理总览图

二、操作环节及说明

（一）项目结项

当项目正常停止运营或其他原因终止运营，业务部门需及时向客户提请项目结项，取得客户签字或盖章的结项材料。业务部门及时在"一系统"中完成结项流程。

（二）项目关闭

项目关闭管理涵盖 3 个关键流程步骤，分别为项目技术关闭、项目质保金管理和完全关闭。具体操作步骤及详细说明详见本章"第一节　系统集成类项目"中"项目关闭"相关内容。

（三）项目后评价

项目后评价管理涵盖 2 个关键流程步骤，分别为财务评价和项目后评价。具体操作步骤及详细说明详见本章"第一节　系统集成类项目"中"项目后评价"相关内容。

第十节　产业链金融类项目

一、流程总览

产业链金融类项目验收及后评价财务管理涵盖 3 个三级流程，5 个关键流程步骤，其中财务关注或参与事项 2 个，分别是项目关闭和项目评价。产业链金融类项目验收及后评价财务管理总览图如图 1-9-10 所示。

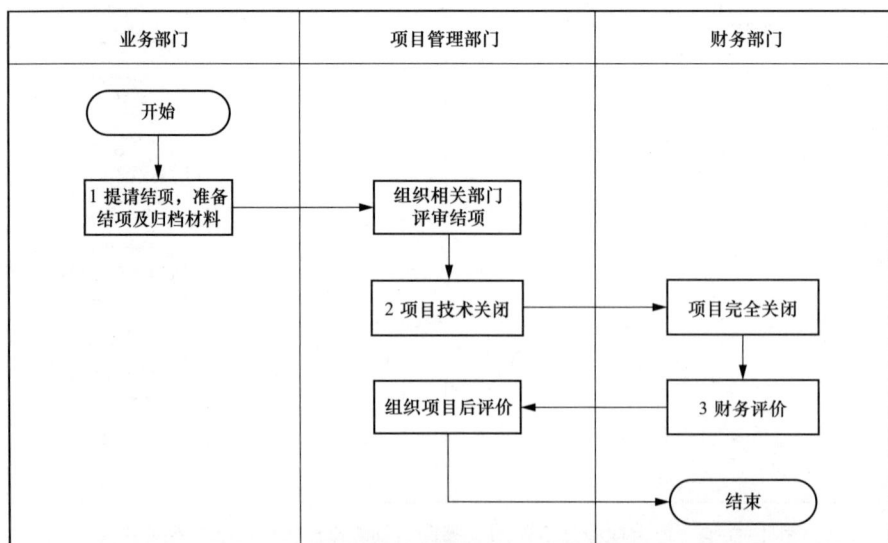

图 1-9-10　产业链金融类项目验收及后评价财务管理总览图

二、操作环节及说明

（一）项目结项

供应链金融产品正常停止运营或其他原因中止运营，业务部门需及时向项目管理部门提出结项申请，项目管理部门组织相关部门进行项目结项审批。

（二）项目关闭

项目关闭管理涵盖 2 个关键流程步骤，分别为项目技术关闭和完全关闭。具体操作步骤及详细说明详见本章"第一节　系统集成类项目"中"项目关闭"相关内容。

（三）项目后评价

项目后评价管理涵盖 2 个关键流程步骤，分别为财务评价和项目后评价。具体操作步骤及详细说明详见本章"第一节　系统集成类项目"中"项目后评价"相关内容。

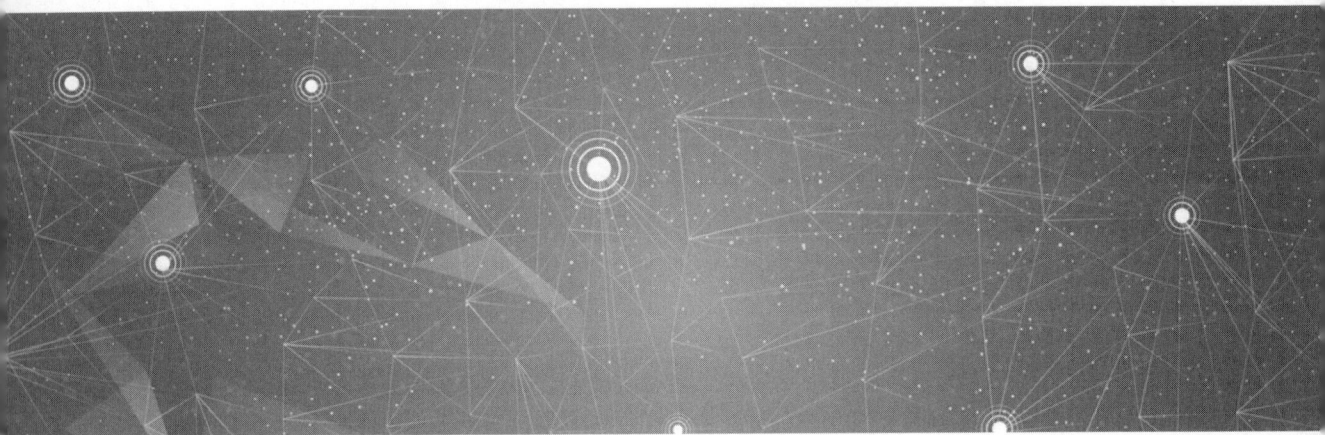

中 篇

科技项目管理

第一章

项目财务管理概述

本篇所称"科技项目"是指服务于公司和电网发展而组织实施的研究开发项目，主要包括新产品、新技术、新材料、新工艺、新标准、决策支持技术的研究以及试验能力提升和新技术应用等项目。

科技类项目包括自主研发和受托研发两类。根据项目全生命周期进行阶段划分，分别设置其财务管理流程及管理重点。

第一节　自主研发类项目

自主研发类项目即自有资金研发项目，指服务于集团产业发展和经营管理而组织实施且纳入总部计划的研究开发项目，资金来源为集团承担或自筹。

自主研发类项目全过程财务管理共涵盖 21 个三级流程，19 个财务关注事项，各重点阶段和管理事项具体设置如下。

1. 项目前期财务管理

涵盖 5 个三级流程，分别为项目需求、项目论证、项目储备、项目立项和项目计划调整，其中财务关注或参与事项 1 个，为预算下达。

2. 项目实施过程财务管理

涵盖 3 个三级流程，分别为项目进度及经费管理、中期检查管理和项目变更及终止管理，其中财务关注或参与事项 2 个，包括资本化确认、经费决算及财务审计。

3. 项目采购财务管理

涵盖 4 个三级流程，分别为采购申请管理、采购合同管理、项目物资管理、项目外包管理，其中财务关注或参与事项 5 个，包括采购申请审核、采购合同审核、项目物资的收货确认及发票校验、物资盘点管理、项目外包的服务确认及发票校验。

4. 项目实施成本管理

涵盖 6 个三级流程，分别为人工成本管理、物资采购成本管理、服务采购成本管理、项目费用管理、项目成本分摊管理、项目成本结转，其中财务关注或参与事项 6 个，包括人工成本管理、物资采购成本管理、服务采购成本管理、项目费用管理、项目成本分摊和成本结转。

5. 项目实施现金支出管理

涵盖 1 个三级流程，为付款管理，其中财务关注或参与事项 2 个，包括付款审核和付款核算。

6. 项目验收及后评价财务管理

涵盖 2 个三级流程，分别为项目验收及归档和项目后评价，其中财务关注或参与事项 3 个，包括经费决算及财务审计、资产账务处理和经费管理评价。

第二节　受托研发类项目

受托研发类项目指国家项目或总部科技项目，资金来源为中央财政拨款或公司总部承担。

受托研发类项目全过程财务管理共涵盖 22 个三级流程，22 个财务关注事项，各重点阶段和管理事项具体设置如下。

1. 项目前期财务管理

涵盖 2 个三级流程，分别为立项申报、项目立项，无财务关注或参与事项。

2. 项目实施过程财务管理

涵盖 3 个三级流程，分别为过程及经费管理、专家指导服务和项目变更及终止管理，其中财务关注或参与事项 2 个，包括资本化确认和经费决算及财务审计。

3. 项目采购财务管理

涵盖 4 个三级流程，分别为采购申请管理、采购合同管理、项目物资管理、项目外包管理，其中财务关注或参与事项 5 个，包括采购申请审核、采购合同审核、项目物资的收货确认及发票校验、物资盘点管理、项目外包的服务确认及发票校验。

4. 项目实施收入管理

涵盖 3 个三级流程，分别为项目进度管理、销售开票管理、应收账款管理，其中财务关注或参与事项 4 个，包括项目进度维护、销售发票开具、收入确认和应收账款管理。

5. 项目实施成本管理

涵盖 6 个三级流程，分别为人工成本管理、物资采购成本管理、服务采购成本管理、项目费用管理、项目成本分摊管理、项目成本结转，其中财务关注或参与事项 6 个，包括人工成本管理、物资采购成本管理、服务采购成本管理、项目费用管理、项目成本分摊和成本结转。

6. 项目实施现金支出管理

涵盖 2 个三级流程，分别为收款管理和付款管理，其中财务关注或参与事项 3 个，包括回款认款质量和效率、付款审核、收付款核算。

7. 项目验收及后评价财务管理

涵盖 2 个三级流程，分别为项目验收及归档和项目后评价，其中财务关注或参与事项 2 个，包括经费决算及财务审计和经费管理评价。

第二章

自主研发类项目

本章内容适用于综合计划内科技项目全过程财务管理，涵盖项目前期、项目实施过程、项目采购、项目实施成本管理、项目实施现金支出管理、项目验收及后评价等重点阶段和管理事项，共涉及 21 个三级流程，19 个财务关注事项。

第一节　项目前期财务管理

一、流程总览

自主研发类项目前期财务管理包括 5 个三级流程，其中财务关注或参与事项 1 个，为预算下达。自主研发类项目前期财务管理总览图如图 2-2-1 所示。

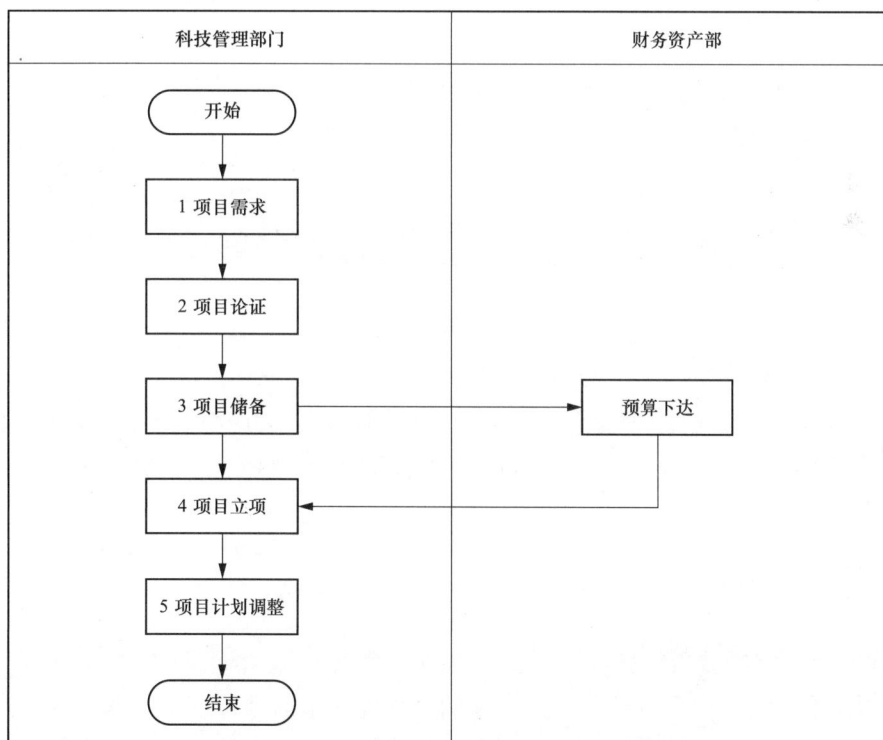

图 2-2-1　自主研发类项目前期财务管理总览图

二、操作环节及说明

（一）项目需求

项目需求具体操作步骤及工作要点参照《集团科技创新服务工作指南》相关内容。

（二）项目论证

本部统筹立项项目由集团科技管理部门组织可研论证，各单位自主立项项目由各单位自行组织论证，工作要点参照《集团科技创新服务工作指南》相关内容，项目论证模板参照《国家电网公司科技项目管理办法》，并依据《国家电网公司科技项目预算编制实施细则》编制项目经费预算。

（三）项目储备

项目储备程序具体操作步骤及工作要点参照《国家电网公司科技项目管理办法》和《集团科技创新服务工作指南》。

（四）项目立项

依据集团科技项目计划和预算总体安排，经国家电网有限公司审定、批准后，集团财务资产部统一下达预算，集团科技管理部门在科技项目支撑系统、ERP 系统进行立项。具体工作要点参照《集团科技创新服务工作指南》相关内容。

（五）项目计划调整

若需进行项目计划调整，则需履行相关程序，具体操作步骤及工作要点参照《集团科技创新服务工作指南》。

第二节　项目实施过程财务管理

一、流程总览

自主研发类项目实施过程财务管理包括 3 个三级流程，其中财务关注或参与事项 2 个，分别为资本化确认、经费决算及财务审计。自主研发类项目实施过程财务管理总览图如图 2-2-2 所示。

二、操作环节及说明

（一）项目进度及经费管理

项目投入研究后，以项目任务书中定义的里程碑为基准进行进度管理，应合理区分研究开发项目资本性支出与费用性支出。财务部门协同配合，确认是否达到资本化条件，及时进行资本化确认，并按企业会计准则要求进行财务入账。项目过程中的经费管理工作要点参照《集团科技创新服务工作指南》相关内容。

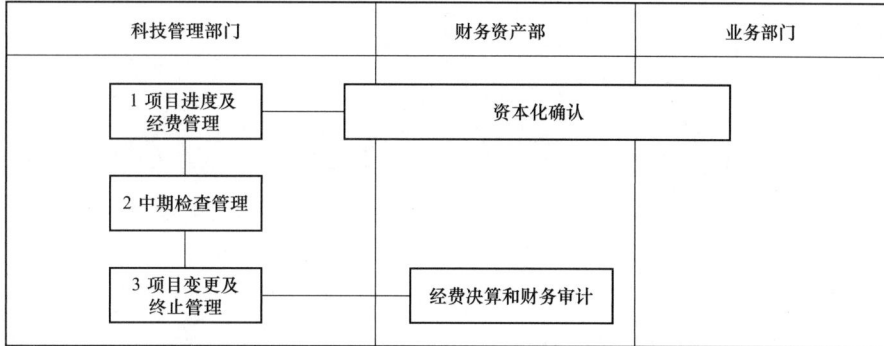

图 2-2-2 自主研发类项目实施过程财务管理总览图

（二）中期检查管理

科技项目实施管理应依据《国家电网公司科技项目实施及验收管理细则》要求，管控项目实施过程，对于项目过程执行不良的项目，由集团科技管理部门进行检查督导，工作要点参照《集团科技创新服务工作指南》相关内容。

（三）项目变更及终止管理

项目变更包括进度变更、研究内容变更、经费预算变更、项目负责人变更，工作要点参照《国家电网公司科技项目实施及验收管理细则》和《集团科技创新服务工作指南》。需要终止的科技项目，财务部门需配合完成经费决算和财务审计。

第三节　项目采购财务管理

一、流程总览

自主研发类项目采购财务管理涵盖 4 个三级流程，其中财务关注或参与事项 5 个，分别是采购申请审核、采购合同审核、项目物资的收货确认及发票校验、物资盘点管理、项目外包的服务确认及发票校验。自主研发类项目采购财务管理总览图如图 2-2-3 所示。

二、操作环节及说明

（一）采购申请管理

采购包括专业分包和劳务分包。

1. 提交采购申请

项目开始执行后，业务部门根据项目需要，在"一系统"发起采购申请。

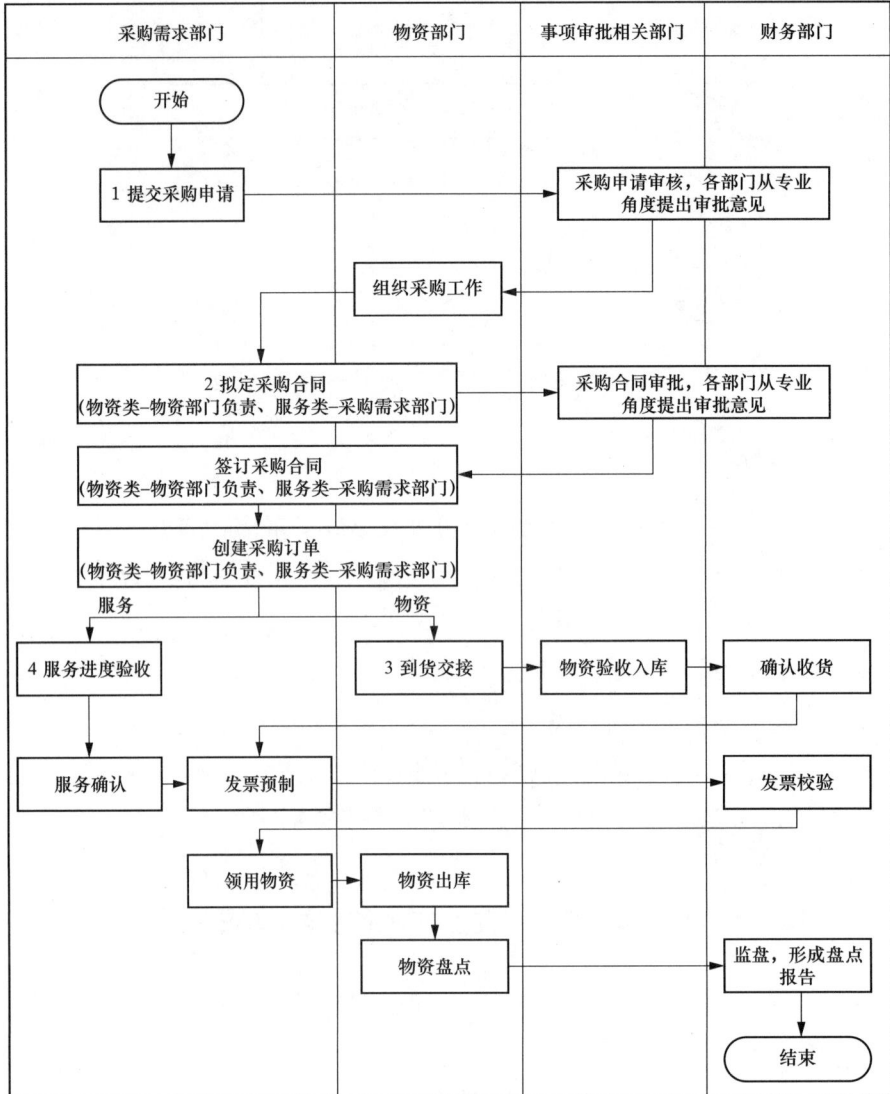

图 2-2-3 自主研发类项目采购财务管理总览图

2. 采购申请审批

业务部门提交采购申请后，项目管理部门、物资部门从部门职责范围及专业角度提出审核意见。

（1）项目管理部门审核应注意事项：

1）采购申请是否符合项目需求。

2）项目外包 / 外委的预计采购成本占比是否低于 60%（集团与子公司转签合同除外）。

3）采购申请对应项目是否已正式立项，采购申请是否已在预算内。

（2）财务部门审核采购是否在预算内。

3. 组织采购工作

物资部门根据集团物资管理要求组织采购，确定供应商、采购价格、付款方式等内容。

（二）采购合同管理

1. 采购合同拟定及审批

采购结果确定后，物资类采购合同由物资部门负责起草，并在经法系统发起合同会签流程；服务类采购合同由采购需求部门负责起草并发起合同会签流程。

（1）合同拟定部门在拟定采购合同时需注意：

1）根据采购环节确定的合同范本和条款内容起草采购合同，合同条款应完备，明确约定付款时间、付款条件、付款比例、付款方式等，在合法合规的基础上最大限度维护我方利益。

2）采购内容描述清晰准确、简洁直观、便于理解，避免抽象笼统，如货物的种类、规格型号、等级等描述应详细、准确，服务的内容应列明功能及完工验收标准，维保服务应列明服务起止日期，规避因工作及成果不明确，导致项目延期或造成法律风险。

3）采购商品或服务的种类、规格型号、等级等与项目对应的销售合同约定一致。

4）如有明细清单，分项合计与总额保持一致，大小写保持一致，不含税金额计算正确。

5）双方银行和联系人信息填写正确，税率与合同约定的采购商品或服务相符，涉及不同货物时，应在合同或分项价格表中明确列示金额和税率。

（2）法务部门审核采购合同时需注意：

1）合同条款是否完备，合同付款条件、项目验收规定等关键条款是否清晰、明确。

2）合同签订是否合规、合法，同时保障集团及供应商双方利益。

（3）财务部门审核采购合同时需注意：

1）检查合同付款时间、付款条件、付款比例和付款方式对我方是否有利且可执行。

2）如有明细清单，检查分项合计与总额是否一致，大小写是否正确，不含税金额计算是否正确。

3）我方信息是否正确，特别是发票信息是否无误，税率是否与合同约定的采购商品或服务相符，有无涉税风险，涉及不同货物时，是否在合同或分项价格表中明确列示金额和税率。

4）检查是否约定发票类型，约定在符合付款条件时，应提供等额发票入账。

5）如果为多个项目采购，应把采购成本分摊到每个项目，并逐个校验项目预算。

2. 采购合同签订

采购合同审批完成后，由合同拟定部门与供应商签订采购合同，在 ERP 系统中将采购合同与项目关联。

3. 创建采购订单

基于采购结果，物资类采购订单由物资部门在"一系统"和 ERP 系统中创建，服务类采购订单由采购需求部门执行相关程序。

（三）项目物资管理

1. 到货交接

项目管理部门负责组织供应商、物资管理部门对物资进行到货交接。

到货交接过程应注意事项：

（1）检查装箱单、合格证和出厂报告是否齐全。

（2）检查产品外观，清点数量，核对实物与装箱单是否一致，实物与物资合同供货单是否一致。

（3）核对型号、规格、技术参数等是否符合合同有关内容等。

（4）如果为多个项目合并收货，则需分别注明每个项目金额。

2. 验收入库

物资收到后，由物资部门根据物资交接单、到货验收单和物资到货验收有关要求，与供应商办理交接和验收，验收合格后办理入库手续，物资部门整理入库单与到货验收单并归档保存。

物资验收入库需要注意事项：

（1）审核物料入库单中入库材料名称、规格、金额等信息是否与系统中入库信息一致。

（2）入库单上登记的仓库收货管理员、仓库记账人员是否为不同人员。

（3）检查物资质量、规格型号等是否符合标准要求，若因物资质量、型号等问题导致无法进行验收入库，则需与对方及时沟通，进行物资退换，并保留相应沟通记录。

3. 收货确认

物资部门依据相关单据核对、完成物资验收后，履行收货确认程序，并在 ERP 系统中收货确认。

收货确认应注意事项：

（1）检查"项目收货确认单"中供应商名称、项目名称、项目编号、采购订单号、材料名称、收货确认金额等信息是否与 ERP 系统中收货信息一致，是否经业务部门、项目管理部门及供应商共同签字盖章确认。

（2）检查"入库单"是否经仓库管理员签字确认，"入库单"物料名称、数量、金额等信息是否与 ERP 系统中收货信息一致。

（3）检查入库单上登记的仓库收货管理员、仓库记账人员是否不为同一人。

（4）检查生成的会计凭证金额、辅助核算内容是否与"项目收货（服务）确认单"信息一致。

（5）如果为多个项目合并收货，则需分别注明每个项目金额。

4. 发票预制

物资部门完成收货确认后，在 ERP 系统进行发票预制，生成预制凭证。

物资部门在发票预制时需注意：

（1）重视采购物资类型及会计科目的选择，选择与业务事实相符的类型及科目。

（2）在系统中记账应当及时、准确、完整，供应商名称、项目名称、项目编号、采购订单号、发票号、发票入账金额、税率、税额、发票预制号等信息填写完整，与发票、ERP 系统"工厂入库单"及合同信息一致。

（3）保证发票的真实性、准确性，增值税普通发票入账，需验证发票真伪，打印验证记录并签字。

（4）发票中的销货单位、货物名称、规格型号、数量、单价、金额、税率及税额应与ERP 系统"工厂入库单"及合同信息相符。

（5）采购发票必须对应已生效的采购合同，并注明合同编号；采购发票入账金额符合纸质合同的采购进度约定。

（6）如开票对方与合同对方不一致，需提供经对方确认及我方经办人部门领导签字确认的书面说明。

5. 发票校验

发票预制完成后，财务部门在 ERP 系统中完成发票校验，生成会计凭证。财务部门至少每半年组织一次按照账龄、系统内外、供应商等维度的应付账款数据分析。

（1）业务部门在收取发票时需注意：

1）检查发票的真实性，进行发票真伪验证。

2）检查发票信息的准确性，收取的采购发票必须对应已生效的采购合同，并注明合同编号。

3）检查开票对方与合同对方一致性。

4）累计收取采购发票金额不大于合同金额、成本预算金额及收货确认金额。

5）发票字迹清晰无污损，发票密码在密码区内，加盖销售方发票专用章；购买方、销售方信息完整、无误；收款人、开票人、复核人均为人名，不是"管理员"，开票人与复核人不是同一人。

6）税率符合纸质合同的约定，增值税专用发票在抵扣期，有足够时间完成抵扣。

7）发票对应的商品类型与合同约定一致，如发票内容超过 8 行，需附带税控系统清单并加盖发票专用章；发票内容有商品数量的，关注计量单位，不得出现"一批"等字样。

（2）财务部门校验发票时需注意：

1）"发票入账申请单"中供应商名称、项目名称、项目编号、采购订单号、发票号、发票入账金额、税率、税额、发票预制号等信息是否填写完整，是否与发票、ERP 系统"工厂入库单"及合同信息一致。

2）发票中的销货单位、货物名称、规格型号、数量、单价、金额、税率及税额是否与ERP 系统"工厂入库单"及合同信息相符。

3）收取的采购发票必须对应已生效的采购合同，并注明合同编号（零星采购除外）；检查采购发票入账金额和采购进度是否符合纸质合同的约定。

4）开票对方应与合同对方一致，若不一致，则应提供经对方确认及我方经办人部门领导签字确认的书面说明。

5）累计收取采购发票金额是否小于等于合同金额、成本预算金额及收货确认金额。

6）发票字迹是否清晰无污损，发票密码是否在密码区内；是否加盖销售方发票专用章；购买方、销售方信息是否完整、无误；收款人、开票人、复核人是否为人名，不可为"管理员"，开票人与复核人不应为同一人。

7）税率是否符合纸质合同的约定，增值税专用发票是否在抵扣期，是否有足够时间完成抵扣。

8）发票对应的商品类型是否与合同约定一致，如发票内容超过 8 行，需附带税控系统清单并加盖发票专用章；发票内容有商品数量的，应有正确的计量单位，不得出现"一批"等字样。

9）增值税普通发票入账是否有交票人验证真伪的验证记录和签字。

10）材料入库凭证编制是否正确，包括成本计入科目及项目是否与合同一致，暂估金额与发票金额是否合理一致，如存在较大差异，落实差异产生原因是否正常。

6. 物资领用出库

需求部门创建及打印领料单，关联项目收货确认单、入库单，履行审批程序，办理实物领用出库，物资部门在系统中出库记账。物资部门整理出库单与领用单并及时转交财务部门，保证采购成本确认及时性；财务部门及时入账处理。

（1）物资部门在办理物资出库时需注意：

1）项目物资领用，需有明确的项目名称及 WBS 编码。

2）领用部门、领用人和数量等信息是否匹配。

3）领取人必须同发放物资人员办理交接手续，当面点交清楚，双方均在出库单上签字。

（2）财务部门物资采购成本管理需关注事项详见"第四节　项目实施成本管理"中"物资采购成本管理"。

7. 物资盘点

物资部门组织实施盘点工作，财务部门同时监盘，形成盘点表；财务部门编制盘点报告并根据本单位流程履行审批程序。如有盘盈、盘亏情况，根据审批意见进行相关账务处理。

财务部门在进行物资盘点管理时需注意：

（1）按照类型、库龄、系统内外等维度检查存货。

（2）检查 ERP 系统中库龄超过 1 年的存货，分析存货库龄过长的原因，如存在对本单位经营不利影响，需及时与负责人反馈沟通。

（3）检查以备销售的存货，重点检查超 1 年未确认收入和已确认收入仍有超 1 年存货余额，分析其原因。

（4）检查存货余额排名前 10% 的项目，每月重点分析合理性，及时跟进清理进展。

（5）检查是否存在实际成本因成本科目错位导致存货和暂估金额虚增情况。

（6）物资管理人员对存货进行盘点，财务人员监盘，并在盘点表上签字。

（7）本单位是否有盘盈、盘亏处理审批规范要求。

（8）盘盈、盘亏账务处理是否履行相关审批手续。

（四）项目外包管理

涉及分包的项目，业务部门及时更新服务进度，对外包服务进行考核及评价，完成项目验收，根据验收的服务进度确认服务人工成本。

1. 服务进度验收

业务部门根据分包项目执行情况和里程碑计划，对供应商提交的成果进行阶段验收，对外包人员管理和服务工作质量进行评价，对于通过成果验收的，出具相应阶段的工作量确认单或服务确认单，并在 ERP 系统中填报项目进度及相关单据，由项目管理部门进行审批。

（1）业务部门在服务验收时需注意：

1）供应商提交的支撑材料应真实、完整，包括完整的技术及过程资料，成果资料符合采购合同业务要求。

2）服务进度应符合合同要求，不存在延期情况，否则，应提供双方确认的说明材料。

3）实时关注供应商交付进度和质量，保证项目顺利如约进行。

（2）项目管理部门在服务进度验收审批时需注意：

1）供应商提交的支撑材料应真实、完整，应包括完整的技术及过程资料，成果资料应符合采购合同业务要求。

2）服务进度应符合合同要求，不存在延期情况。

3）供应商交付进度和质量，对本单位销售项目不能存在不利影响，若因供应商交付质量或进度等问题导致无法进行验收，则需与对方及时沟通处理，并保留相应沟通记录。

2. 服务确认

业务部门在 ERP 系统中根据验收结果进行服务确认，ERP 系统生成会计凭证。

业务部门服务确认时需注意：

（1）项目工作量确认单或服务确认单中工作量符合采购合同规定、确认的项目进度计算准确，且有业务部门和供应商双方签章。

（2）工作量确认单或服务确认单上信息填写完整，且服务名称、金额等信息与系统中入库信息一致。

（3）工作量确认单或服务确认单上日期不应存在跨月现象，确认单应及时提交给财务部门。

（4）若因服务质量问题导致无法进行服务确认，则需与对方及时沟通，并保留双方签字的会议纪要或其他证明材料，也可采取发函的方式经对方确认，作为备查依据。

3. 发票预制

业务部门完成服务确认后，在 ERP 系统中收货，进行发票预制。

业务部门在发票预制时需注意：

（1）重视采购服务类型及会计科目的选择，选择与业务事实相符的类型及科目。

（2）在系统中记账应当及时、准确、完整，供应商名称、项目名称、项目编号、采购订单号、发票号、发票入账金额、税率、税额、发票预制号等信息填写完整，与发票、采购订单及合同信息一致。

（3）保证发票的真实性、准确性，增值税普通发票入账，需验证发票真伪，打印验证记录并签字。

（4）发票中的销货单位、货物名称、数量、单价、金额、税率及税额应与采购订单及合同信息相符。

（5）采购发票必须对应已生效的采购合同，并注明合同编号；采购发票入账金额符合纸质合同的采购进度约定。

（6）如开票对方与合同对方不一致，需提供经对方确认及我方经办人部门领导签字确认的书面说明。

4. 发票校验

业务部门创建发票入账申请单，财务部门在 ERP 系统中审核并完成发票校验，生成会计凭证。财务部门至少每半年组织一次按照账龄、系统内外、供应商等维度的应付账款数据分析。

（1）业务部门在收取发票时需注意：

1）检查发票的真实性，进行发票真伪验证。

2）检查发票信息的准确性，收取的采购发票必须对应已生效的采购合同，并注明合同编号，发票对应的商品类型与合同约定一致。

3）开票对方是否与合同对方一致。

4）累计收取采购发票金额不大于合同金额、成本预算金额及收货确认金额。

5）发票字迹清晰无污损，发票密码在密码区内，加盖销售方发票专用章；购买方、销售方信息完整、无误；收款人、开票人、复核人均为人名，不是"管理员"，开票人与复核人不是同一人。

6）税率符合纸质合同的约定，增值税专用发票在抵扣期，有足够时间完成抵扣。

（2）财务部门校验发票时需注意：

（1）"发票入账申请单"中供应商名称、项目名称、项目编号、采购订单号、发票号、发票入账金额、税率、税额、发票预制号等信息是否填写完整，是否与发票、ERP 系统采购订单及合同信息一致。

（2）发票中的销货单位、货物名称、规格型号、数量、单价、金额、税率及税额是否与 ERP 系统采购订单及合同信息相符。

（3）收取的采购发票必须对应已生效的采购合同，并注明合同编号；检查采购发票入账金额和采购进度是否符合纸质合同的约定。

（4）开票对方应与合同对方一致，若不一致，则应提供经对方确认及我方经办人部门领导签字确认的书面说明。

（5）累计收取采购发票金额是否小于等于合同金额、成本预算金额及收货确认金额。

（6）发票字迹是否清晰无污损，发票密码是否在密码区内；是否加盖销售方发票专用章；购买方、销售方信息是否完整、无误；收款人、开票人、复核人是否为人名，不可为"管理员"，开票人与复核人不应为同一人。

（7）税率是否符合纸质合同的约定，增值税专用发票是否在抵扣期，是否有足够时间完成抵扣。

（8）发票对应的商品类型是否与合同约定一致，如发票内容超过8行，需附带税控系统清单并加盖发票专用章；发票内容有商品数量的，应有正确的计量单位，不得出现"一批"等字样。

（9）增值税普通发票入账，是否有交票人验证真伪的验证记录和签字。

（10）暂估入库凭证编制是否正确，包括成本计入科目及项目名称是否与合同相符，暂估金额与发票金额是否合理一致，如存在较大差异，落实差异产生原因是否正常。

第四节　项目实施成本管理

一、流程总览

自主研发类项目实施成本管理涵盖6个三级流程，其中财务关注或参与事项6个，分别是人工成本管理、物资采购成本管理、服务采购成本管理、项目费用管理、项目成本分摊和成本结转。自主研发类项目实施成本管理总览图如图2-2-4所示。

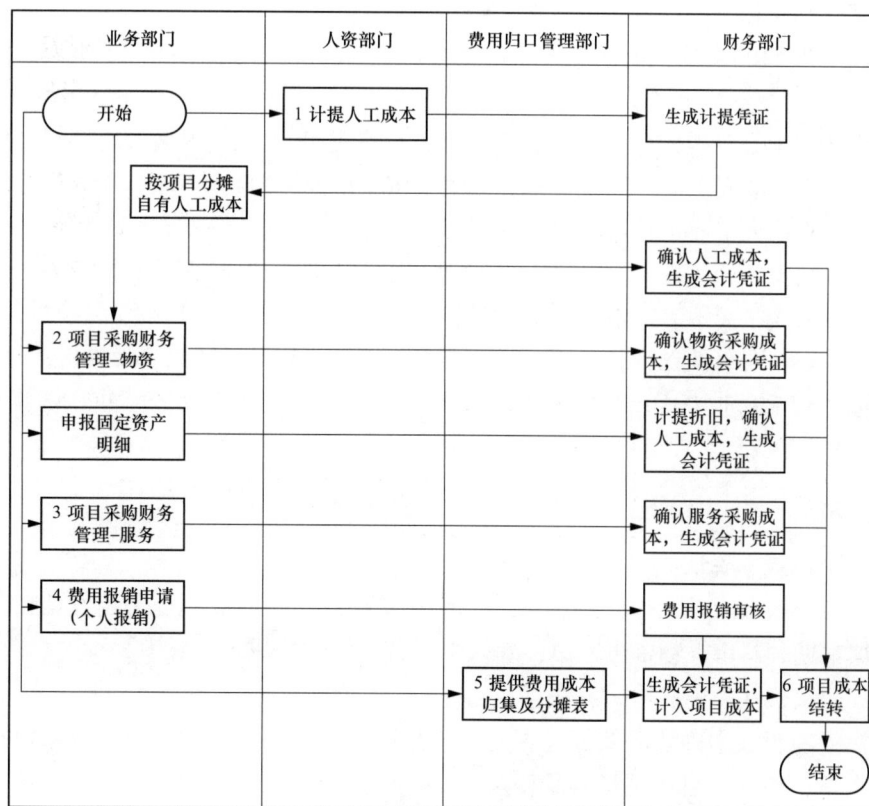

图2-2-4　自主研发类项目实施成本管理总览图

二、操作环节及说明

（一）人工成本管理

人工成本包括自有人工成本和直管外包成本 2 部分。

1. 人工成本计提

自有人工成本由人资部门在 ERP 系统人资模块按员工计算应付职工薪酬相关明细，包括应发工资、企业负担的社会保险费、住房公积金、企业年金等；人资部门按成本中心、单位口径汇总薪酬相关数据，履行审批程序后传输至 ERP 系统财务模块。直管外包成本需手工计提工资。

人资部门计提人工成本时注意事项：

（1）明细数据与汇总数据一致，个人明细数据有无计算或取数错误。

（2）工资计提汇总表列示内容完整性，包括工资明细项目名称和金额、代扣明细项目名称和金额、应发小计和实发小计等。

（3）工资计提汇总表应履行完成人资部门审批流程。

2. 人工成本分摊

科技管理部门按员工当前实施项目报工情况分摊人工成本，将经本部门和人资部门签字确认的分摊表提供财务部门进行人工成本确认。严禁项目间调节成本现象。

3. 人工成本确认

财务人员在 ERP 系统中审核工资计提数据，审核通过后，按成本中心生成工资薪酬计提凭证。

生成按成本中心分摊的计提凭证后，财务人员在 ERP 系统中根据人资部门与科技管理部门共同签字确认的人工成本项目分摊表，生成按项目分摊的会计凭证。

财务部门确认人工成本时需注意：

（1）检查纸质原始凭证与 ERP 系统中已计提的各项明细金额是否存在差异。

（2）检查"人工成本表"审批签字是否齐全。

（3）检查会计科目选择是否正确，区分自有人工成本和直管外包成本科目。

（4）生产成本与研发支出挂成本中心的人工成本是否完全分摊至项目，财务人员需检查是否有余额。

（二）物资采购成本管理

1. 物资采购成本确认

在履行"第三节　项目采购财务管理"中采购程序，并完成物资采购发票校验后，财务部门根据本期领料单、物资出库单，确认本期各项目物资成本。

财务部门在确认物资成本时需注意：

（1）检查项目成本确认的依据是否充分，是否提供入库单或验收单，单据审批及签字手续是否完整；检查项目领用材料是否及时登记，是否存在跨期问题，影响当期成本确认准确性。

（2）检查 ERP 系统中收货确认的操作是否正确，收货的数量和单价与发票是否一致；检查 ERP 系统中的采购订单是否与发票一致。

（3）检查 ERP 系统中进行成本归集的项目与纸质合同约定的项目是否一致。

（4）项目实际发生成本已经超过或即将超过项目成本预算时，财务部门应及时与项目管理部门预警。

（5）检查 ERP 系统项目成本要素的计划成本是否小于等于立项时的项目成本预算。

（6）检查 ERP 系统中项目计划成本是否正确，是否存在计划成本与实际成本因发生的成本要素不正确，导致的存货和暂估金额虚增情况。

（7）项目成本确认的当月，应取得发票并入账，尽可能降低应付暂估金额，原则上暂估不得超过 3 个月。

2. 固定资产明细申报

业务部门每月申报本期项目使用的固定资产明细，需保证项目信息和固定资产基本信息及两者对应关系的准确性。

3. 计提折旧并确认物资成本

财务部门根据集团折旧政策计提折旧。

财务部门在进行固定资产折旧时需注意：

（1）业务部门提交的明细中资产对应项目信息是否完整、明确。

（2）固定资产折旧成本累计值是否对项目成本指标有影响，如有，需及时向业务部门及项目管理部门反馈。

（三）服务采购成本管理

服务采购成本包括人力外包成本和专业分包成本 2 部分。

服务采购成本确认：在履行"第三节 项目采购财务管理"服务确认程序时，服务采购成本按项目进行确认。

财务人员确认服务采购成本时应注意：

（1）检查项目成本确认的依据是否充分，是否提供工作量确认单或进度确认单，单据审批及签字手续是否完整；是否有审核并签字的外包人员入场通知单，注意入场时间和报工时间是否一致。

（2）检查 ERP 系统中收货确认的操作是否正确，收货的数量和单价与发票是否一致；检查 ERP 系统中的采购订单是否与发票一致。

（3）检查 ERP 系统中进行成本归集的项目与纸质合同约定的项目是否一致。

（4）审核外包人员成本是否超预算，是否超过项目合同总金额的 60%；项目实际发生成本已经超过或即将超过项目成本预算时，财务部门应及时与项目管理部门沟通。

（5）检查 ERP 系统中项目成本要素的计划成本是否小于等于立项时的项目预算。

（6）检查 ERP 系统中的计划成本维护是否合理，是否与实际成本一致，实际成本归集进度是否与项目实施进度一致，并查明原因，督促业务前端更正。

（7）项目成本确认的当月，应取得发票并入账，尽可能降低应付暂估金额，原则上暂估不得超过 3 个月。

（四）项目费用管理

费用包括因项目执行日常发生的办公费、会议费、差旅费、折旧费等各项费用。项目直接费用归属于项目费用，项目间接成本秉承"谁受益、谁承担；承担多少，视受益程度而定"的原则由科技管理部门统一进行分摊，项目管理部门进行审核，财务部门根据审核后的分摊表进行账务处理。

1. 费用报销申请

科技管理部门在"一系统"中，根据报销需求，填写项目 WBS、报销金额、费用类型、报销人、收款人等基本信息，发起报销申请及审批。

2. 费用报销审核

财务部门在"一系统"中审核报销单据，完成付款，生成费用报销凭证。

财务部门审核时需注意：

（1）审核费用报销项目、金额是否符合集团费用报销标准，费用发生是否合理、是否超预算或超标准。

（2）检查原始单据是否完整（包括费用审批单、发票等），相关单据签字是否齐全。

（3）审核费用原始凭证是否与费用报销单内容一致，费用发票是否真实、合法、合理，包括发票金额、时间、供应商名称、地点是否与费用报销单记载的出差行程一致，是否加盖发票专用章。

（4）检查单据有无涂改、挖补、仿造等情况，是否加盖发票专用章，对于虚假的发票不予报销。若为增值税普通发票，则经办人需提供网上查询的真伪证明；若为增值税专用发票，则由财务部门进行网上认证。

（5）审核报销办公用品费提供的采购发票、采购清单、入库单等凭据，未经批准自行采购发生的费用，不得报销，不得采购与办公无关的用品，严禁以办公用品名义变相采购礼品。

（6）审核报销的市内交通费与工作实际是否相符，是否注明业务事由、往来地点等关键事项，严禁报销与工作无关的交通费。报销的出租车发票不得出现连号，报销网约车费需提供正规发票及行程明细清单。

（7）差旅费报销项目包括住宿费、交通费、伙食补助费、公杂费等费用，审核交通费和住宿费是否在规定标准内，报销时是否提供发票、住宿明细（流水单）等，丢失票据是否有证明材料。

（8）审核报销专家劳务费是否为系统内专家，是否提供专家签到表、专家劳务费信息确认表、专家身份证复印件、评审或验收报告，是否由专家本人收取，是否以银行转账方式支付。

（9）根据本单位费用报销规定要求进行其他事项审核。

（五）项目成本分摊管理

项目成本分摊是将成本费用从一个或多个成本中心转到另一个或多个成本中心，或从成本中心到订单，实现成本对象之间的成本转移，从而实现成本中心费用分摊到不同的项目成本中。

1. 项目成本分摊表制定

秉承"谁受益、谁承担；承担多少，视受益程度而定"的原则，由科技管理部门统一进行分摊，项目管理部门进行审核，财务部门根据审核后的分摊表进行账务处理。

科技管理部门在进行分摊时需注意：

（1）与成本发生相关部门共同研讨确定分摊规则，保证规则的适应性和公信力。

（2）分摊表编制内容完整、分摊项目信息准确。

（3）分摊表需经项目管理部门和被分摊科技管理部门的确认。

（4）每月在本单位财务结账前 5 天将经确认的分摊表提交至财务部门，保证当期成本数据准确。

2. 分摊成本确认

财务部门接收经确认的分摊表进行成本确认账务处理。

财务部门在进行费用归集分摊时需注意：

（1）检查成本分摊表是否有项目管理部门、被分摊的科技管理部门签字或盖章确认。

（2）复核分摊规则使用的准确性。

（3）检查成本分摊基础信息是否准确，如工时信息填报的准确性将直接影响费用分摊的正确性。

（4）检查项目成本分摊的及时性，如当期未及时进行分摊操作将会导致当期成本数据不准确。

（六）项目成本结转

项目成本结转账务处理：财务部门在接到科技管理部门材料，项目达到验收条件时，在 ERP 系统发起成本确认，选择需要进行成本确认的项目，维护成本确认信息，形成成本确认申请单，履行成本确认审批程序；审批通过后在 ERP 系统接收审批信息，在 ERP 系统做账务处理。

财务部门在进行成本结转时需注意：

（1）审核本次成本确认金额的合理性，累计确认营业成本金额应当小于或者等于按项目归集的成本。

（2）检查成本确认数据是否正确、完整。

（3）审核项目收入进度与成本归集进度的一致性，收入成本不匹配且差异较大的应查明原因。

第五节 项目实施现金支出管理

一、流程总览

自主研发类项目实施现金支出管理涵盖 1 个三级流程，其中财务关注或参与事项 2 个，分别是付款审核和付款核算。自主研发类项目实施现金支出管理总览图如图 2-2-5 所示。

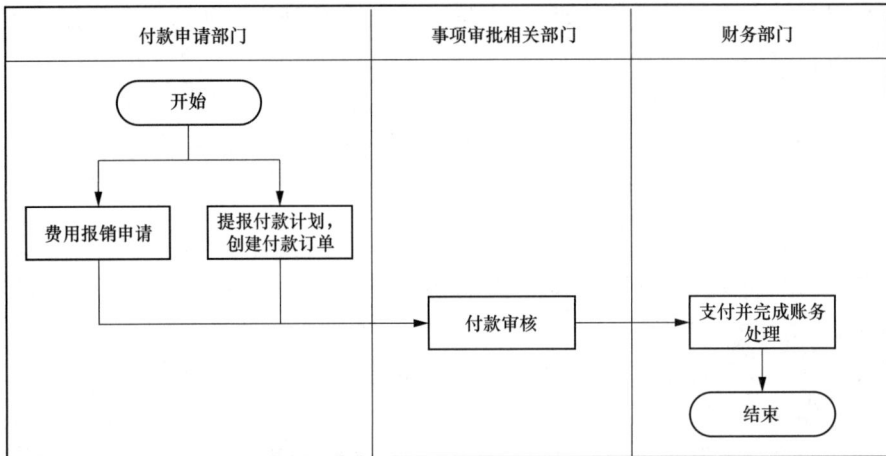

图 2-2-5 自主研发类项目实施现金支出管理总览图

二、操作环节及说明

（一）付款管理

1. 创建付款订单

采购付款申请部门在"一系统"中申报下月付款计划，根据合同、进度和发票校验情况，在"一系统"按供应商创建付款订单，关联采购订单、合同信息、项目信息、发票信息，上传影印附件。

（1）采购付款申请部门在创建付款订单时需注意：

1）该笔合同付款已纳入年度及月度预算，无预算不得对外支付。未纳入预算的资金支出，需先履行本单位预算调整程序，纳入预算后才可提交付款订单。

2）付款订单中收款人、收款账号、开户银行、款项用途、金额、支付方式等内容，与合同约定一致，如果合同签订方、收发票方、收款方不一致时，需提供相应文件支持。

3）实际付款进度与合同约定的付款进度保持一致，不得出现超合同进度付款。

（2）财务部门审核付款订单时需注意：

1）检查合同付款是否已纳入年度及月度预算，无预算不得对外支付；未纳入预算的资金支出，必须按预算调整程序纳入预算后方可办理。

2）检查用款部门提交的支付申请是否注明收款人、收款账号、开户银行、款项用途、金额、支付方式等内容，是否与合同约定一致。如采购合同对方、收发票方、收款方不一致，是否提供相应支持文件。

3）检查是否提供合同付款节点证明材料，是否有项目管理部门及业务部门的签字，支付方式是否符合合同约定等。

（4）检查实际付款进度与合同约定的付款进度是否一致，不得出现超合同进度付款。

（5）检查合同预付或按项目进度付款时，是否已经支付，避免重复付款。

（6）关注清欠民营企业款，物资部门、科技管理部门合作建立欠民营企业款的台账，达到付款条件，及时履行付款程序，对于双方有争议的，应当及时与供应商进行沟通。

2. 支付制证

出纳根据审批后的付款申请单，按照现金流按日排程流程，完成付款；在财务管控完成支付后，将支付状态信息和银行账户反馈到"一系统"，生成预制凭证，在ERP系统生成正式付款凭证，形成闭环记录。

财务部门进行支付制证需注意：

（1）收款人名称、收款账号、付款金额等信息是否正确。

（2）检查生成的凭证科目和维度信息是否正确。

3. 费用报销支付

费用报销审核要点详见本章"第四节 项目实施成本管理"中"项目费用管理"相关内容。

财务部门根据审批后的报销单，按照现金流按日排程的流程，完成付款。

财务部门进行支付制证时需注意：

（1）收款人名称、收款账号、付款金额等是否正确。

（2）检查生成的凭证科目和维度信息是否正确。

第六节　项目验收及后评价财务管理

一、流程总览

自主研发类项目验收及后评价财务管理包括2个三级流程，其中财务关注或参与事项3个，分别是经费决算及财务审计、资产账务处理、经费管理评价。自主研发类项目验收及后评价财务管理总览图如图2-2-6所示。

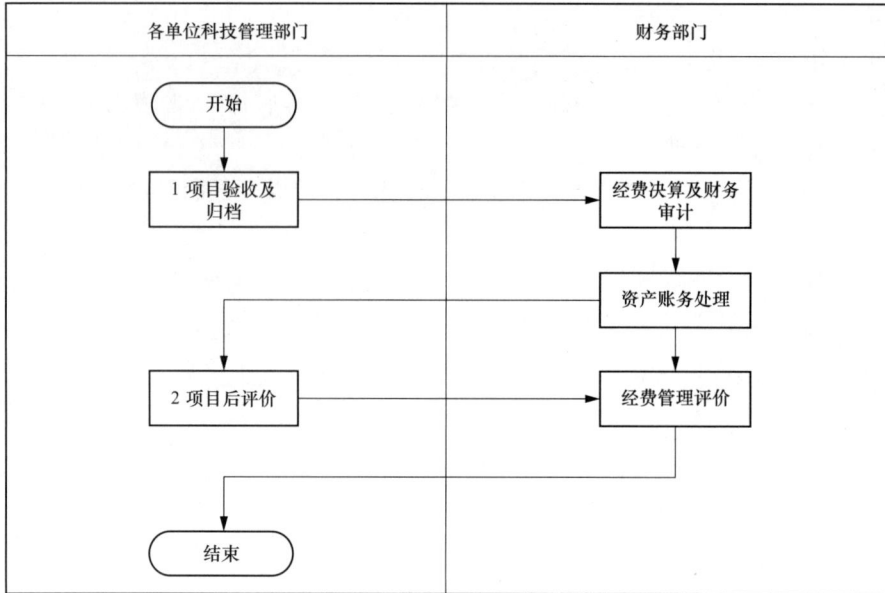

图 2-2-6　自主研发类项目验收及后评价财务管理总览

二、操作环节及说明

（一）项目验收及归档

项目验收阶段主要包含上传资料、项目验收和项目归档等环节，具体操作步骤及工作要点参照《国家电网公司科技项目实施及验收管理细则》和《集团科技创新服务工作指南》。财务部门需配合提供相关验收资料，配合完成经费决算和财务审计工作。

项目验收完成后，项目牵头单位科技管理部门在验收通过 1 个月内完成成果登记，进行项目归档。项目研发成果形成的固定资产和无形资产，按照集团资产管理有关规定管理，财务进行账务处理。

（二）项目后评价

科技项目评价工作由集团科技管理部门组织实施，分为科技项目后评估和科技项目管理综合评价，具体操作步骤及工作要点参照《国家电网公司科技项目管理办法》相关内容。

财务部门应对项目经费执行情况进行综合评价，项目经费未严格遵照《国家电网公司研究开发费管理办法》执行，经费使用违规、违纪的，依法追究项目承担单位和主要责任人的责任。

第三章

受托研发类项目

本章内容适用于销售类科技项目全过程财务管理，涵盖项目前期、项目实施过程项目采购、项目实施成本管理、项目实施收入管理、项目实施现金收支管理、项目验收及后评价管理等重点阶段和管理事项，共涉及 22 个三级流程，22 个财务关注事项。

第一节　项目前期财务管理

一、流程总览

受托研发类项目前期财务管理包括 2 个三级流程，无财务关注或参与事项。受托研发类项目前期财务管理总览图如图 2-3-1 所示。

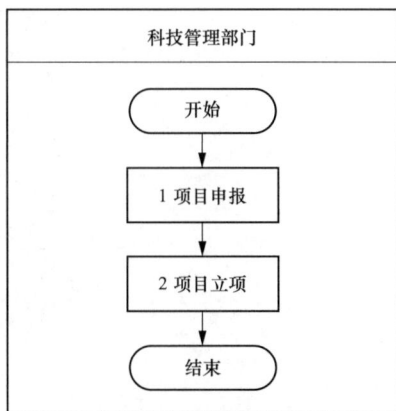

图 2-3-1　受托研发类项目前期财务管理总览图

二、操作环节及说明

（一）项目申报

项目申报具体操作步骤及工作要点参照《集团科技创新服务工作指南》相关内容。

（二）项目立项

国家项目或总部科技项目立项工作要点参照《集团科技创新服务工作指南》相关内容。

第二节 项目实施过程财务管理

一、流程总览

受托研发类项目实施过程财务管理包括 3 个三级流程，其中财务关注或参与事项 2 个，分别是经费决算及财务审计、集团审核批准。受托研发类项目实施过程财务管理总览图如图 2-3-2 所示。

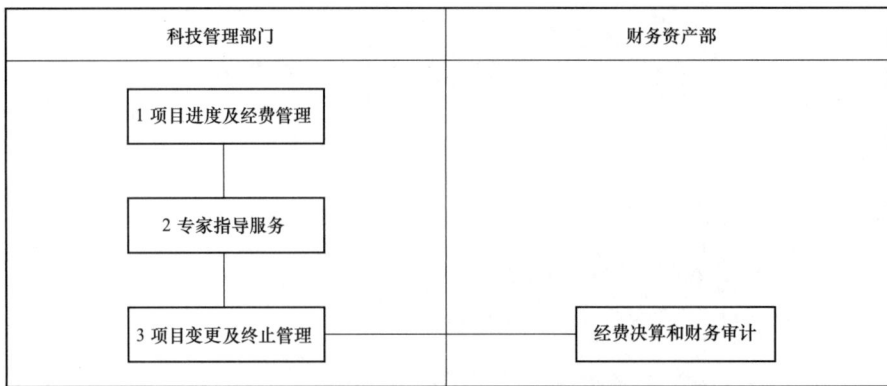

图 2-3-2 受托研发类项目实施过程财务管理总览图

二、操作环节及说明

（一）过程及经费管理

国家项目或总部科技项目过程及经费管理工作要点参照《集团科技创新服务工作指南》相关内容。

（二）专家指导服务

国家项目或总部科技项目专家指导服务工作要点参照《集团科技创新服务工作指南》相关内容。

（三）项目变更及终止管理

发项目变更包括进度变更、研究内容变更、经费预算变更、项目负责人变更，工作要点参照《国家电网公司科技项目实施及验收管理细则》和《集团科技创新服务工作指南》。需要终止的科技项目，财务部门需配合完成经费决算和财务审计。

第三节 项目采购财务管理

一、流程总览

受托研发类项目采购财务管理涵盖 4 个三级流程，其中财务关注或参与事项 5 个，分别是采购申请审核、采购合同审核、项目物资的收货确认及发票校验、物资盘点管理、项目外包的服务确认及发票校验。受托研发类项目采购财务管理总览图如图 2-3-3 所示。

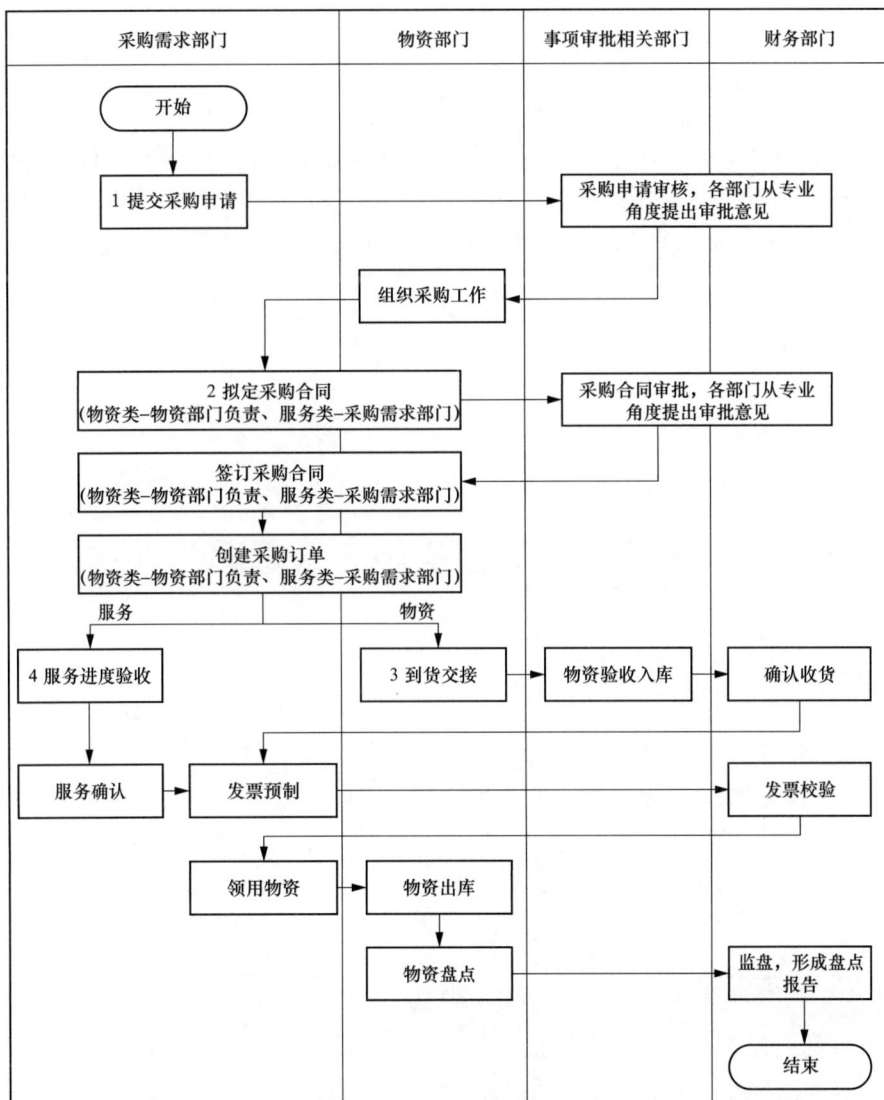

图 2-3-3 受托研发类项目采购财务管理总览图

二、操作环节及说明

（一）采购申请管理

采购申请管理中包括 3 个步骤，分别为提交采购申请、采购申请审批、组织采购工作。具体操作步骤及详细说明详见"第二章　自主研发类项目""第三节　项目采购财务管理"中"采购申请管理"相关内容。

（二）采购合同管理

采购合同管理中包括 3 个步骤，分别为采购合同拟定及审批、采购合同签订、创建采购订单。具体操作步骤及详细说明详见"第二章　自主研发类项目""第三节　项目采购财务管理"中"采购合同管理"相关内容。

（三）项目物资管理

项目物资管理中包括 7 个步骤，分别为到货交接、验收入库、确认收货、发票预制、发票校验、物资领用出库、盘点物资。具体操作步骤及详细说明详见"第二章 自主研发类项目""第三节　项目采购财务管理"中"项目物资管理"相关内容。

（四）项目外包管理

项目外包管理中包括 4 个步骤，分别为服务进度验收、服务确认、发票预制、发票校验。具体操作步骤及详细说明详见"第二章　自主研发类项目""第三节　项目采购财务管理"中"项目外包管理"相关内容。

第四节　项目实施收入管理

一、流程总览

受托研发类项目实施收入管理涵盖 3 个三级流程，其中财务关注或参与事项 4 个，分别是项目进度维护、销售发票开具、收入确认和应收账款管理。受托研发类项目实施收入管理总览图如图 2-3-4 所示。

二、操作环节及说明

（一）项目进度管理

科技管理部门需加强项目进度管控，在保证项目质量的基础上缩短项目进度，降低项目成本，同时应及时维护项目进度，并保证项目进度的真实性。

1. 项目进度维护

当项目进度达到里程碑节点时，科技管理部门经与监理、客户等确认项目进度后，在"一系统"中提报项目进度相关单据，进行进度确认，项目管理部门审批项目进度相关单据。

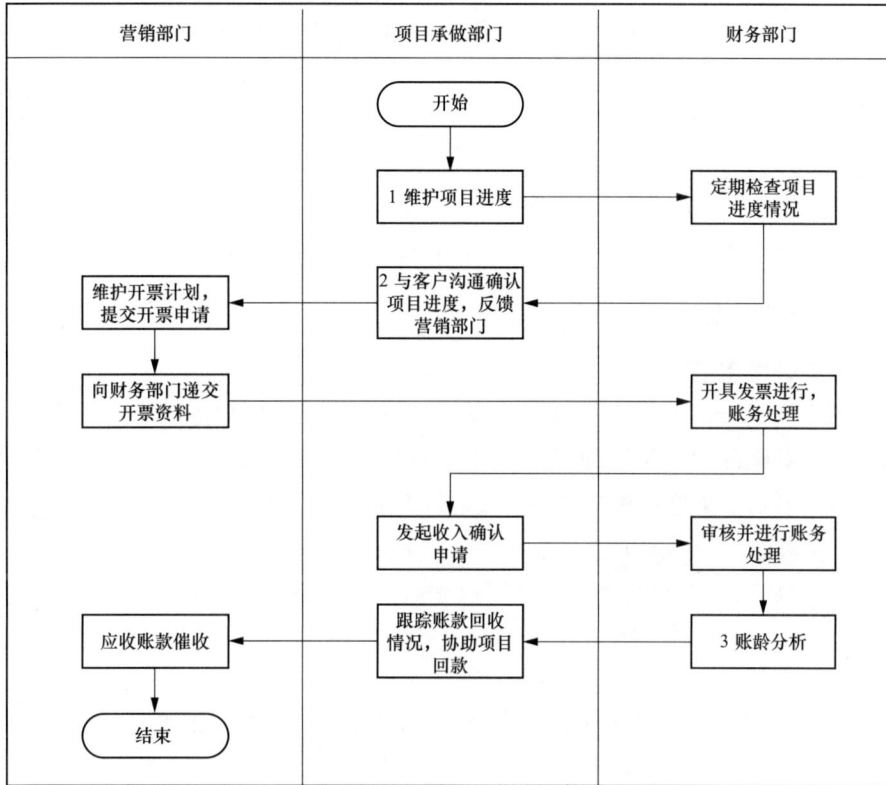

营销部门	项目承做部门	财务部门

开始 → 1 维护项目进度 → 定期检查项目进度情况

维护开票计划，提交开票申请 ← 2 与客户沟通确认项目进度，反馈营销部门 ← （财务部门）

向财务部门递交开票资料 → 开具发票进行，账务处理

发起收入确认申请 → 审核并进行账务处理

应收账款催收 ← 跟踪账款回收情况，协助项目回款 ← 3 账龄分析

结束

图 2-3-4 受托研发类项目实施收入管理总览图

科技管理部门在进度维护时需注意：

（1）"项目进度确认单"应注明客户名称、项目名称及编号、合同名称及编号、销售订单号、合同金额、累计开票金额、本次进度确认金额等内容，应经科技管理部门、项目管理部门签字及经客户签字盖章。

（2）科技管理部门自查系统中维护进度与实际进度、成本的匹配度，是否存在合同签署 1 年以上，无项目进度更新的情况；项目阶段里程碑是否及时录入项目管理系统；是否存在项目进度为 100%，实际成本不匹配；是否存在项目管理系统中的在建项目立项日期超过 3 个月，实际成本为 0。

2. 项目进度检查

财务部门每月重点检查项目进度确认的及时性、合规性，收入确认进度及与成本归集进度的一致性等。

项目进度检查关注事项：

（1）每月检查项目管理部门是否提供项目进度确认单，进度单至少包括合同名称、合同编号、项目名称、项目编号、合同金额、累计开票金额、本次投运比例及金额等内容，经项目管理部门和科技管理部门签章，保证项目进度与开票进度的一致性。

（2）检查项目收入确认进度与成本归集进度是否匹配；检查是否存在合同签署1年以上，无项目进度更新的情况；检查项目阶段里程碑录入项目管理系统是否及时；检查是否存在项目进度为100%，实际成本不匹配；检查是否存在项目管理系统中的在建项目立项日期超过3个月，实际成本为0。

（3）检查系统中计划收入和计划成本值维护情况，是否存在ERP系统在执行项目计划成本为空的情况；检查ERP系统中计划收入维护是否合理，是否存在实际收入大于计划收入情况，并查明原因。

（4）检查累计投运金额是否小于等于合同金额，并查明原因。

（二）销售开票管理

1. 线上提交开票申请

当项目进度满足合同要求，且科技管理部门与客户针对项目进度沟通达成一致时，科技管理部门反馈营销部门，营销部门在ERP系统维护开票计划，在"一系统"创建开票申请，输入开票申请基本信息及相关附件，发起发票申请流程并履行审批程序。

（1）营销部门在申请开票时需注意：

1）增值税专用发票首次开具需提供客户营业执照复印件、一般纳税人资格证明及开票资料并加盖公章。

2）需先维护开票计划，再提报开票申请。

3）填写完整、准确的开票信息，包括客户开票名称、纳税人识别号、地址、电话、开户行及账号，开票信息应与合同规定一致，且开票内容与合同一致。

4）开票单位与合同签订单位应一致，若出现不一致，需提供经对方加盖公章及我方经办人签字的证明材料。

5）对系统外单位的持续经营能力进行评估，对无偿债能力及进入清算期的单位停止开票，避免造成进一步损失。

（2）财务部门审核开票申请时需注意：

1）检查营销部门提交开票申请前是否已经提交开票计划，开票计划是否完整、准确。

2）检查营销部门提交的开票申请注明的合同名称及编号、购货单位、纳税识别号、地址电话、开户行及账号、税率等内容是否完整、准确，是否与开票计划一致，开票金额是否小于等于开票计划金额。

3）检查项目对应的采购服务是否到达至客户现场，进项发票是否已收取。

4）每次的开票金额需有同等金额的进度确认单或出库单，不得超项目进度对外开票。

5）检查项目的进项服务是否已经采购。

6）检查开票单位与合同签订单位双方是否一致，否则应提供经对方加盖公章及我方经办人签字的证明材料。

7）支撑营销部门对系统外单位的持续经营能力进行评估，对无偿债能力及进入清算期的单位停止开票，避免造成进一步的损失。

2.递交开票资料

开票申请审批通过后营销部门将纸质资料提交至财务，资料包括开票申请审批单、客户信息、合同复印件等。

财务部门审核线下开具材料时需注意事项：

（1）增值税专用发票首次开具需提供客户营业执照复印件、一般纳税人资格证明及开票资料并加盖公章。

（2）增值税普通发票需提供与客户一致的客户名称和纳税人识别号。

3.开票并进行账务处理

财务部门审核开票资料并在税控系统进行发票开具动作，并回写发票号码至"一系统"，同时在 ERP 系统做开票账务处理。如需申请税务机关代开发票的，必须由各单位财务人员亲自到税务局办理，不得全权委托外部机构代办。

4.收入确认

科技管理部门在项目达到收入确认条件时，在"一系统"发起销售收入确认流程，上传进度确认单，选择需要进行收入确认的合同，维护收入确认信息，履行销售收入确认审批程序。

（1）科技管理部门提交收入确认申请时需注意：

1）需提供经客户确认的项目进度确认单，保证项目进度与开票进度一致。

2）需提供审批通过的收入确认申请单、合同复印件。

（2）财务部门收入确认时审核要点：

1）审核本次收入确认金额的合理性，本次收入确认金额应不大于开票未投运金额，不允许无票确认收入；项目累计收入确认金额应不大于合同金额，即累计收入确认金额不大于 ERP 系统中维护的项目计划收入金额。

2）检查收入确认数据是否正确、完整。

3）检查产品服务、税率税项等多维信息是否正确。

4）审核项目收入进度与成本归集进度的一致性，收入成本不匹配且差异较大的应查明原因。

5.账务处理并生成凭证

审批通过，财务部门在"一系统"接收审批信息，在 ERP 系统做账务处理。

账务处理并生成凭证时应注意事项：

（1）检查收入确认数据是否正确、完整。

（2）检查原始单据是否完整，包括经审批确认的收入确认申请单、合同复印件等。

（三）应收账款管理

1.账龄分析

财务部门应及时准确记录应收账款，定期与营销部门进行对账，按月编制应收账款分析报告（按客户和项目对账龄进行分析），向营销部门反馈分析结果，提前防控回款损失风险。

财务部门进行账龄分析时需注意：

（1）及时更新往来款项工作备查表，及时准确记录应收账款，做好回款及清账工作，确保账龄数据准确。

（2）按月检查是否存在长期未开票（合同签订后1年），或合同签订1年以上但开票比例过低（50%以下）的项目，并查明原因。

（3）检查是否有开出发票后，超过1年未确认收入（无合同进度）情况。

（4）对于超过正常回款期的应收账款，及时提醒营销部门制定和落实催收计划，协助其回款。

（5）对于长账龄或存在坏账损失风险的应收账款，建立专门台账，专人负责跟踪管理，按月更新跟踪进展，协助营销部门进行回款风险管控。

2. 应收账款回款跟踪

项目管理/营销部门建立应收账款回款统计表，定期对账，进行项目回款进度分析，形成回款进度分析表，向财务部门反馈分析结果，提前防控回款损失风险。

项目管理/营销部门回款进度分析时需注意：

（1）及时更新应收账款回款统计表，及时准确记录合同回款时间，做好合同回款管理工作。

（2）对于超过正常回款期的合同，及时提醒科技管理部门制定和落实催收计划，协助其回款。

（3）对于长账龄或存在坏账损失风险的合同，建立专门台账，专人负责跟踪管理，按月更新跟踪进展，协助科技管理部门进行回款风险管控。

3. 应收账款催收

营销部门根据合同和项目进度确认情况，核对款项收回进度，每月根据财务提供数据及本专业管理需求，开展应收账款情况分析，按照不同客户、不同项目、不同账期等因素，制定催收措施。各单位结合实际管理情况，可制定应收账款催收激励机制，明确催收责任人，并按月更新催收预测和执行进度。

财务部门协助营销部门开展应收账款催收，可开展及支撑的工作包括：

（1）做好账务基础数据管理，可随时提供项目应收账款明细，内容包括但不限于应收账款余额、累计开票额、累计回款额、催款责任人等。

（2）每季度组织一次应收账款催款专项分析，催款专项分析应重点分析系统外和长账龄的应收账款、销售合同签订超1年未开票或开票超1年未投运的合同情况，对于特殊异常情况，向管理层及时反馈。

（3）每年至少进行一次由财务部门组织，项目管理部门、营销部门和科技管理部门配合的系统外应收账款对账，对账结果以取得对方确认的磋商证据为准，系统内应收账款对账可视需要参照执行。

（4）对于即将超过诉讼时效的应收账款，提醒营销部门留存催收证据，为后期司法解决保留证据。

第五节　项目实施成本管理

一、流程总览

受托研发类项目实施成本管理涵盖 6 个三级流程，其中财务关注或参与事项 6 个，分别是人工成本管理、物资采购成本管理、服务采购成本管理、项目费用管理、项目成本分摊和成本结转。受托研发类项目实施成本管理总览图如图 2-3-5 所示。

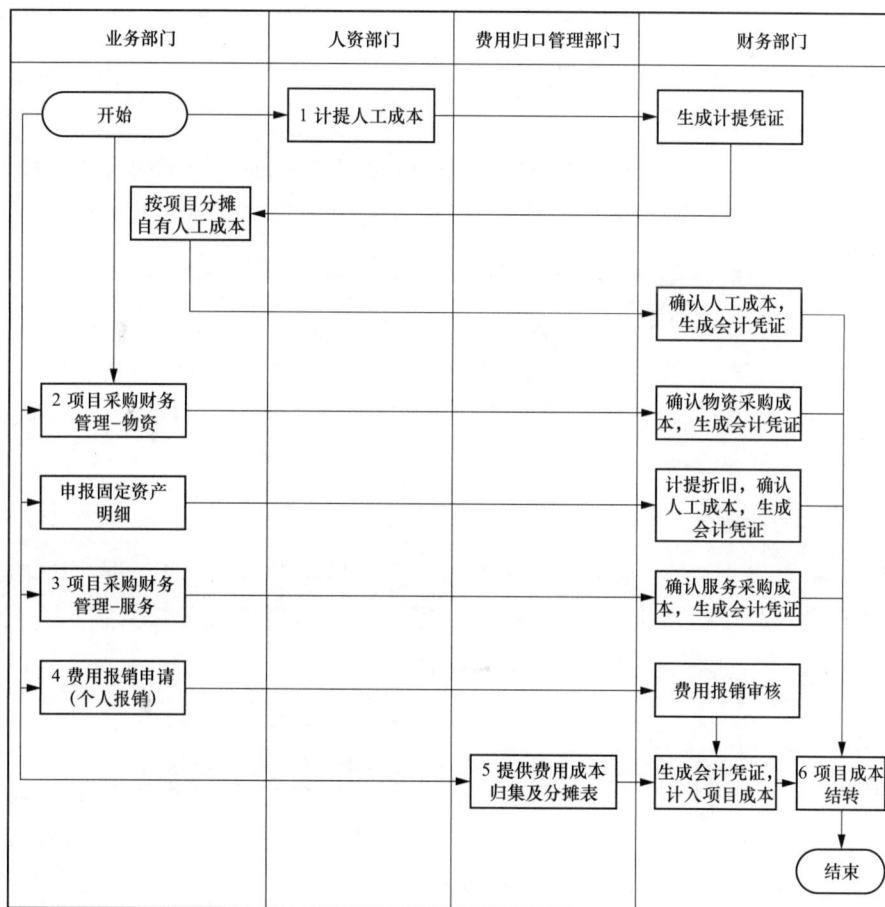

图 2-3-5　受托研发类项目实施成本管理总览图

二、操作环节及说明

（一）人工成本管理

人工成本管理涵盖 3 个关键流程步骤，分别为人工成本计提、人工成本分摊和人工成本确认。具体操作步骤及详细说明详见"第二章　自主研发类项目""第四节　项目实施成本管理"中"人工成本管理"相关内容。

（二）物资采购成本管理

物资采购成本管理涵盖 3 个关键流程步骤，分别为物资采购成本确认、固定资产明细申报、计提折旧并确认物资成本。具体操作步骤及详细说明详见"第二章　自主研发类项目""第四节　项目实施成本管理"中"物资采购成本管理"相关内容。

（三）服务采购成本管理

服务采购成本管理涵盖 1 个关键流程步骤，为服务采购成本确认。具体操作步骤及详细说明详见"第二章　自主研发类项目""第四节　项目实施成本管理"中"服务采购成本管理"相关内容。

（四）项目费用管理

项目费用管理涵盖 2 个关键流程步骤，分别为费用报销申请和费用报销审核。具体操作步骤及详细说明详见"第二章　自主研发类项目""第四节　项目实施成本管理"中"项目费用管理"相关内容。

（五）项目成本分摊管理

项目成本分摊管理涵盖 2 个关键流程步骤，分别为项目成本分摊表制定和分摊成本确认。具体操作步骤及详细说明详见"第二章　自主研发类项目""第四节　项目实施成本管理"中"项目成本分摊管理"相关内容。

（六）项目成本结转

项目成本结转管理涵盖 1 个关键流程步骤，为项目成本结转账务处理。具体操作步骤及详细说明详见"第二章　自主研发类项目""第四节　项目实施成本管理"中"项目成本结转"相关内容。

第六节　项目实施现金收支管理

一、流程总览

受托研发类项目实施现金收支管理涵盖 2 个三级流程，其中财务关注或参与事项 3 个，分别是回款认款质量和效率、付款审核、收付款核算。受托研发类项目实施现金收支管理总览图如图 2-3-6 所示。

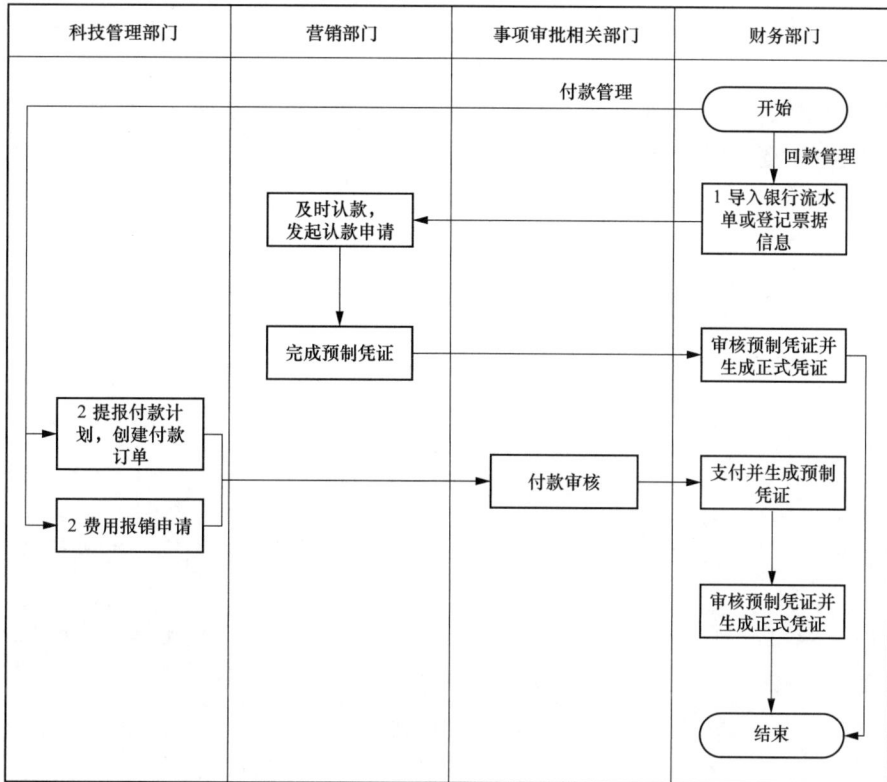

图 2-3-6　受托研发类项目实施现金收支管理总览图

二、操作环节及说明

（一）收款管理

收款管理中，各单位需完善财务、营销、项目管理、法务等多部门高效协同、全流程贯通的长效机制。营销部门为各款项收回的牵头部门，营销部门应及时催收投标保证金、质保金、项目款等应收款项，逐条梳理项目到期未回款原因，将每一笔满足收款条件的合同款项落实到具体责任人，保证应收未收款项颗粒归仓；项目管理部门需对收款情况进行监督和考核，负责重点项目的进度和质量管控，促进项目应收向实际应收、实际应收向实际到款的转化；项目实施部门应保证项目进度和质量，并积极配合催款事宜；财务部门需定期与营销部门对账并发送应收款项明细表，助推现金回流。

1. 导入银行流水单

若银行到款，财务部门在"一系统"中导入银行流水单，形成银行进账单信息；若票据到款，财务部门在财务管控系统录入票据信息，票据信息同步传递至"一系统"，供营销部门进行认款。

2. 发起认款流程

营销部门按日关注"一系统"中到款信息，执行认款流程。选择银行进账信息，维护认款客户和合同明细信息，上传合同关键页等影像资料，提交认款申请，履行系统审批程序。

营销部门发起认款流程时需注意到款单应注明合同名称及编号、项目编号、客户名称、合同金额、本次回款金额、累计回款比例等内容。

财务部门在审核认款时需注意：

（1）检查回款方式和回款金额是否与合同约定一致，检查是否存在收支相抵情况。

（2）检查付款方与合同对方是否一致，累计认款金额是否小于等于已开票金额和合同总额等。

（3）财务部应检查营销部门取消已经履行到款确认的合理性，依据是否充分，是否经过规定的审批流程。

（4）检查认款效率，不得出现2个月以上的未达认款。

3. 回款账务处理

认款申请经审批后，财务部门在"一系统"中进行凭证预制操作，生成预制凭证并完成过账。

（1）财务部门在进行预制凭证时需关注：往来款项性质、产品服务、开票状态、融资合同及票据等多维信息是否完整、准确，科目是否正确。

财务部门接收预制凭证，复核确认后生成正式凭证。

（2）财务部门审核凭证时需关注：借贷科目使用、维度信息和金额是否正确、完整。

（二）付款管理

付款管理涵盖3个关键流程步骤，分别为创建付款订单、支付制证和费用报销支付。具体操作步骤及详细说明详见"第二章　自主研发类项目""第五节　项目实施现金支出管理"中"付款管理"相关内容。

第七节　项目验收及后评价财务管理

一、流程总览

受托研发类项目验收及后评价财务管理包括2个三级流程，其中财务关注或参与事项2个，分别是经费决算及财务审计、经费管理评价。受托研发类项目验收及后评价财务管理总览图如图2-3-7所示。

二、操作环节及说明

（一）项目验收及归档

国家项目验收阶段主要包含项目自验收、项目验收和项目归档等环节；总部科技项目验收阶段主要包含上传系统、项目验收、项目归档和成果创新总结等环节。具体操作步骤及工作要点参照《国家电网公司科技项目实施及验收管理细则》和《集团科技创新服务工作指南》。财务部门需配合提供相关验收资料，配合完成经费决算和财务审计工作。

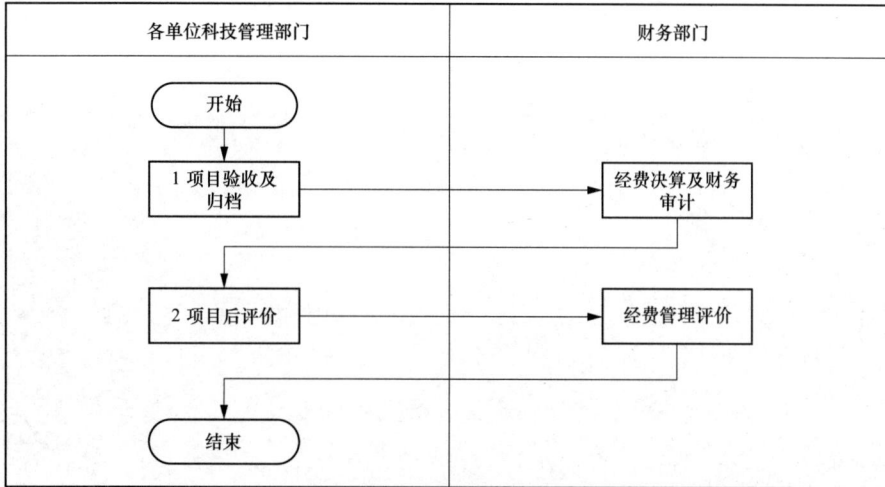

图 2-3-7　受托研发类项目验收及后评价财务管理总览图

（二）项目后评价

科技项目评价工作由集团科技管理部门组织实施，分为科技项目后评估和科技项目管理综合评价，具体操作步骤及工作要点参照《国家电网公司科技项目管理办法》相关内容。

财务部门应对项目经费执行情况进行综合评价，项目经费未严格遵照《国家电网公司研究开发费管理办法》执行，经费使用违规、违纪的，依法追究项目承担单位和主要责任人的责任。

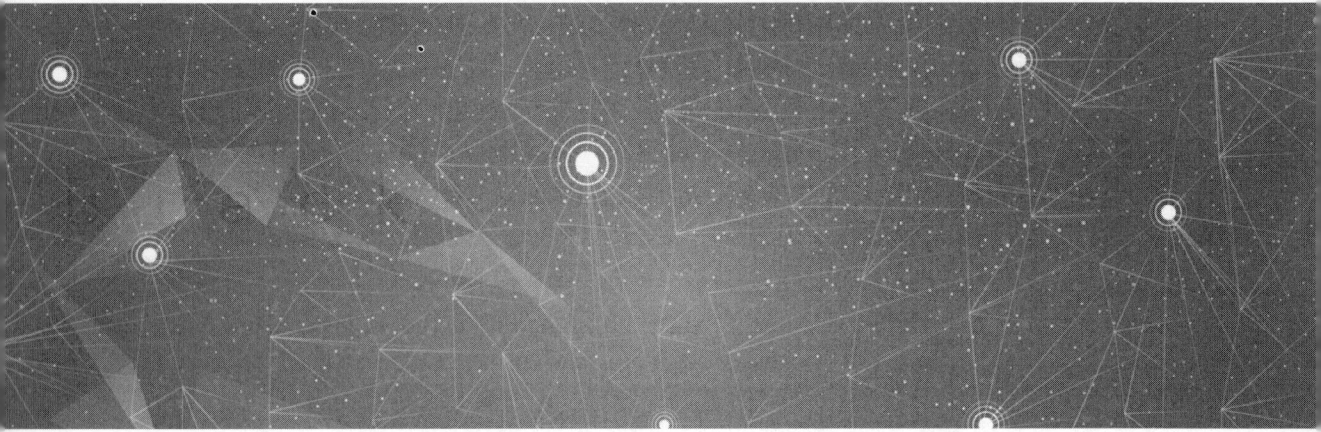

下　篇

产业工程项目管理

第一章
项目财务管理概述

本篇所称"产业工程类项目"是指直属产业公司、因企业发展实施的基本建设投资项目，包括新建、改扩建、购置生产用固定资产、技术改造等资本性投资项目。

产业工程项目包括产业基建项目、产业技改项目和产业大修项目。

（1）产业基建项目指直属产业公司、因企业发展实施的基本建设投资项目，包括新建、改扩建、购置生产用固定资产等资本性投资。

（2）产业技改项目指利用成熟、先进适用的技术、设备、工艺和材料等，对现有落后的生产运行设备、设施以及辅助设施进行完善、配套或整体更新改造的项目。

（3）产业大修项目指为恢复现有生产设备、设施及辅助性生产设施的能力所进行的综合性修理、维护等工作的项目。

产业工程类项目全过程财务管理，涵盖项目前期财务管理、项目采购财务管理、项目实施现金支出管理、项目实施过程管理、项目设备拆除财务管理、项目实施成本管理、项目竣工财务管理、项目后评价管理等重要阶段和管理事项，共涉及 33 个三级流程、38 个财务关注事项，具体设置如下。

1. 项目前期财务管理

涵盖 5 个三级流程，分别为可行性研究、项目储备计划、预算管理、项目创建及预算下达、项目前期费用。其中财务关注或参与事项 6 个，包括可研评审、储备项目审核、预算编制与预算审核、预算发布与下达、服务确认与发票校验、前期费用结转。

2. 项目采购财务管理

涵盖 5 个三级流程，分别为采购计划管理、采购申请管理、采购合同管理、工程物资管理和项目外包管理。其中财务关注或参与事项 7 个，包括采购申请审核、采购合同审核、项目物资的收货确认及发票校验、物资盘点管理、项目外包的服务确认及发票校验、物资报废申请审核、物资处置申请审核。

3. 项目实施现金支出管理

涵盖 1 个三级流程，为付款管理。其中财务关注或参与事项 2 个，包括付款审核和付款核算。

4. 项目实施过程财务管理

涵盖 4 个三级流程，分别为安全管理、质量管理、进度管理、造价管理。其中财务关注或参与事项 2 个，为进度管理和签证管理。

5. 项目设备拆除财务管理

涵盖 2 个三级流程，分别为固定资产技改启动、技改设备拆除。其中财务关注或参与事项 2 个，包括审核技改流程并将固定资产转到在建工程、审核并修改重估使用年限。

6. 项目实施成本管理

涵盖 10 个三级流程，分别为编制项目成本计划、确定成本费用分摊机制、人工成本管理、物资采购成本管理、服务采购成本管理、项目费用管理、项目利息资本化管理、项目成本分摊管理、项目成本结转、预算监控与分析。其中财务关注或参与事项 8 个，包括人工成本管理、物资采购成本管理、服务采购成本管理、项目费用管理、项目利息资本化管理、项目成本分摊、成本结转和成本分析。

7. 项目竣工财务管理

涵盖 4 个三级流程，分别为竣工验收及预转资管理、结算管理、竣工决算管理、档案管理。其中财务关注或参与事项 10 个，包括审核项目资产盘点清单、暂估工程成本并估价增资、物资结算、合同清理、竣工结算管理、工程成本管理、编制竣工决算报告、决算报告审批、决算转资管理、结余资金管理。

8. 项目后评价财务管理

涵盖个 2 个三级流程，分别为项目后评价、项目分析考核。其中财务关注或参与事项 1 个，为项目分析考核。

第二章

项目前期财务管理

第一节　流程总览

产业工程项目前期财务管理涵盖 5 个三级流程，20 个关键流程，其中财务关注或参与事项 6 个，包括可研评审、储备项目审核、预算编制与预算审核、预算发布与下达、服务确认与发票校验、前期费用结转。产业工程项目前期财务管理总览图如图 3-2-1 所示。

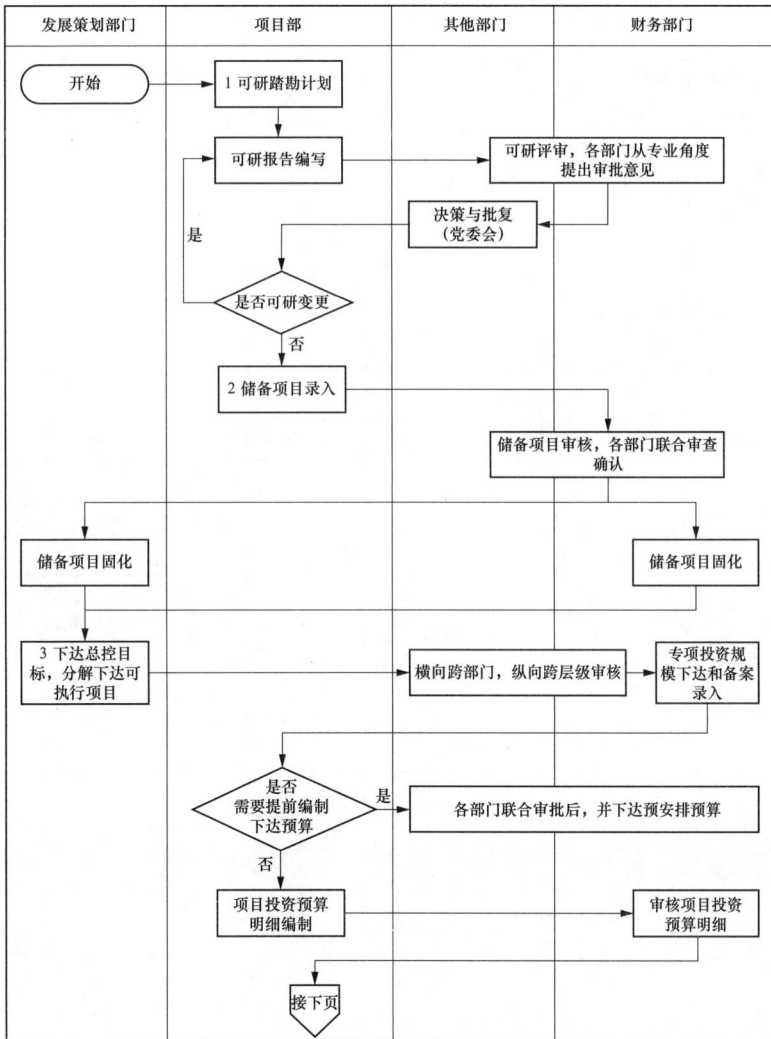

图 3-2-1　产业工程项目前期财务管理总览图（一）

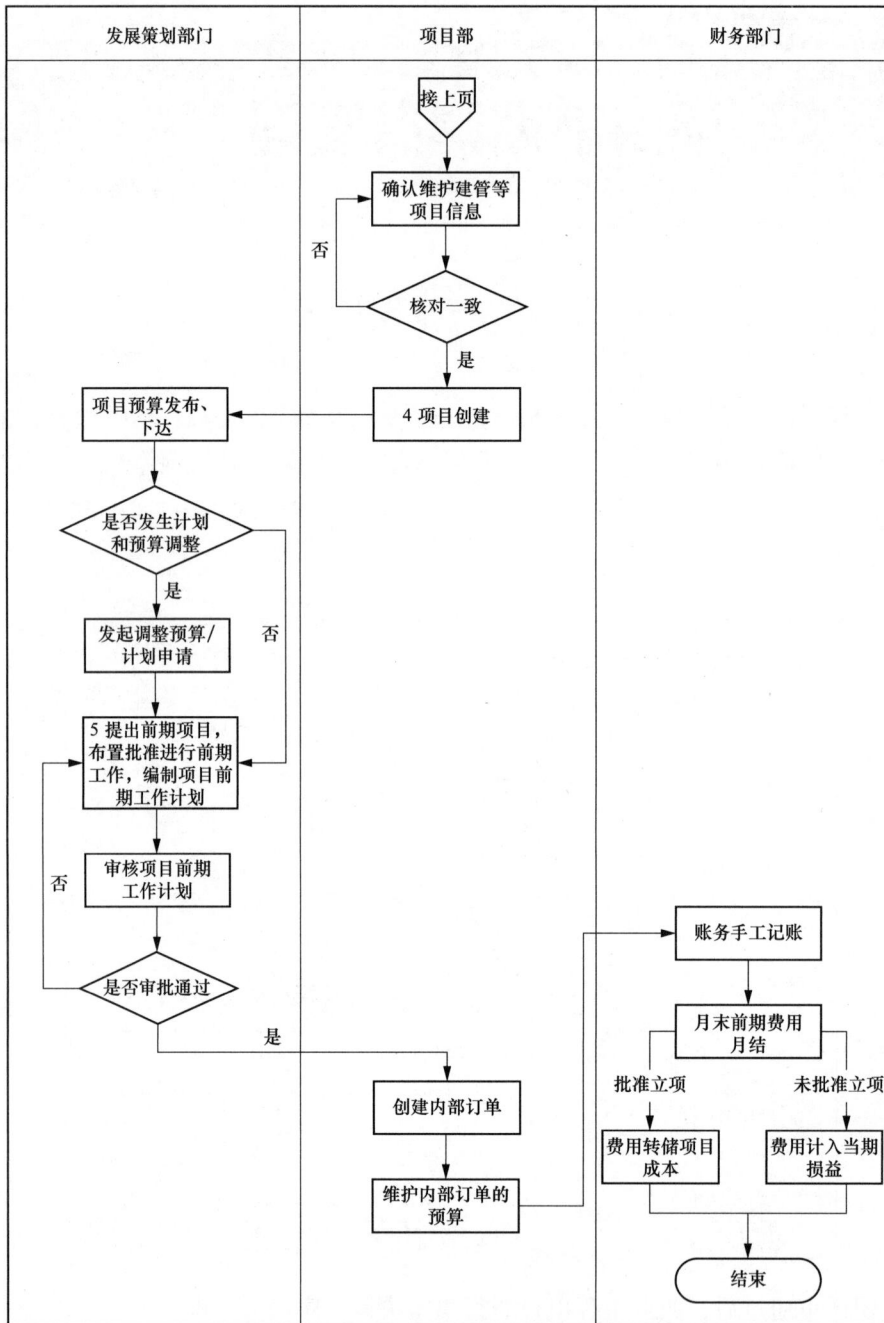

图 3-2-1　产业工程项目前期财务管理总览图（二）

第二节 操作环节及说明

（一）可行性研究

1. 可研踏勘计划

项目可研阶段，项目部需要根据项目实际情况制定可研踏勘计划。

2. 可研报告编写

项目部负责开展可行性研究工作，编制可研报告。可研报告正文原则上应包括项目概况、建设必要性和可行性、建设方案和规模、拆除设备处置、投资估算、资金来源和效益分析、风险分析等内容。

财务部门为项目投资估算、指标测算提供支撑。

3. 可研评审

项目单位的项目归口管理部门组织可研评审，履行决策程序后上报集团发展策划部。集团发展策划部组织集团本部及各单位上报内审工作，内审合格后组织开展正式评审。正式评审可组织外部专家或委托有资质的第三方专业机构审查。项目部应按专家意见完成修改，形成收口可研，5 个工作日内报集团发展策划部备案。

财务部门配合可研阶段的工程估算、概算审查，需注意：

（1）审核项目必要性阐述是否清晰完整。

（2）审核投资估算是否漏项。

（3）判断资金来源是否支撑项目运行。

（4）审核项目建设规模是否超计划。

（5）审核可行性研究报告中的"其他费用"列支范围是否规范。

（6）审核投资估算中的设备购置费是否依据国家政策对项目中可以抵扣的进项税进行估算，并单独列示。

（7）审核拆除、报废设备的处置意见和处置费用是否合理。

（8）审核项目内部收益率、投资回收期、投资利润率及资本金净利润率、财务净现值是否与集团要求相匹配。

4. 决策与批复

经集团评审通过后，产业工程项目履行集团决策程序后，由集团发展策划部进行批复并报国家电网有限公司备案。如符合"三重一大"标准，则需履行"三重一大"事项决策流程。

5. 可研变更

经批复或备案的产业工程项目，原则上不允许调整投资估算。但当项目建设地点、建设规模、建设内容、技术方案等发生重大变化，或投资估算调增额达 15% 以上的，应重新履行审批程序。

（二）项目储备计划

项目经过可研批复后，按轻重缓急排序，生成企业级项目编码，方可纳入集团项目储备库。

1. 项目储备

集团发展策划部按"全年常态储备"要求，组织各部门、单位开展产业项目储备工作，产业项目完成可研评审后，由集团发展策划部组织财务部门及其他相关部门依据关键指标体系对项目进行审查，指标体系分为通用指标体系和专用指标体系，通过审查后，经集团党委会决策，可纳入储备库。如符合"三重一大"标准，则需履行"三重一大"事项决策流程。

财务部门对储备项目审核时需关注：

（1）审核提交的可研报告是否资料齐全、内容完整。

（2）审核纳入储备的项目是否符合投入产出要求。

（3）审核纳入储备的项目是否符合国家法律法规及集团内部制度规定。

（4）审核是否存在超标准、超规格购建资产。

（5）审核是否存在重复立项。

（6）审核投资估算等信息是否满足支撑支出预算及资金预算的需求。

2. 储备项目固化

发展策划部门、财务部门在项目管理平台审查通过后系统自动固化。对已固化项目，系统控制不允许对当年储备调整。对于储备固化的项目，如果专业部门因业务需要确需更改固化的储备项目，可通过系统解锁功能，经发展策划部门、财务部门审核通过解锁后，项目部才能更新项目信息，并经发展策划部门、财务部门再次审查确认后固化。

（三）预算管理

年度预算依据综合计划编制并受综合计划制约。年度预算按管理属性分为综合预算、业务预算和财务预算。综合预算全面反映预算期间单位财务状况、经营成果和资金收支。综合预算是业务预算和财务预算的综合体现。

1. 总控目标下达和草案录入

集团下属各单位在总控目标的约束下，根据"新建""续建""结转"三种不同项目建设性质，对总控目标进行分解，开展预算草案的编制工作，并在项目管理平台中同步总控目标分解信息。

项目预算经过横向跨部门、纵向跨层级审核，由集团执行下达。

财务部门在总控目标分解过程需注意：统筹平衡财务能力与投入需求。

2. 专项投资规模下达和备案录入

各单位依据集团审核后下达的项目，开展预算备案提报，财务部门组织各部门编写专项投资规模预算，并在项目管理平台上同步预算信息，增加未纳入今年预算范围的结转项目。

财务部门在专项投资规模预算编制时需关注：

（1）费用计算过程是否清晰，费用项目和产生费用的工作量是否对应清楚。

（2）以同类项目历史数据为基础，充分考量风险，务必"无漏项、无少项"。

（3）了解项目承担的管理成本、税务、物价等信息，避免预算遗漏本单位管理成本。

（4）保证立项项目的独立性和完整性，不应包含非本类项目以外的项目，也严禁将一个独立的项目分拆立项。

3. 预安排管理

如新建项目工期紧迫，需要提前编制、下达预算，各单位项目部在项目管理平台中录入项目预算预安排信息，经过横向跨部门、纵向跨层级审核，由集团执行下达。

4. 计划及预算调整

预算调整分为年度预算调整（年中调整）和日常项目预算调整。年度预算调整可根据实际情况调整经营目标，日常项目预算调整一般不调整经营目标。

年度预算调整（年中调整）由集团统一组织实施，原则上每年调整一次。调整流程与年初预算编制流程相同。由各级单位结合实际情况提出预算调整方案，经本单位预算决策机构审查后逐级上报集团；集团财务部门会同有关专业部门对预算调整方案进行审查和综合平衡，报经集团党组会议审定后下达执行；各级单位负责人业绩考核效益指标，按照年度预算调整后下达的指标实施。调整年度预算／计划时，履行以下程序：若超出总投资，由项目部发起调整申请，审核通过后发布至 ERP 系统开展执行。

日常项目预算调整在年初预算下达至年度预算调整之间，因内外部环境变化，可根据需要开展日常项目预算调整。项目支出如超总投资额度，须由项目部先发起针对总投资的调整，再申请调整年度预算。根据调整项目性质，履行以下程序：在不突破专项投资规模的前提下调整项目预算，由项目部在项目管理平台发起调整预算／计划申请，并履行相应审批程序，审核通过后发布至 ERP 系统开展执行。

财务部门在预算调整审核中需关注：

（1）审核预算调整理由是否充分、合理。

（2）审核预算调整项目是否在可允许调整范围内。

（3）规模范围内增补，报备内容应包含调增项目及调减计划内项目的明细。

（4）规模范围内增补，因增补项目导致的计划内项目投资规模调减，该调减项目原则上当年不得再次进行调整。

（5）规模范围外增补，上报内容应包括调增申请文件、项目可研报告、产业公司决策文件等。

（6）经批复的产业工程投资项目，当项目建设地点、建设规模、建设内容、技术方案等发生重大变化，或投资估算调增额 15% 以上的，按项目原批复流程重新履行审批程序。

5. 项目投资预算明细编制

产业工程投资预算已纳入集团全面预算管理体系。产业工程项目总投资预算、年度投资预算编制、调整、发布的业务主要在财务管控及项目统一储备平台中处理。财务部门对项目投资预算明细进行审核，投资预算以项目建设管理单位为责任主体，以单项工程为对象，按工程建筑工程费、安装工程费、设备购置费、其他费用明细项目等维度编制新建项目总投资预算，同时根据总投资预算安排新建、续建以及结转的产业工程项目的下一年度预算。

财务部门在审核项目投资预算明细需关注：

（1）项目预算编制的规范性、合理性和预算数据在系统间的一致性，以便指导后续项目预算的执行。

（2）项目成本预算是否合理、可行，项目差旅费、会议费、专家费等各项预算是否与项目规模匹配。

（3）项目毛利率、利润率等经济性指标是否符合本单位管理要求，使其与年度目标合理衔接。

（四）项目创建及预算下达

1. 项目创建

产业工程项目立项批复通过后，核对 ERP 系统中发展策划部门下发的项目年度投资计划信息和财务部门下发的项目年度预算信息一致无误，项目部在 ERP 系统完成项目创建。

2. 项目预算发布

项目创建成功后，由发展策划部门在 ERP 系统发布从项目管理平台接收的项目预算及零星调整。

3. 项目预算下达

项目预算发布成功后，由财务资产部将预算下达到项目，实现项目在采购需求、合同签订履约、收发货、付款等环节的全过程预算管控。

（五）项目前期费用

项目批准立项前，开展项目前期工作直至项目核准所需费用的管理，包括可行性研究报告编制费、规划手续费、环境评审费等，该类费用多以采购形式产生，具体程序详见"第三章 项目采购财务管理"相关内容。

1. 编制、审核前期工作计划

发展策划部门布置或批准进行前期工作，编制并审核项目前期工作计划。

2. 创建前期内部订单

项目部在 ERP 系统中创建前期内部订单。

3. 维护内部订单预算

项目部在 ERP 系统中填写内部订单总体预算金额，完成内部订单预算分配。

4. 前期费用月结

财务部门每月月底对项目前期费用进行月结流程操作。

5. 前期费用结转

项目批准立项后，前期费用计入相应项目的成本；未获准的项目或不能与项目对应的前期费支出，经审批后计入当期损益。财务部门在 ERP 系统中发起前期费用结转流程，录入结算规则并做账务处理，生成记账凭证。

第三章

项目采购财务管理

第一节　流程总览

　　产业工程项目采购财务管理涵盖 5 个三级流程，22 个关键流程步骤。其中财务关注或参与事项 7 个，分别是采购申请审核、采购合同审核、项目物资的收货确认及发票校验、物资盘点管理、项目外包的服务确认及发票校验、物资报废申请审核、物资处置申请审核。产业工程项目采购财务管理总览图如图 3-3-1 所示。

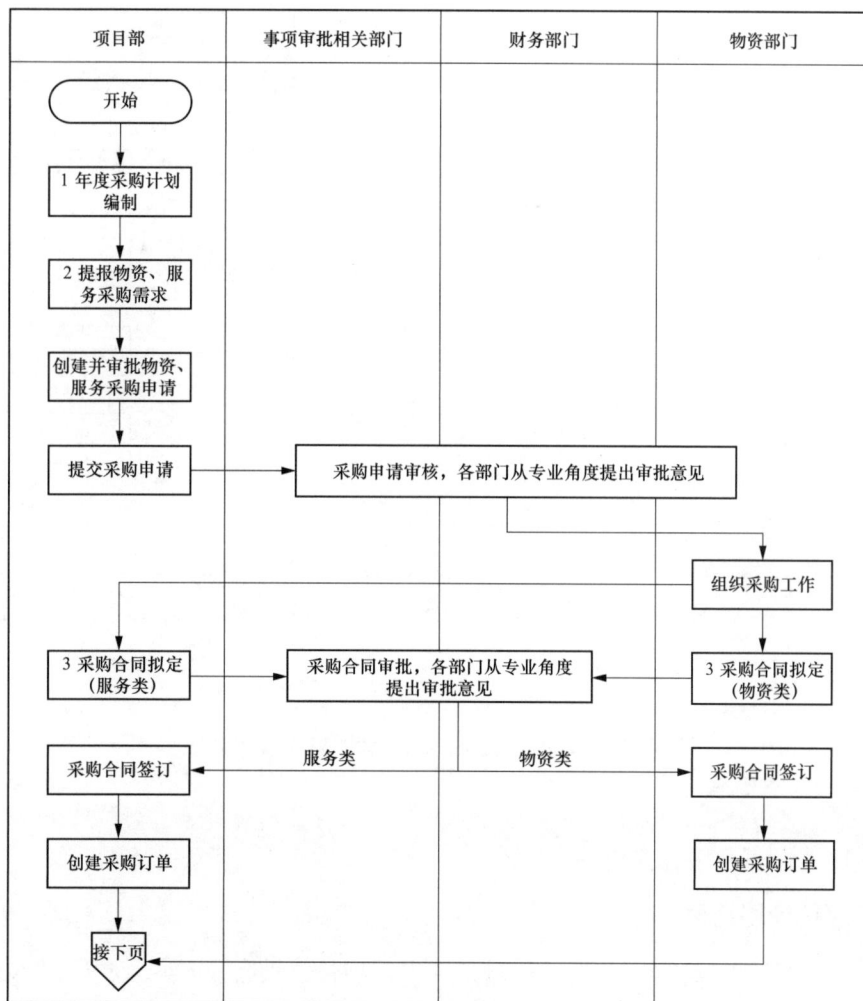

图 3-3-1　产业工程项目采购财务管理总览图（一）

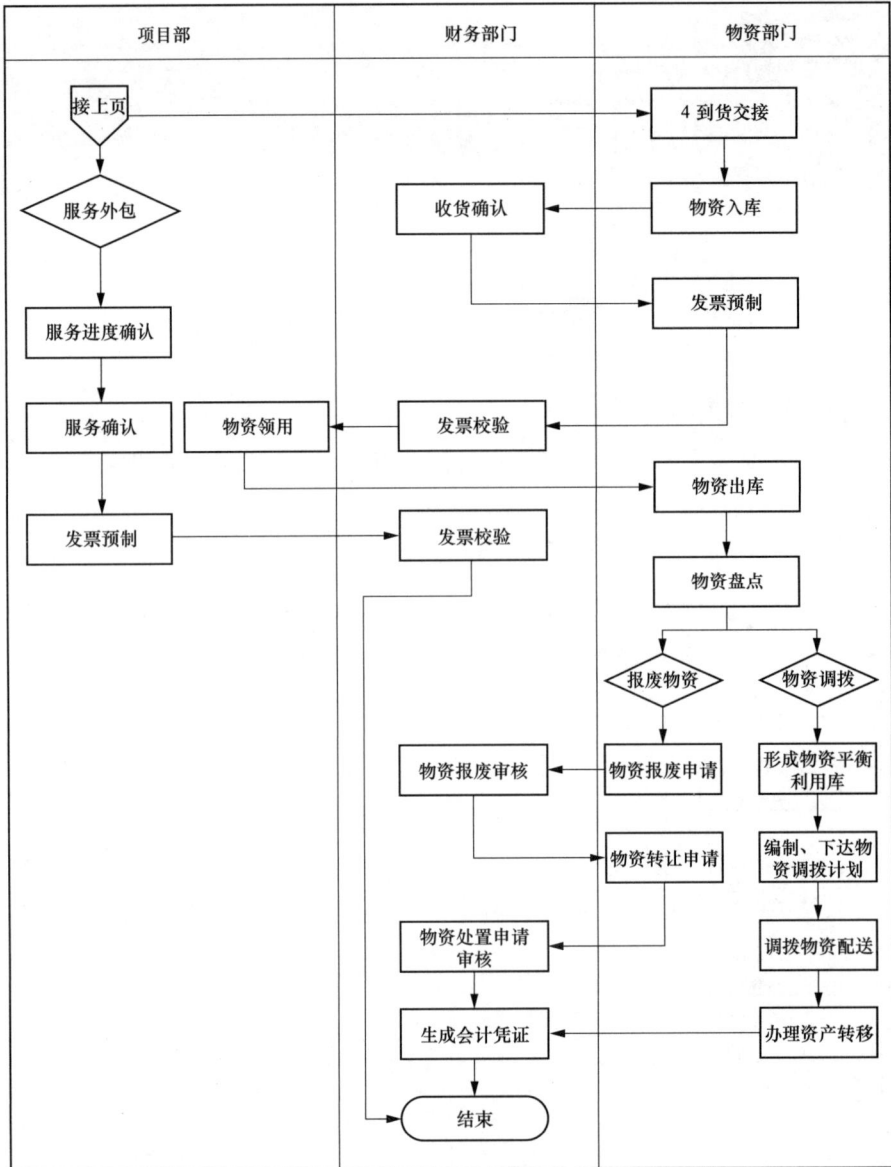

图 3-3-1 产业工程项目采购财务管理总览图（二）

第二节 操作环节及说明

采购包括物资采购和服务外包。

（一）采购计划管理

产业工程项目综合计划下达后，项目部应根据项目建设起止时间及集团批次招标安排合理编制年度采购计划，经本单位产业工程项目归口管理部门审核后，报集团发展策划部审核；集团本部项目的采购计划由集团发展策划部审核。采购计划经集团发展策划部审核通过后，报集团物资部（招投标中心）备案。

（二）采购申请管理

1. 提报物资、服务采购需求

项目开始执行后，项目部根据项目需要，按物资部门规定时间及时提出采购需求。

2. 创建并审批物资、服务采购申请

项目部在"一系统"中提报物资、服务采购申请，并提交审批。

项目部在创建采购申请时需注意：

（1）项目前期费用未完全结转，不允许创建采购申请。

（2）物资采购需求提报挂接最底层 WBS。

（3）不允许直接在项目首层、单体层挂服务采购需求。

（4）对于预算挂起的项目禁止创建采购申请。

3. 采购申请审核

项目部提交采购申请后，项目管理部门、物资部门和财务部门，从部门职责范围及专业角度提出审核意见。

项目管理部门审核采购申请应符合本项目需求。财务部门审核采购是否在预算内、计划内。

4. 组织采购工作

物资部门根据集团物资管理要求组织采购，确定供应商、采购价格、付款方式等内容。

（三）采购合同管理

1. 采购合同拟定、审批

招标结果确定后，物资部门（物资类采购）/项目部（服务类采购）草拟采购合同，并在经法系统发起合同审批流程。合同拟定注意事项：与采购环节使用的采购合同范本保持一致。

项目管理部门、财务部门、法务部门、物资部门等从部门职责范围及专业角度提出审核意见。

（1）合同拟定部门在编制采购合同时需关注：

1）根据项目类型选择适用的合同范本，合同条款完备，约定明确的付款时间、付款条件、付款比例、付款方式等，在合法合规的基础上最大限度维护我方利益。

2）采购内容描述清晰准确、简洁直观、便于理解，避免抽象笼统，如货物的种类、规格型号、等级等应描述详细、准确，服务的内容应列明功能及完工验收标准，维保服务应列明服务起止日期，规避因工作及成果不明确，导致项目延期或造成法律风险。

3）采购商品或服务的品种、规格型号、等级等与项目对应的销售合同约定一致。

4）如有明细清单，分项合计与总额保持一致，大小写保持一致，不含税金额计算正确。

5）双方银行和联系人信息填写正确，税率与合同约定的采购商品或服务相符，涉及不同货物时，应在合同或分项价格表中明确列示金额和税率。

（2）法务部门审核采购合同时需注意：

1）合同条款是否完备，合同付款条件、项目验收规定等关键条款是否清晰、明确。

2）合同签订是否合规、合法，同时保障集团及供应商双方利益。

（3）财务部门审核采购合同时需关注：

1）采购是否在项目预算范围内，如果为多个项目采购，应把采购成本分摊到每个项目，并逐个校验项目预算。

2）检查合同付款时间、付款条件和付款比例，对我方是否有利且可执行。

3）如有明细清单，检查分项合计与总额是否一致；大小写是否正确；不含税金额计算是否正确。

4）我方信息是否正确，发票是否无误；税率是否与合同约定的采购商品或服务相符，有无涉税风险，涉及不同货物时，应在合同或分项价格表中明确列示金额和税率。

5）检查是否约定发票类型；约定在符合付款条件时，是否约定应提供等额发票入账。

6）如果合同签订方、收发票方、付款方不一致时，检查是否有相应文件支持。

2. 采购合同签订

采购合同审批完成后，采购合同拟定部门与供应商签订采购合同，在系统将采购合同与项目关联。

3. 创建采购订单

合同拟定部门在 ERP 系统基于采购结果创建采购订单。在 ERP 系统中，将项目采购申请转为采购订单，并将采购订单与采购合同进行准确对应。

4. 合同变更

合同拟定部门在 ERP 系统通过合同变更程序变更内容，编辑合同变更信息，发起变更会签流程。

财务部门对合同变更审批，在审核时，除关注销售合同审核要点，还需重点关注变更原因、变更对项目或单位的经营指标影响。

（四）工程物资管理

1. 到货交接

建设管理单位负责组织施工单位、监理单位、供应商、物资管理部门对物资进行到货交接。

到货交接过程应注意事项：

（1）检查装箱单、合格证和出厂报告是否齐全。

（2）检查产品外观，清点数量，核对实物与装箱单是否一致，实物与物资合同供货单是否一致。

（3）核对型号、规格、技术参数等是否符合合同有关内容等。

（4）如果为多个项目合并收货，则需分别注明每个项目金额。

2. 物资入库

物资收到后，由物资部门根据物资交接单、到货验收单和物资到货验收有关要求，与供应商办理交接和验收，验收合格后办理入库手续，物资部门整理入库单与到货验收单并归档保存。

物资部门验收入库需要注意事项：

（1）审核物料入库单中入库材料名称、规格、金额等信息是否与系统中入库信息一致。

（2）入库单上登记的仓库收货管理员、仓库记账人员是否不为同一人。

（3）检查物资质量、规格型号等是否符合标准要求，若因物资质量、型号等问题导致无法进行验收入库，则需与对方及时沟通，进行物资退换，并保留相应沟通记录。

3. 收货确认

物资部门依据相关单据核对，履行收货确认程序，并在ERP系统中收货确认。

收货确认应注意事项：

（1）检查"项目收货确认单"中供应商名称、项目名称、项目编号、采购订单号、材料名称、收货确认金额等信息是否与ERP系统中收货信息一致，是否经项目部、项目管理部门及供应商共同签字盖章确认。

（2）检查"入库单"是否经仓库管理员签字确认，"入库单"物料名称、数量、金额等信息是否与ERP系统中收货信息一致。

（3）入库单上登记的仓库收货管理员、仓库记账人员是否不为同一人。

（4）检查生成的会计凭证金额、辅助核算内容是否与"项目收货确认单"信息一致。

4. 发票预制

物资部门完成收货确认后，在ERP系统进行发票预制，生成预制凭证。

物资部门在发票预制时需注意：

（1）重视采购物资类型及会计科目的选择，选择与业务事实相符的类型及科目。

（2）在系统中记账应当及时、准确、完整，供应商名称、项目名称、项目编号、采购订单号、发票号、发票入账金额、税率、税额、发票预制号等信息填写完整，与发票、ERP系统"工厂入库单"及合同信息一致。

（3）保证发票的真实性、准确性，增值税普通发票入账，需验证发票真伪，打印验证记录并签字。

（4）发票中的销货单位、货物名称、规格型号、数量、单价、金额、税率及税额应与ERP系统"工厂入库单"及合同信息相符。

（5）采购发票必须对应已生效的采购合同，并注明合同编号；采购发票入账金额符合纸质合同的采购进度约定。

（6）如开票对方与合同对方不一致，提供经对方确认及我方经办人部门领导签字确认的书面说明。

5. 发票校验

发票预制完成后，财务部门在ERP系统中完成发票校验，生成会计凭证。财务部门至少每半年组织一次按照账龄、系统内外、供应商等维度的应付账款数据分析。

（1）项目部在收取发票时需注意：

1）检查发票的真实性，进行发票真伪验证。

2）检查发票信息的准确性，收取的采购发票必须对应已生效的采购合同，并注明合同编号。

3）检查开票对方是否与合同对方一致。

4）累计收取采购发票金额不大于合同金额、成本预算金额及收货确认金额。

5）发票字迹清晰无污损，发票密码在密码区内，加盖销售方发票专用章；购买方、销售方信息完整、无误；收款人、开票人、复核人均为人名，不是"管理员"，开票人与复核人不是同一人。

6）税率符合纸质合同的约定，增值税专用发票在抵扣期，有足够时间完成抵扣。

7）发票对应的商品类型与合同约定一致，如发票内容超过 8 行，需附带税控系统清单并加盖发票专用章；发票内容有商品数量的，关注计量单位，不得出现"一批"等字样。

（2）财务部门校验发票应关注：

1）"发票入账申请单"中供应商名称、项目名称、项目编号、采购订单号、发票号、发票入账金额、税率、税额、发票预制号等信息是否填写完整，是否与发票、ERP 系统"工厂入库单"及合同信息一致。

2）发票销货单位、货物名称、规格型号、数量、单价、金额、税率及税额是否与 ERP 系统"工厂入库单"及合同信息相符。

3）累计收取采购发票金额是否小于等于合同金额、成本预算金额及服务确认金额。

4）收取的采购发票必须对应已生效的采购合同，并注明合同编号；检查采购发票入账金额和采购进度是否符合纸质合同的约定。

5）开票对方是否与合同对方一致，否则应提供经对方确认及我方经办人部门领导签字确认的书面说明。

6）发票字迹是否清晰无污损，发票密码是否在密码区内；是否加盖销售方发票专用章；购买方、销售方信息是否完整、无误；收款人、开票人、复核人是否为人名，不可为"管理员"，开票人与复核人不应为同一人。

7）发票对应的商品类型是否与合同约定一致，如发票内容超过 8 行，需附带税控系统清单并加盖发票专用章；发票内容有商品数量的，应有正确的计量单位，不得出现"一批"等字样。

8）增值税普通发票入账，是否由交票人验证真伪，打印验证记录并签字。

9）增值税专用发票是否在抵扣期，是否有足够时间完成抵扣。

10）复核材料入库凭证编制是否正确，包括成本计入科目及项目是否与合同一致，暂估金额与发票金额是否合理一致，如存在较大差异，落实差异产生原因是否正常。

6. 物资领用

项目部提用料计划，项目管理部门审核后，项目部在 ERP 系统中创建及打印领料单，办理实物领用出库，物资部门在系统中出库记账。

（1）物资部门 / 实物管理部门在办理物资出库时需注意：

1）出库单与到货验收单、入库单信息是否一致。

2）领用部门、领用人和数量等信息是否匹配。

3）出库单上是否有领用人及发放人的签字信息。

4）对于项目物资领用，是否有明确的项目名称及 WBS 编码。

（2）财务部门物资采购成本管理需关注事项详见"第七章 项目实施成本管理"中"物资采购成本管理"相关内容。

7. 物资盘点

物资部门在 ERP 系统对需要盘点的物资进行冻结，创建和打印盘点表。财务部门参与盘点。盘点人员根据盘点表进行实物清点，记录实际清点数量。盘点时应至少有 2 人参与，分别负责清点和监督。实物清点完成后双方在盘点表上签字确认。

物资部门将盘点结果录入 ERP 系统，并打印盘点差异表。仓库主管组织人员对差异物资进行核查，总结编制差异分析报告提交物资部门、财务部门和相关领导审批，通过后由财务部门在 ERP 系统中进行核销。

财务部门在进行物资盘点管理时需关注：

（1）检查 ERP 系统中库龄超过 1 年的存货，分析存货库龄过长的原因，如存在对本单位经营不利影响，需及时与负责人反馈沟通。

（2）检查存货余额排名前 10% 的项目，每月重点分析合理性，及时跟进清理进展。

（3）检查是否存在实际成本因成本科目错位，导致存货和暂估金额虚增情况。

（4）工程物资盘点表是否经项目部、物资部门管理人员、财务部门监盘人员确认。

（5）工程物资盘盈、盘亏、毁损审批表是否按集团规定的权限经过相关部门审批。

（6）集团内部责任认定、责任人赔偿及核批文件是否加盖公章。

（7）已投保财产险的物资出现毁损赔付时，保险公司提供的赔偿证明是否加盖保险集团公章。

8. 物资调拨

物资调入方与物资调出方应在调拨行为发生前就调拨物资的质量、数量、价格、资金支付达成一致，并应在调拨行为发生时填写物资调拨通知单并签字确认，凭物资调拨通知单及时办理入账、冲账、转账。

财务部门需关注：

（1）审核物料入库单中入库材料名称、规格、金额等信息是否与系统中入库信息一致。

（2）入库单上登记的仓库收货管理员、仓库记账人员是否不为同一人。

（3）审核物资调拨单的物资名称、金额与入库单是否一致。

（4）提供的资产转移相关资料是否已执行必要的审批程序。

（5）涉及办理资产转移手续的资产的信息记录是否准确、合理（包括资产编码、资产原值、净值等）。

9. 物资报废

实物管理部门拟处理工程废旧物资前，需准备资产出售转让申请资料。由项目管理部门、财务部门、各二级单位领导进行审批。

财务部门审核资产出售转让申请资料；实物管理部门履行资产出售转让管理流程，实物管理部门提交资产出售转让处置申请，附带技术鉴定报告、上级批复、资产出售转让审批表等资料；财务部门及相关部门和领导审核资产出售转让处置申请，按照分级授权标准完成单据签审流程；财务部门复核业务单据及相关附件，在 ERP 系统生成会计凭证。物资部门、实物管理部门修改物资、资产在 ERP 系统中的状态。

财务部门在审核物资报废申请时需关注：

（1）审核提供的物资、资产出售转让相关资料是否已执行必要的审批程序。

（2）审核拟出售转让物资、资产的信息记录是否准确、合理（包括资产编码、资产原值、净值、折旧等）。

（3）审核原始单据是否完整（包括非流动资产出售转让审批表、内部决策文件、技术鉴定报告等）。

（五）项目外包管理

涉及分包的项目，项目部及时更新服务进度，并对外包服务进行考核及评价，完成项目验收，根据验收的服务进度确认项目完工进度。

1. 服务进度验收

项目部根据分包项目执行情况，对施工单位的完工进度进行确认，对分包人员管理和服务工作质量进行评价。对于通过成果验收的，出具相应分包阶段的工作量确认单或服务确认单，并在 ERP 系统填报项目进度及相关单据，提交审核项目进度，由项目管理部门进行审批。

项目部确认服务进度需注意：

（1）检查施工单位、监理单位、勘察设计、造价咨询单位提交的审核资料是否完整齐全。

（2）检查工作量确认单或服务确认单上日期是否存在跨期现象，是否及时提交给财务。

（3）项目信息填写是否完整且与系统内项目信息一致，项目进度计算是否正确，是否按规定签字、盖章。

2. 服务确认

项目部在 ERP 系统中按服务完成进度进行服务确认，ERP 系统生成会计凭证。

项目部在服务确认时需注意：

（1）项目工作量确认单或服务确认单中工作量符合采购合同规定，确认的项目进度计算准确。

（2）审核工作量确认单或服务确认单是否经接受项目部门人员签字确认。

（3）审核工作量确认单或服务确认单上的服务名称、金额等信息是否与系统中入库信息一致。

（4）审核项目工作量确认单或服务确认单是否经提供服务方签章确认，是否完成合同规定工作量。

3. 发票预制

项目部完成服务确认后，在 ERP 系统中收货，进行发票预制。

项目部在发票预制时需注意：

（1）重视采购服务类型及会计科目的选择，选择与业务事实相符的类型及科目。

（2）在系统中记账应当及时、准确、完整，供应商名称、项目名称、项目编号、采购订单号、发票号、发票入账金额、税率、税额、发票预制号等信息应填写完整，与发票、采购订单及合同信息一致。

（3）保证发票的真实性、准确性，增值税普通发票入账，需验证发票真伪，打印验证记录并签字。

（4）发票中的销货单位、货物名称、数量、单价、金额、税率及税额应与采购订单及合同信息相符。

（5）采购发票必须对应已生效的采购合同，并注明合同编号；采购发票入账金额符合纸质合同的采购进度约定。

（6）如开票对方与合同对方一致，提供经对方确认及我方经办人部门领导签字确认的书面说明。

4. 发票校验

项目部（即服务采购部门）创建发票入账申请单，财务部门在 ERP 系统中审核并完成发票校验，生成会计凭证。财务部门至少每半年组织一次按照账龄、系统内外、供应商等维度的应付账款数据分析。

（1）项目部在收取发票时需注意：

1）检查发票的真实性，进行发票真伪验证。

2）检查发票信息的准确性，收取的采购发票必须对应已生效的采购合同，并注明合同编号，发票对应的商品类型与合同约定一致。

3）开票对方是否与合同对方一致。

4）累计收取采购发票金额不大于合同金额、成本预算金额及收货确认金额。

5）发票字迹清晰无污损，发票密码在密码区内，加盖销售方发票专用章；购买方、销售方信息完整、无误；收款人、开票人、复核人均为人名，不是"管理员"，开票人与复核人不是同一人。

6）税率符合纸质合同的约定，增值税专用发票在抵扣期，有足够时间完成抵扣。

（2）财务部门校验发票时需关注：

1）"发票入账申请单"中施工单位名称、项目名称、项目编号、采购订单号、发票号、发票入账金额、税率、税额、发票预制号等信息是否填写完整，是否与发票、ERP 系统采购订单及合同信息一致。

2）发票中的销货单位、货物名称、规格型号、数量、单价、金额、税率及税额是否与 ERP 系统采购订单及合同信息相符。

3）收取的采购发票必须对应已生效的采购合同，并注明合同编号；检查采购发票入账金额和采购进度是否符合纸质合同的约定。

4）开票对方是否与合同对方一致，否则应提供经对方确认及我方经办人部门领导签字确认的书面说明。

5）累计收取采购发票金额是否小于等于合同金额、成本预算金额及收货确认金额。

6）发票字迹是否清晰无污损，发票密码是否在密码区内；是否加盖销售方发票专用章；购买方、销售方信息是否完整、无误；收款人、开票人、复核人是否为人名，不可为"管理员"，开票人与复核人不应为同一人。

7）税率是否符合纸质合同的约定，增值税专用发票是否在抵扣期，是否有足够时间完成抵扣。

8）发票对应的商品类型是否与合同约定一致，如发票内容超过 8 行，需附带税控系统清单并加盖发票专用章；发票内容有商品数量的，应有正确的计量单位，不得出现"一批"等字样。

9）增值税普通发票入账，是否有交票人验证真伪的验证记录和签字。

10）暂估入库凭证编制是否正确，包括成本计入科目及项目是否与合同一致，暂估金额与发票金额是否合理一致，如存在较大差异，落实差异产生原因是否正常。

第四章
项目实施现金支出管理

第一节　流程总览

产业工程项目实施现金支出管理涵盖 1 个三级流程，3 个关键流程步骤。其中财务关注或参与事项 2 个，分别为付款审核和付款核算。产业工程项目实施现金支出管理总览图如图 3-4-1 所示。

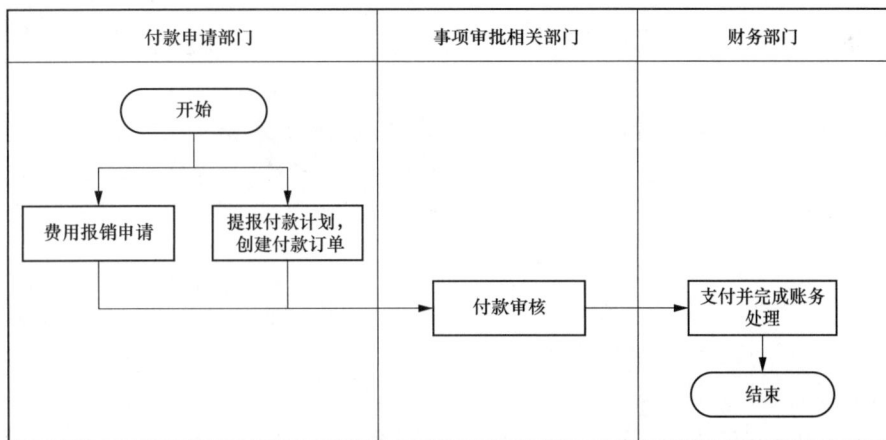

图 3-4-1　产业工程项目实施现金支出管理总览图

第二节　操作环节及说明

1. 创建付款订单

采购付款申请部门在"一系统"中申报下月付款计划，根据合同、进度和发票校验情况，在"一系统"按供应商创建付款订单，关联采购订单、合同信息、项目信息、发票信息，上传影印附件。

（1）采购付款申请部门在创建付款订单时需注意：

1）该笔合同付款已纳入年度及月度预算，无预算不得对外支付。未纳入预算的资金支出，需先履行本单位预算调整程序，纳入预算后才可提交付款订单。

2）付款订单中收款人、收款账号、开户银行、款项用途、金额、支付方式等内容与合同约定一致，如果合同签订方、收发票方、收款方不一致时，需提供相应文件支持。

3）实际付款进度与合同约定的付款进度保持一致，不得出现超合同进度付款。

（2）财务部门审核付款订单时需关注：

1）检查合同付款是否已经纳入年度及月度预算，无预算不得对外支付；未纳入预算的资金支出，必须按预算调整程序纳入预算后方可办理。

2）检查用款部门提交的支付申请是否注明收款人、收款账号、开户银行、款项用途、金额、支付方式等内容，是否与合同约定一致；如采购合同对方、收发票方、收款方不一致，是否提供相应支持文件。

3）检查是否提供合同付款节点证明材料，是否有项目管理部门及项目部的签字，支付方式是否符合合同约定等。

4）检查实际付款进度与合同约定的付款进度是否一致，不得出现超合同进度付款。

5）检查合同预付或按项目进度付款时，是否已经支付，避免重复付款。

6）关注清欠民营企业款，物资部门、项目部合作建立欠民营企业款的台账，达到付款条件，及时履行付款程序，对于双方有争议的，应当及时与供应商进行沟通。

2. 支付制证

财务部门根据审批后的付款申请单，按照现金流按日排程流程，完成付款；在财务管控完成支付后，将支付状态信息和银行账户反馈到"一系统"，在"一系统"预制付款凭证，信息传递至 ERP 系统生成正式凭证。

财务部门在进行支付制证时需关注：

（1）收款人名称、收款账号、付款金额等信息是否正确。

（2）检查生成的凭证科目和维度信息是否正确。

3. 费用报销支付

费用报销审核要点详见"第七章 项目实施成本管理"中"项目费用管理"相关内容。

财务部门根据审批后的报销单，按照现金流按日排程的流程，完成付款。

财务部门进行支付制证时需注意：

（1）收款人名称、收款账号、付款金额等是否正确。

（2）检查生成的凭证科目和维度信息是否正确。

第五章
项目实施过程财务管理

第一节　流程总览

产业工程项目实施过程财务管理涵盖4个三级流程，7个关键流程步骤。其中财务关注或参与事项2个，其中财务关注或参与事项为进度管理和签证管理。产业工程项目实施过程财务管理总览图如图3-5-1所示。

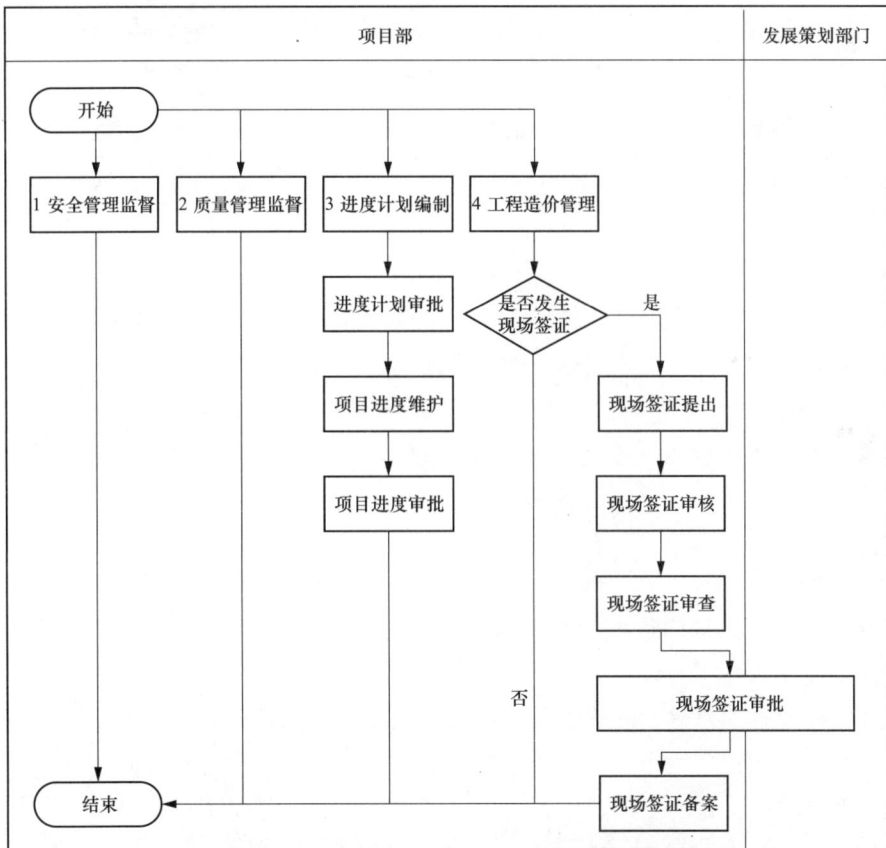

图 3-5-1　产业工程项目实施过程财务管理总览图

第二节　操作环节及说明

（一）安全管理

安全管理监督：集团按照安全管理相关体系建设要求分层分级落实安全管理职责。项目部负责产业工程项目的日常安全管理工作及施工现场管理工作。

（二）质量管理

质量管理监督：产业工程项目质量管理是全员参与、全过程管理，监理单位要充分发挥过程及隐蔽工程质量现场监督工作，勘察设计单位负责项目产品设计质量。

各级产业工程项目归口管理部门负责规划、可研、设计、施工环节及优质工程评定等工程质量管理，依据规定参与或配合工程质量事件的调查处理工作；各级安全质量部门负责对产业工程项目建设的全过程质量管理进行监督，负责组织质量事件的调查处理；各级物资部门负责设备材料采购、制造、储运及现场服务等环节的质量管理。

（三）进度管理

1. 进度计划编制、审批

项目部负责组织本单位的编制各级进度计划。

集团发展策划部负责组织集团本部产业工程项目进度计划编制。

各单位产业工程项目归口管理部门负责组织一级进度计划审批及变更；集团发展策划部负责组织对各单位产业工程项目里程碑进度计划的审批及变更。

2. 项目进度维护

项目部按照项目已投入成本占项目总成本的比例，计算项目进度并与监理确认项目进度；合同达到里程碑阶段，项目部在 ERP 系统中提报项目进度相关单据并按工程完成进度更新进度信息。

3. 项目进度审批

项目部及项目管理部门审核项目进度确认单据，须经项目部、项目管理部门签字盖章及经客户签字或盖章。

财务部门应检查项目进度确认的及时性、合规性，检查时需关注：

（1）每月检查项目部是否提供项目进度确认单，进度单至少包括合同名称、合同编号、项目名称、项目编号、合同金额、本次金额等内容，经项目部和项目管理部门签章。

（2）检查是否存在合同签署 1 年以上，无项目进度更新的情况；检查项目阶段里程碑录入项目管理系统是否及时；检查是否存在项目进度为 100%，实际工程成本小于 1 元；检查是否存在项目管理系统中的在建项目立项日期超过 3 个月，实际成本为 0。

（四）造价管理

造价管理是指投资决策阶段、设计阶段、建设项目发包阶段和建设实施阶段，编写造价清单，把建设工程造价控制在批准的限额以内，随时纠正发生的偏差，以确保项目管理投资目标实现，并在各个建设项目中能合理使用人力、物力、财力，取得较好的投资效益和社会效益。

1. 工程造价管理

各单位产业工程项目归口管理部门应加强初步设计概算、施工图预算、招标、合同、结算等关键环节管控。

产业工程项目原则上应保证决算不超预算、预算不超概算，招标价、合同价、结算价尽可能保持一致。

2. 现场签证

现场签证是指施工过程中出现与合同规定的情况、条件不符的事件时，针对施工图纸、设计变更所确定的工程内容以外，施工图预算或预算定额取费中未包含而施工过程中确须发生费用的施工内容所办理的签证。

（1）现场签证提出、审核。施工单位、监理单位或项目部提出现场签证要求，现场签证要求应在国家规定的时间内提出，逾期未及时提出的不予补签。

监理单位负责审核现场签证的必要性以及签证费用的准确性。监理单位应会同施工单位、项目部（至少 2 人）、设计单位、造价咨询单位共同按合同规定进行现场的工程量计量工作，并对施工单位提交的费用预算报告进行认真审核。监理单位审核后的工程量调整表必须由监理签字确认。

（2）现场签证审查。项目部应对监理单位审核后的工程量调整表进行审查，必要时会同施工单位、监理单位、设计单位共同进行现场的工程量复核工作。

（3）现场签证审批、备案。单项签证估（预）算金额在 5 万元以下的，由项目部签发；金额在 5 万 ~ 100 万元的，由各单位产业工程项目归口管理部门签发；超过 100 万元的，应报集团发展策划部批准后方可签发生效。当现场签证累计达到上一级别时按上一级别的审批规定执行。

项目部应建立现场签证管理台账，并于每月月底统计当月发生的和累计已发生的现场签证，对工程成本实行动态管理并报本单位产业工程项目归口管理部门及财务部门备案。

（4）现场签证费用入账。项目部应当将经审批的现场签证发生成本费用相关资料报财务部门，财务部门审核后入账。

第六章
项目设备拆除财务管理（适用于技改大修项目）

第一节　流程总览

项目设备拆除财务管理仅适用于技改大修项目，不适用于基建项目。技改大修项目设备拆除管理涵盖 2 个三级流程，7 个关键流程步骤，财务关注或参与事项 2 个，分别为将固定资产转到在建工程、审核并修改重估使用年限。技改大修项目设备拆除管理总览图如图 3-6-1 所示。

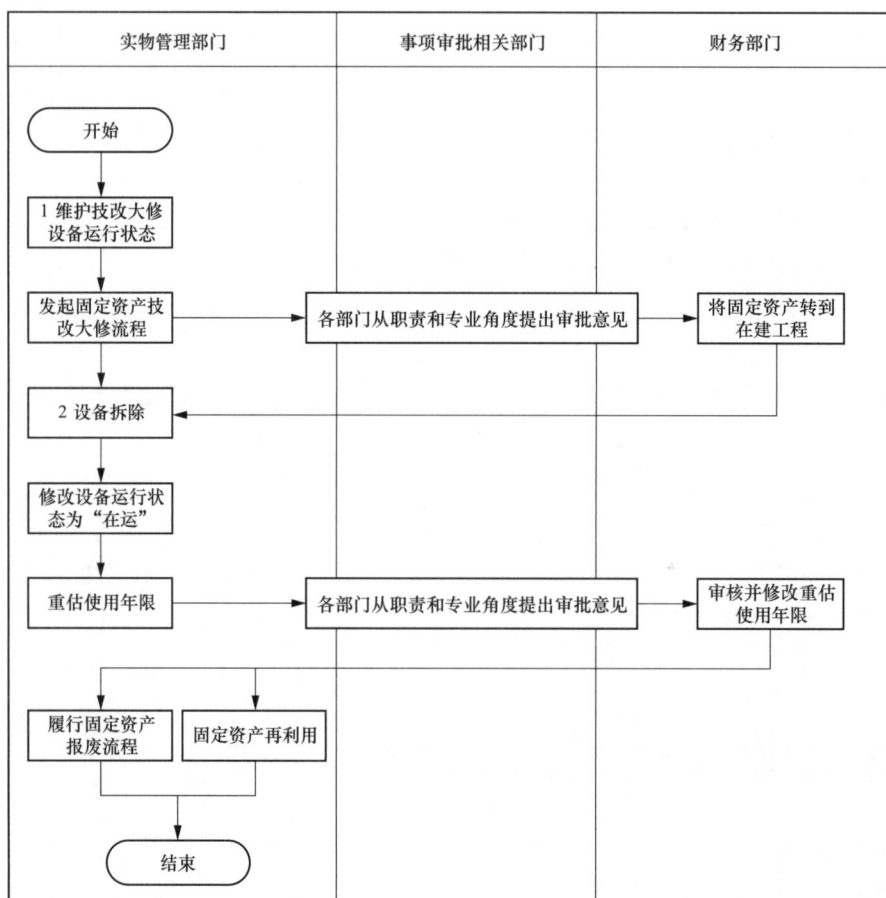

图 3-6-1　技改大修项目设备拆除管理总览图

第二节 操作环节及说明

（一）固定资产技改启动

1. 维护技改大修设备运行状态

实物管理部门在ERP系统中修改设备运行状态为退运状态。

2. 发起固定资产技改流程

实物管理部门在ERP系统中发起固定资产技改大修流程，履行本单位审批流程。

3. 固定资产技改审核

财务部门根据ERP系统中审批通过后的信息，将涉及技改大修的固定资产转到在建工程核算。

在审核固定资产技改时需关注：审核固定资产卡片信息、财务凭证信息是否准确、经济业务事项是否合理。

（二）技改设备拆除

1. 设备拆除

实物管理部门组织对固定资产技改大修涉及拆除的设备进行拆除。

2. 修改设备状态、重估使用年限

实物管理部门在ERP系统中修改将设备状态，将其由"退运"改为"在运"，并对涉及的资产重新评估使用年限，履行本单位审批流程。

实物管理部门在重新评估资产使用年限时需注意：

（1）技改投资占资产原值50%以下，原资产折旧未计提完成，则无须重估年限。

（2）技改投资占资产原值50%以下，原资产折旧已计提完成，则需重估年限。

（3）技改投资占资产原值50%以上，则需重估年限。

3. 使用年限审核、修改

财务部门对资产重估的使用年限进行审核，并在ERP系统中修改使用年限。

财务部门在审核重估资产使用年限时需关注：审核重估后的使用年限是否合理。

4. 拆旧设备处置

实物管理部门根据拆除的设备状况，对拆除设备进行处置。

状况良好、可再利用的设备，可根据实际生产需要，提出再使用设备需求，按照设备所属单位办理相关再使用手续。

当设备资产使用寿命已尽，没有继续使用价值、可实施报废处置时，可根据设备实际情况，提出设备报废申请，完成设备报废审批及系统操作，并更新ERP系统中的设备状态和信息，为财务部门进行固定资产报废提供依据。

根据实物管理部门提交的设备报废申请单及报废设备清单，履行本单位资产报废审批流程后，由财务部门资产核算人员在系统中进行报废的账务处理，审核要点详见"第三章项目采购财务管理"中"（四）工程物资管理"相关内容。

第七章

项目实施成本管理

第一节　流程总览

产业工程项目实施成本管理涵盖 10 个三级流程，17 个关键流程步骤。其中财务关注或参与事项 8 个，分别是人工成本管理、物资采购成本管理、服务采购成本管理、项目费用管理、项目利息资本化管理、项目成本分摊、成本结转和成本分析。产业工程项目实施成本管理总览图如图 3-7-1 所示。

第二节　操作环节及说明

（一）编制项目成本计划

由项目部组织各相关部门参与项目成本编制。

（二）确定成本费用分摊机制

对于产业工程项目中多项目、多部门的"共同"成本，各单位工程项目归口管理部门、财务部门和各类费用分摊归口管理部门应联合确定成本分摊原则。各项目按成本受益原则进行成本分摊，即谁受益谁承担，多受益多承担；谁消耗谁承担，多消耗多承担。

财务部门确定分摊机制注意事项：

（1）检查成本分摊表是否有项目管理部门、被分摊的业务部门签字或盖章确认。

（2）审核分摊规则的合理性与准确性，分摊方式是否合理。

（3）检查成本分摊基础信息是否准确，如工时信息填报的准确性将直接影响费用分摊的正确性。

（4）检查项目成本分摊的及时性，如当期未及时进行分摊操作会导致当期成本数据不准确。

（5）检查 ERP 系统项目是否存在重复创建采购申请；项目实际发生成本已经超过或即将超过项目成本预算时，财务部门应及时与项目管理部门沟通，减轻或防范财务风险。

（6）检查实际成本归集进度是否与项目实施进度一致，否则应查明原因，督促业务前端更正。

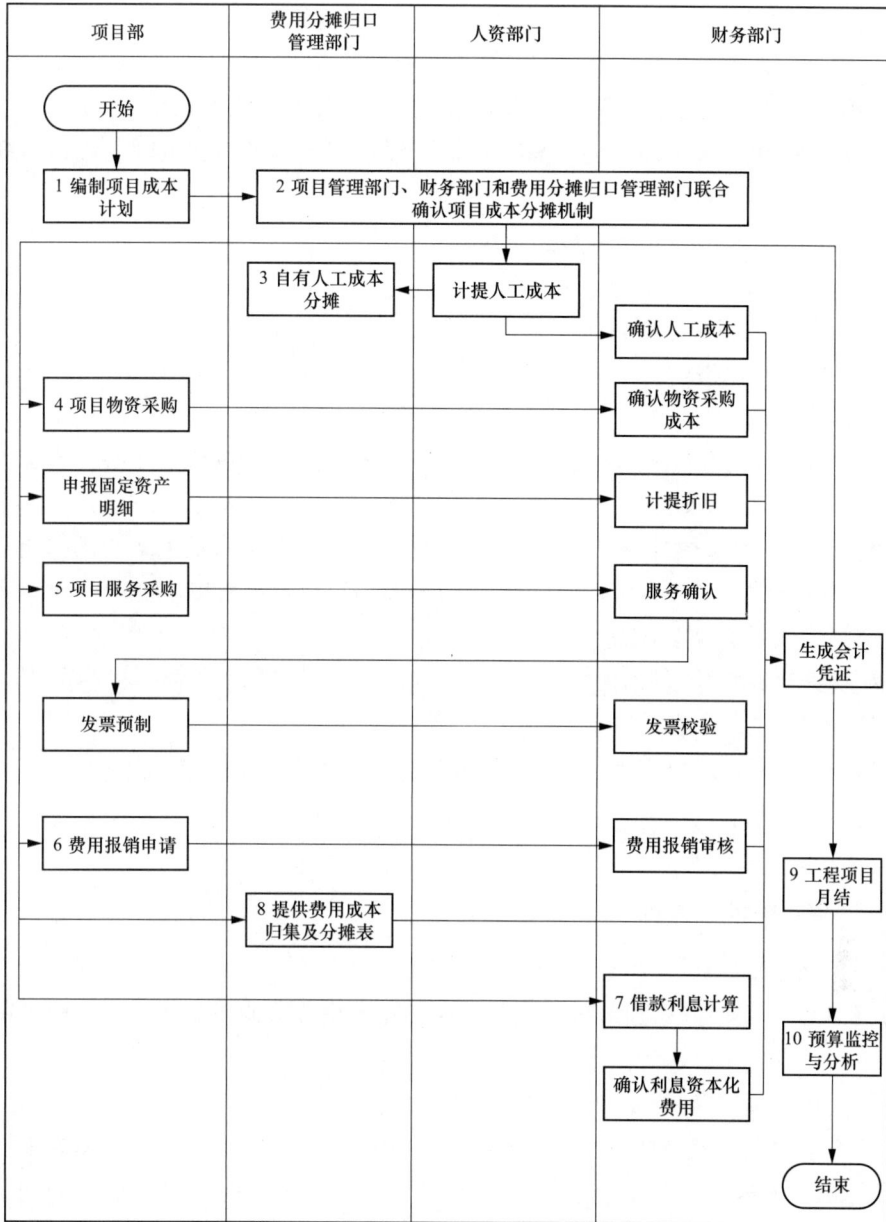

图 3-7-1 产业工程项目实施成本管理总览图

（三）人工成本管理

产业工程项目涉及的人工成本为自有人工成本。

1. 人工成本计提

自有人工成本由人资部门在 ERP 系统人资模块按员工计算应付职工薪酬相关明细，包括应发工资、企业负担的社会保险费、住房公积金、企业年金等；人资部门按成本中心、单位口径汇总薪酬相关数据，履行审批程序后传输至 ERP 系统财务模块。直管外包成本需手工计提工资。

人资部门计提人工成本时注意事项：

（1）明细数据与汇总数据一致，个人明细数据有无计算或取数错误。

（2）工资计提汇总表列示内容完整，包括工资明细项目名称和金额、代扣明细项目名称和金额、应发小计和实发小计等。

（3）工资计提汇总表应履行完成人资部门审批流程。

2. 人工成本分摊

项目部按员工当前实施项目报工情况分摊人工成本，将经本部门和人资部门签字确认的分摊表提供财务部门进行人工成本确认。严禁出现项目间调节成本现象。

3. 人工成本确认

财务人员在 ERP 系统中审核工资计提数据，审核通过后，按成本中心生成工资薪酬计提凭证。

生成按成本中心分摊的计提凭证后，财务人员在 ERP 系统中根据人资部门与项目承做部门共同签字确认的人工成本项目分摊表，生成按项目分摊的会计凭证。

财务部门确认人工成本时需注意：

（1）检查纸质原始凭证与 ERP 系统中已计提的各项明细金额是否存在差异。

（2）检查"人工成本表"审批签字是否齐全。

（3）检查会计科目选择是否正确，区分自有人工成本和直管外包成本科目。

（4）在建工程挂成本中心的人工成本是否完全分摊至项目，财务人员需检查是否有余额。

（四）物资采购成本管理

1. 物资采购成本确认

在履行"第三章 项目采购财务管理"程序，完成物资采购发票校验后，财务部门根据本期领料单、物资出库单，确认本期各项目物资成本。

财务部门在确认物资成本时需关注：

（1）检查项目成本确认的依据是否充分，是否提供入库单或验收单，单据审批及签字手续是否完整；检查项目领用材料是否及时登记，是否存在跨期问题，影响当期成本确认准确性。

（2）检查 ERP 系统中收货确认的操作是否正确，收货的数量和单价与发票是否一致；检查 ERP 系统中的采购订单是否与发票一致。

（3）检查 ERP 系统中进行成本归集的项目与纸质合同约定的项目是否一致。

（4）项目实际发生成本已经超过或即将超过项目成本预算时，财务部门应及时与项目管理部门预警。

（5）检查 ERP 系统项目成本要素的计划成本是否小于等于立项时的项目成本预算。

（6）检查 ERP 系统中的项目计划成本是否正确，是否存在计划成本与实际成本因发生的成本要素不正确，导致存货和暂估金额虚增情况。

（7）项目成本确认的当月，应取得发票并入账，尽可能降低应付暂估金额，原则上暂估不得超过 3 个月。

2. 固定资产明细申报

项目部每月申报本期项目使用的固定资产明细，需保证项目信息和固定资产基本信息及两者对应关系的准确性。

3. 计提折旧并确认物资成本

财务部门根据集团折旧政策计提折旧。

财务部门在进行固定资产折旧时需注意：

（1）项目部提交的明细中资产对应项目信息是否完整、明确。

（2）固定资产折旧成本累计值是否对项目成本指标有影响，如有，需及时向项目部及项目管理部门反馈。

（五）服务采购成本管理

服务采购成本包括人力外包成本和专业分包成本 2 部分，服务采购成本管理包含 1 个步骤，即服务采购成本确认。

在履行"第三章 项目采购财务管理"程序，并完成服务采购发票校验后，财务部门根据外包合同、报工单或进度确认单等基础依据，确认本期项目服务采购成本。

财务部门确认服务采购成本时应关注：

（1）审核工作量确认单或服务确认单是否经接受业务部门人员签字确认。

（2）审核工作量确认单或服务确认单上的服务名称、金额等信息是否与系统中入库信息一致。

（3）审核项目工作量确认单或服务确认单是否经提供服务方签章确认，是否完成合同规定工作量。

（六）项目费用管理

费用包括因产业工程项目执行过程中日常发生的办公费、会议费、差旅费等各项费用。项目直接成本费用归属于项目成本费用，项目间接成本秉承"谁受益、谁承担；承担多少，视受益程度而定"的原则，由项目部统一进行分摊，归口管理部门进行审核，财务部门根据审核后的分摊表进行账务处理。

1. 费用报销申请

项目部在"一系统"中，根据报销需求，填写项目名称和项目编号、报销金额、费用类型、报销人、收款人等基本信息，发起报销申请及审批。

2. 费用报销审核

财务部门在"一系统"中审核报销单据，完成付款，生成费用报销凭证。

财务部门审核关注要点：

（1）审核费用报销项目、金额是否符合集团费用报销标准，费用发生是否合理、是否超预算或超标准。

（2）审核费用是否真实，严禁通过虚假业务等方式虚列工程成本。

（3）审核原始单据是否完整（包括费用审批单、发票等），相关单据签字是否齐全。

（4）审核费用原始凭证是否与费用报销单内容一致，费用发票是否真实、合法、合理，包括发票金额、时间、供应商名称、地点是否与费用报销单记载的出差行程一致，是否加盖发票专用章。

（5）检查单据有无涂改、挖补、仿造等情况，是否加盖发票专用章，对于虚假的发票不予报销。若为增值税普通发票，则经办人需提供网上查询的真伪证明；若为增值税专用发票，则由财务部门进行网上认证。

（6）审核报销办公用品费提供的采购发票、采购清单、入库单等凭据，未经批准自行采购发生的费用，不得报销，不得采购与办公无关的用品，严禁以办公用品名义变相采购礼品。

（7）审核报销的市内交通费与工作实际是否相符，是否注明业务事由、往来地点等关键事项，严禁报销与工作无关的交通费。报销的出租车发票不得出现连号，报销网约车费需提供正规发票及行程明细清单。

（8）差旅费报销项目包括住宿费、交通费、伙食补助费、公杂费等费用，审核交通费和住宿费是否在规定标准内，报销时是否提供发票、住宿明细（流水单）等，丢失票据是否有证明材料。

（9）审核报销专家劳务费是否为系统内专家，是否提供专家签到表、专家劳务费信息确认表、专家身份证复印件、评审或验收报告，是否由专家本人收取，是否以银行转账方式支付。

（10）根据本单位费用报销规定要求进行其他事项审核。

（七）项目利息资本化管理

为了满足项目建设的需要，以付息债务方式筹集资金产生的利息费用，满足资本化条件时应计入项目成本。

1. 借款利息计算

财务部门根据借款合同、利息计提方式按期计算资本化本金、资本化率，填写手工单据凭证，提交利息费用确认申请。

财务部门在进行利息计算时需关注：

（1）审核借款本金、计息期间与借款合同是否一致。

（2）审核利息计算采用的利率与借款合同约定的是否一致。

（3）审核累计资产支出的加权平均数和资本化率的计算是否准确。

2. 确认利息资本化费用

财务部门在"一系统"中按照分级授权标准完成单据签审流程，确认利息资本化费用，生成会计凭证。

财务部门在确认资本化利息费用时需关注：

（1）审核利息资本化费用记录是否完整。

（2）检查资本性支出是否已经发生。

（3）检查借款是否已经发生。

（4）检查为使资产达到预定可使用或可售状态所必要的购建或者生产活动是否已经开始。

（5）符合资本化条件的资产在购建或者生产过程中，发生非正常中断，中断时间是否连续超过3个月，如超3个月，应当暂停借款费用的资本化。

（6）审核借款利息计提表中，经办人、审核人签字是否完整。

（八）项目成本分摊管理

1.项目成本分摊表制定

秉承"谁受益、谁承担；承担多少，视受益程度而定"的原则，由项目部统一进行分摊，并经项目管理部门和项目部签章确认进行审核，财务部门根据审核后的分摊表进行账务处理。

项目部在进行分摊时需注意：

（1）与成本发生相关部门共同研讨确定分摊规则，保证规则的适应性和公信力。

（2）分摊表编制内容完整、分摊项目信息准确。

（3）分摊表需经归口管理部门和被分摊的部门确认。

（4）每月在本单位财务结账前5天将经确认的分摊表提交至财务部门，保证当期成本数据准确。

2.分摊成本确认

财务部门接收经确认的分摊表进行成本确认账务处理。

财务部门在进行费用归集分摊时需注意：

（1）检查成本分摊表是否有归口管理部门、被分摊的项目部签字或盖章确认。

（2）复核分摊规则使用是否准确。

（3）检查成本分摊基础信息是否准确，如工时信息填报的准确性会直接影响费用分摊的正确性。

（4）检查项目成本分摊的及时性，如当期未及时进行分摊操作，导致当期成本数据不准确。

（九）项目成本结转

每月月末，财务部门在ERP系统里将在"工程成本"科目归集的不同项目编号上的实际成本结转到"在建工程"科目下的具体项目。

财务部门在进行项目成本结转时需关注：

（1）审核本次成本确认金额的合理性。

（2）检查成本确认数据是否正确、完整。

（十）预算监控与分析

项目成本分析是财务部门实施项目财务监督的重要手段，同时也是项目财务数据的价值体现，项目成本分析应以挖掘成本控制薄弱点，提升集团经济效益为目标。

财务部门在项目部和项目管理部门的支持下，编制项目收入、成本的月度现金流预算；财务部门每月汇总综合计划内的项目成本，于每月 5 日前反馈至项目管理部门及项目部，支持项目各阶段验收，由项目管理部门每月编制和发布项目执行情况；按月检查成本归集进度与项目执行进度是否一致；按月进行项目成本预算执行情况分析；对于项目成本超出或即将超项目预算时，及时与项目管理部门沟通；每季度检查前期启动项目和项目暂估成本是否合理，采购订单执行是否合理，并形成分析和管理提升报告。

财务部门在进行项目成本分析时需关注：

（1）按月检查项目成本归集进度与项目执行进度是否一致。

（2）每季度检查前期项目（订单）暂估成本是否合理，采购订单执行是否合理，并形成分析和管理提升报告。

（3）所有已发生成本都应对应到具体项目所有的已立项项目（包括前期立项和正式立项），且应当都有项目预算。

（4）由项目管理部门主导，财务部门提供财务数据支撑，项目部、物资部门等配合，进行项目成本预算执行情况分析；项目部应严格按照项目预算执行，项目管理部门与财务部门建立有效的沟通机制和成本预算执行管控措施，确保"无预算不开支，有预算不超支"。

（5）依据逐步累积的数据基础，分析验证前期费用分摊机制、项目成本构成等合理性，逐步调整标准，推动管理精益化。

第八章

项目竣工财务管理

第一节 流程总览

产业工程项目竣工财务管理涵盖 4 个三级流程，23 个关键流程步骤。其中财务关注或参与事项 10 个，分别是审核项目资产盘点清单、暂估工程成本并估价增资、物资结算、合同清理、竣工结算管理、工程成本管理、编制竣工决算报告、决算报告审批、决算转资管理、结余资金管理。产业工程项目竣工财务管理总览图如图 3-8-1 所示。

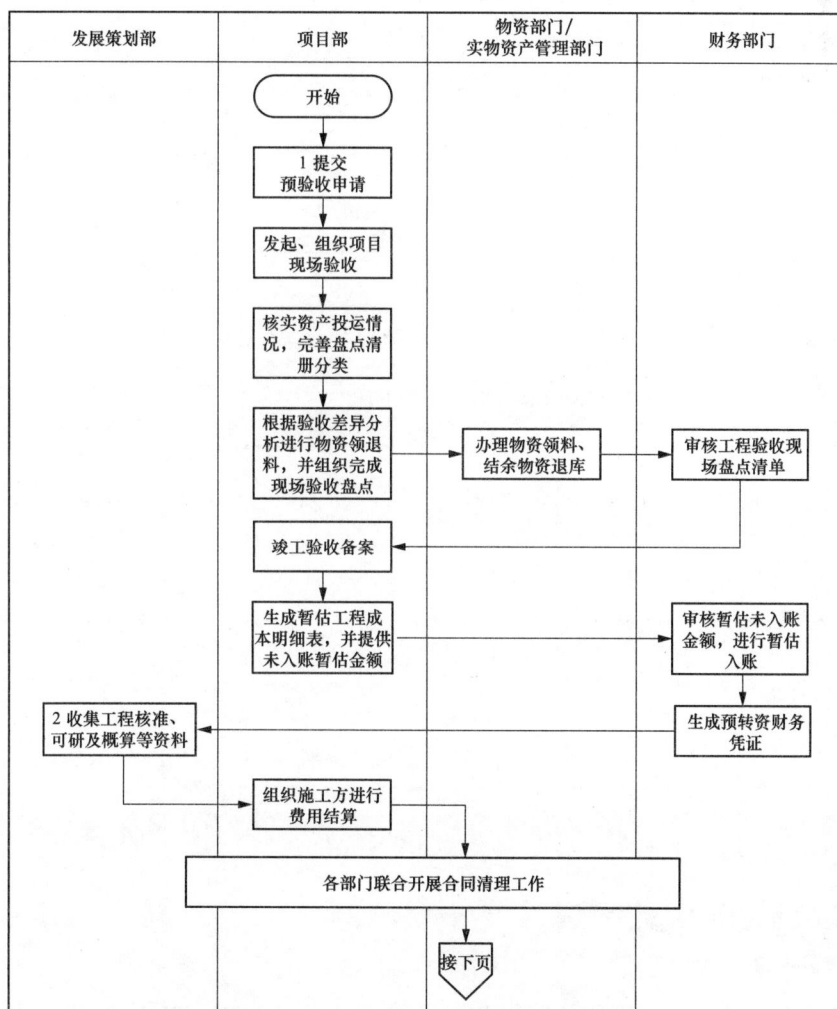

图 3-8-1 产业工程项目竣工财务管理总览图（一）

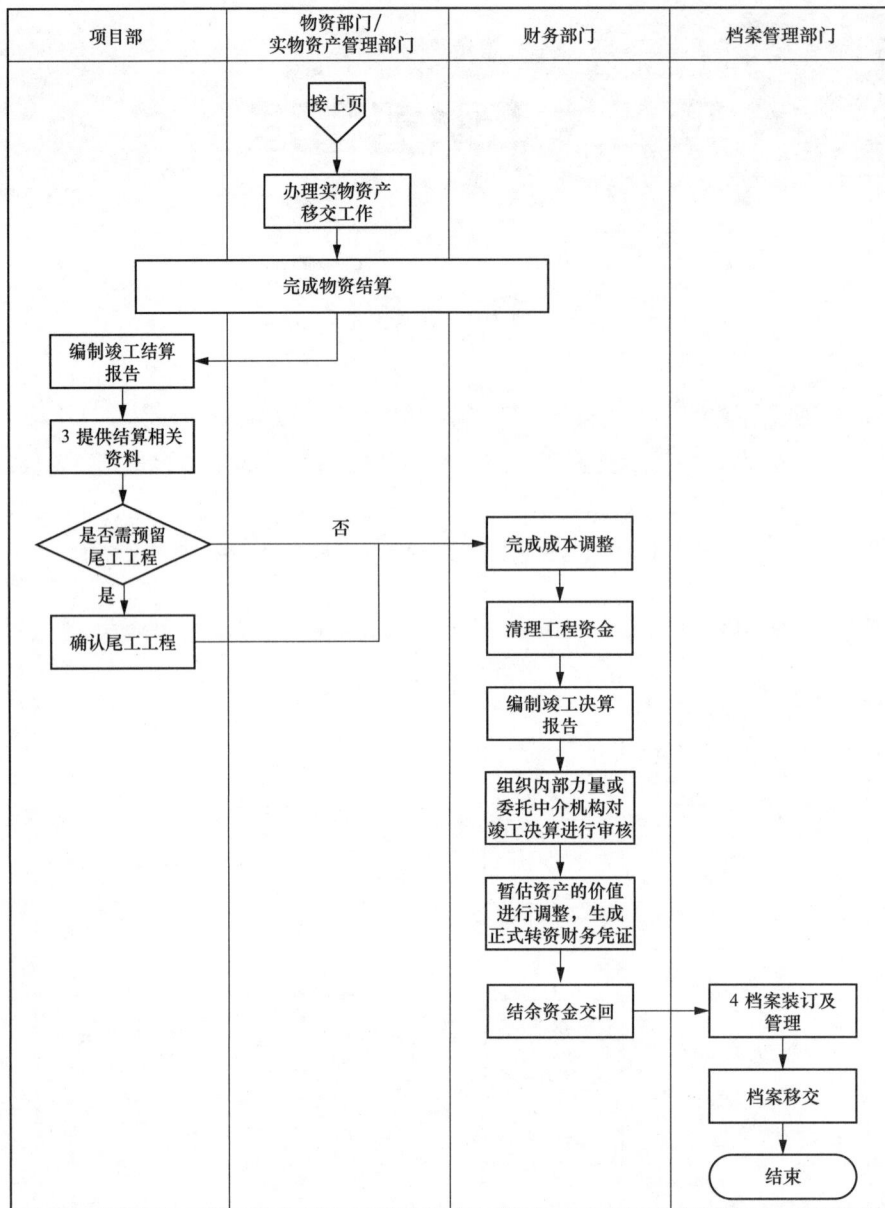

图 3-8-1　产业工程项目竣工财务管理总览图（二）

第二节　操作环节及说明

（一）竣工验收及预转资管理

1. 预验收申请

工程通过强制性检测及政府相关部门单项工程验收（包括工程竣工资料核查、工程消防验收、建筑节能验收、防雷检测、环境检测等），达到竣工条件并施工单位自验收合格后，由施工单位向监理单位和项目部提交竣工预验收申请，同时提交自验收报告。

2. 发起、组织项目现场验收

预验收合格后 20 日内，由项目部组织工程竣工验收。基建类、含土建施工的技改类项目参与验收的人员包括但不限于产业工程项目归口管理部门、安全质量部门、监察审计部门、政府相关部门、勘察、设计、监理、施工、安装、调试等有关单位人员及有关专业技术人员。

对于各阶段验收，项目部均应成立相应的组织机构，编制验收实施大纲（细则），详细制定验收计划、验收内容和目标要求，明确各阶段验收组织分工、实施措施等，并在完成相关验收工作后出具验收报告。

3. 核实资产情况、完善盘点清单

项目部根据工程验收现场盘点清单，经工程现场验收，核实资产投运情况，完善盘点清册分类。

4. 办理结余物资退库

项目部根据验收差异分析进行物资退料，物资部门办理结余物资处理。

5. 审核项目资产盘点清单

财务部门审核工程验收现场盘点清单中资产相关信息的正确性。

财务部门审核资产盘点清单需关注：

（1）审核项目现场验收单是否齐全；项目管理部门、实物资产管理部门、物资部门、项目部、安全质量管理部门的签字是否完整。

（2）审核资产清单是数量、金额是否异常。

6. 竣工验收备案

竣工验收合格后项目部办理政府相关工程竣工验收备案手续。

项目竣工验收注意事项：项目投资 1000 万元及以上、集团指定的重点项目及集团本部工程竣工验收管理工作原则上需要集团发展策划部参与。项目投资 1000 万元以下的产业工程项目工程竣工验收管理工作，由各单位自行组织，验收情况由各单位产业工程项目归口管理部门报集团发展策划部备案。

7. 暂估工程成本并估价增资

竣工投运 10 日内，财务部门根据 ERP 系统中导出的，包含合同金额、结算金额、发票开具金额、累计已确认成本、未确认成本、合同已支付金额、合同未支付金额等信息的合同执行情况清单，发送各相关管理部门或单位进行核对。合同相关管理部门或单位根据合同执行情况清单对合同金额发生变更需重新确定合同价款的、尚未签订合同的、不需签订合同但尚未入账的事项及费用进行暂估，填列暂估工程成本明细表，于收到合同执行情况清单 10 日内将加盖部门或单位公章后的暂估工程成本明细表提交财务部门。

财务部门根据暂估工程成本明细表，对尚未确认的工程成本暂估入账，按照暂估后的在建工程账面金额和实物资产管理部门创建的设备卡片估价转增资产。财务部门在 ERP 系统中新建固定资产卡片，维护 ERP 系统中的项目结算规则，完成预转资操作，并按暂估价

提取折旧。

财务部门审核关注要点：

（1）审核工程项目汇总表是否经项目部盖章。

（2）对照集团固定资产目录，审核资产归类是否正确。

（3）查询工程支出表，核对工程项目暂估转资明细表、固定资产卡片，审核是否存在差异并调整相符。

（二）结算管理

产业工程项目竣工验收完成 30 日内（限上项目 60 日），施工单位或供应商应按合同约定内容编制完成相应的竣工结算文件并提交项目部。项目部负责工程竣工结算组织工作，项目部收到承包商递交的竣工结算文件后，应自行组织或委托外部机构对工程竣工结算价款进行审核。

1. 收集工程核准、可研及概算等资料

发展策划部门在项目核准文件及项目可行性研究报告评审意见印发 30 日内向财务部门提供相应文件。项目部在工程初步设计概算批复文件印发 30 日内向财务部门提供相应文件及批准概算书。

2. 费用结算

项目部组织施工方进行费用结算，对项目涉及的建筑、安装合同进行结算，编制结算文件。

3. 合同清理

发展策划、工程管理、物资管理、实物资产管理等部门根据合同执行情况，对合同执行情况清单进行补充完善，确保合同执行情况清单内容完整、准确，并在报账截止日前将盖章确认的合同执行情况表提交财务部门。

4. 办理实物移交

在工程竣工验收后 10 日内，项目部、实物资产管理、物资部门、财务部门等部门（单位）按职责分工办理现场实物核对清点及移交手续，分别就物资采购情况、物资实际使用情况、形成设备（资产）等情况进行盖章确认。工程竣工验收后 15 日内，有关部门盖章确认工程验收现场盘点清单。

5. 完成物资结算

物资部门、项目部、财务部门结合工程验收现场盘点清单、合同执行情况表清单和 ERP 系统中数据情况，按照工程实际领用物资及实际入账价值，编制物资实际耗用表对应部分，确保账表一致。

6. 编制竣工结算报告、完成竣工结算

项目部按照集团工程结算管理要求，在规定时间内编制竣工结算报告，并及时向财务部门提供完整的批复结算并办理资料交接手续。

财务部门在对竣工结算报告进行审核时需关注：

（1）审核施工单位是否提交盖章确认的结算报表或结算单，监理单位是否审核并签注

审查意见。

（2）审核是否提交工程竣工验收报告，是否按规定进行签字确认。

（3）审核结算报告内容、数据是否正确。

（三）竣工决算管理

各单位财务部门是竣工决算的归口管理部门，其他部门配合工作。

1. 收集竣工结算资料

项目部负责向财务部门提供结算相关资料，内容应满足竣工决算编制需要。

2. 确定尾工工程

一般不得预留尾工工程，确需预留尾工工程的，项目部需在工程竣工决算前完成预留尾工工程审批流程，需经集团审批。

预留尾工工程不得超出批复概算范围，预留实物工作量和投资金额不得超过批复概算的5%，且需要提供相关依据文件和支撑材料。

项目部应加强尾工工程的组织实施，加快实施进度。尾工工程应在原工程决算编制后半年内建设实施完毕，并编制尾工工程竣工结算、决算报告，报原结算、决算批复单位和上一级财务部门审批或备案，财务部门依据尾工工程结算和决算调整原工程资产价值。

尾工工程在规定时间内尚未实施完毕，尾工工程相应支出不得计入原工程，原工程预留成本需进行冲销，相应调整资产价值。

3. 完成工程成本入账

竣工决算报告编制组织工作要协同配合，各业务部门负责本部门管理事项的合同及发票收集工作，在报账截止日前，办理工程成本入账工作。财务部门根据各部门上报的合同、发票、结算单等可证明实际发生工程成本的原始单据，针对尚未列入工程成本的事项补充列入工程成本，同时扣除保证金，并对暂估转资时入账的暂估成本进行冲销。

财务部门完成工程成本入账需注意：

（1）查询账面应付工程款余额、预付款余额（按合同约定，在工程进度达到一定比例时应抵扣完毕）、已挂账保证金余额，扣除本期应代收水电费等及其他应扣款项，按照已确认工程进度款后的差额列入工程成本，同时按工程竣工结算金额及签订合同规定的质保金比例计算应扣留的质保金金额。

（2）审核支付申请单据是否按采购类业务审批流程（试行）的规定履行审批程序。

（3）审核施工单位开具发票金额是否与结算总金额扣除以往取得发票金额的余额一致。

（4）审核记账凭证金额、工程项目名称、对方单位选择是否正确。

4. 清理工程资金

财务部门应全面核对工程资金的拨付与使用情况，编制资金清算核对表。

5. 编制竣工决算报告

财务部门根据财务账簿、合同执行情况表、物资实际耗用表、工程验收现场盘点清单、结算单据等资料按照规定时间要求完成竣工决算报告编制工作。

财务部门在竣工决算报告编制时需关注：

（1）审核施工单位是否提交盖章确认的结算报表或结算单，监理单位是否审核并签注审查意见。

（2）审核是否提交委托审计单位出具的审计报告。

（3）审核是否提交工程竣工验收报告，是否按规定进行签字确认。

（4）根据结算审核报告中的施工费定案表复核，注意税率差问题，税率需与投标报价中的施工费税率保持一致。

（5）查询账面应付工程款余额、预付款余额（按合同约定，在工程进度达到一定比例时应抵扣完毕）、已挂账保证金余额，扣除本期应代收水电费等及其他应扣款项，按照已确认工程进度款后的差额列入工程成本，同时按工程竣工结算金额及签订合同规定的质保金比例计算应扣留的质保金金额。

（6）关注施工合同中的专用条款中涉及的违约罚款约定等，比如项目经理变更、质保金未按合同约定缴纳等未按合同约定履行的相关问题。

（7）审核记账凭证金额、工程项目名称、对方单位选择是否正确。

（8）审核是否计入与工程无关的成本费用。

（9）审核是否多结算工程款。

（10）审核项目费用分摊是否合理。

（11）审核是否存在重复列支费用。

（12）审核支付申请单据是否按采购类业务审批流程（试行）的规定履行审批程序。

（13）审核施工单位开具发票金额是否与结算总金额扣除以往取得发票金额的余额一致。

（14）审核扫尾工程的预留工程款及建设情况。核实扫尾工程的未完工程量，留足投资。防止将新增项目列作尾工项目、增加新的工程内容。

6. 决算报告审批

财务部门应组织内部力量或委托中介机构对竣工决算进行审核，并在决算编制完成后一个月内出具审核报告。

竣工决算编制单位根据审核报告调整竣工决算，在审核报告出具后 15 日内，完成对竣工决算报告的全面修改，并以正式文件上报。

7. 决算转资管理

竣工决算实行分级审核审批制度。上级单位对上报的竣工决算进行复核，并在收到竣工决算审批申请之日起一个月内下达决算批复。实物管理部门对资产进行接收；财务部门根据批复的竣工决算报告，在 ERP 系统中调整原暂估资产卡片价值，对暂估资产账面价值进行调整，生成正式转资财务凭证。

财务部门对实物资产转资审核时需关注：

（1）审查交付使用资产是否真实、完整。

（2）审查交付使用资产是否符合交付条件。

（3）审查交付使用资产移交手续是否齐全、合规。

（4）审查交付使用资产成本核算是否正确，有无挤占成本，提高造价，转移投资的问题。

（5）审核记账凭证冲销金额是否与原暂估金额一致。

8. 结余资金交回

使用财政资金的产业工程项目竣工后，项目部应按照《基本建设财务管理规定》（财建〔2002〕394 号）有关规定，抓紧办理工程价款结算，认真清理、准确核实结余财政性资金，财务部门应及时按规定上交结余资金。

按规定应上交国库的结余财政性资金，应在竣工验收后 3 个月以内上交国库。结余财政性资金没有支付仍在国库的，应在竣工验收后 3 个月以内按规定申请预算调整。

建设单位按规定留存的结余财政性资金，主要用于基本建设方面的支出。使用时，应按《中央部门财政拨款结转和结余资金管理办法》（财预〔2010〕7 号）有关规定，由主管部门报财政部审批。

（四）档案管理

工程投资预算、结算、决算及财务分析与评价材料是重要的工程档案，是确保竣工资产顺利移交的基础性资料。

1. 档案装订及管理

项目部配备专职资料员负责产业工程项目档案资料的收集、整理和归档。设计、施工、监理等单位按要求及时完成产业工程项目设计资料、施工档案、监理档案的编制。财务部门应将工程竣工决算报告装订成册，与竣工决算审核报告、工程投资预算及财务分析评价材料提交相关项目管理部门。

2. 档案移交

项目部按要求完成产业工程项目档案资料的收集、整理后 30 日内，移交本单位产业工程项目归口管理部门及政府相关档案管理部门进行归档，确保工程档案齐全、完整、准确、系统。

第九章

项目后评价财务管理

第一节 流程总览

产业工程项目后评价财务管理涵盖 2 个三级流程，4 个关键流程步骤。其中财务关注或参与事项 1 个，为项目分析考核。产业工程项目后评价财务管理总览图如图 3-9-1 所示。

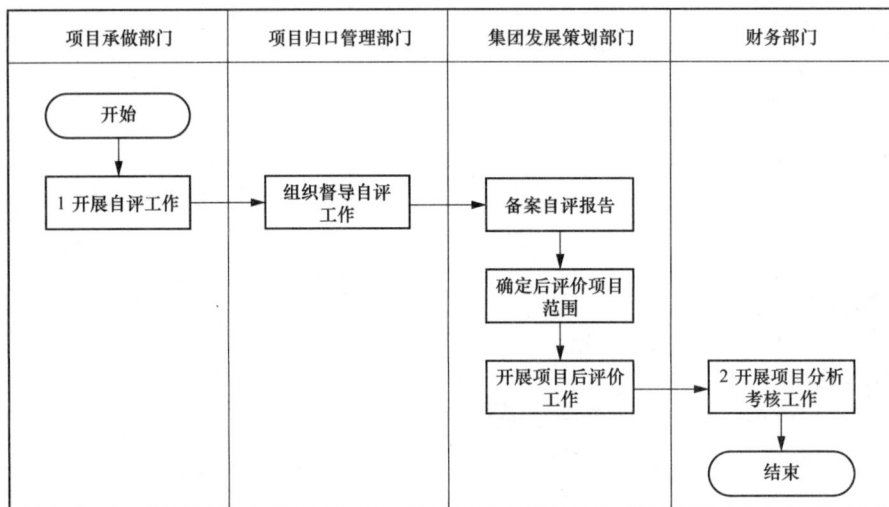

图 3-9-1 产业工程项目后评价财务管理总览图

第二节 操作环节及说明

对产业工程项目建成投产、已运行一年以上的、完成决算审批及各项审计工作的项目进行项目后评价管理。

（一）项目后评价

1. 开展自评工作

各单位根据项目开展情况，对已投产的所有项目及时开展自评工作，自评报告原则上要求在项目投产后 6 ~ 12 个月内完成，并上报集团。各单位产业工程项目归口管理部门负责组织本单位产业工程项目自评价，集团本部项目由集团发展策划部组织自评价。

2. 确定后评价项目

集团发展策划部确定集团组织的后评价项目，于每年3月下达后评价年度工作计划。

3. 开展项目后评价工作

集团发展策划部从集团有关部门、相关单位抽调专家，组成后评价工作组，开展项目后评价工作。根据需要，可以聘请外部专家或具有相应资质的独立咨询机构参与后评价工作。

项目后评价应按照项目可研批复（或核准）的内容进行整体评价。项目后评价工作应依据项目各阶段的正式文件进行，主要包括可行性研究报告、初步设计报告、施工图设计及其审查意见、批复文件；概算调整报告；施工阶段重大问题的请示及批复；工程竣工报告；工程验收报告和审计后的工程竣工决算及主要图纸；项目自评报告等。

项目后评价工作应对项目进行全面、完整、系统的评价，重点对项目实施过程、整体方案、技术水平、生产能力、物料供应及生产协作、市场供需与产品销售、财务经济效益、项目风险与可持续性进行深入评价。根据需要，可以针对项目建设的某一问题，进行专题或专项后评价。

（二）项目分析考核

各级单位建立健全工程财务统计与分析机制，全面分析工程投资预算执行、成本控制、资金使用、竣工决算管理等情况。

财务部门通过开展财务统计与分析，强化财务关键点控制，研究和解决工程财务管理的薄弱环节并不断加以改进和提高，促进和提高会计信息质量，保证会计核算及时、准确。

集团财务部门建立工程财务考核体系，对集团所属各级单位的工程投资预算、竣工决算等日常工程财务管理工作进行考核，不断提高工程财务管理水平。